Nancy Mitford

[英] 南希 · 米特福德 ◇◆ 著
杨靖 李江爱 ◆◇ 译

太阳王

凡尔赛宫的路易十四

Louis XIV at Versailles

The Sun King

上海人民出版社

共 感

Sympathy

——

关注值得注意的人物、事件、观念与思想

总序

一

英国小说家南希·米特福德（Nancy Mitford）是里兹代尔男爵二世戴维·米特福德的长女，自幼酷爱文学。自 1923 年定居伦敦不久，她便开始为《淑女》《时尚》等报刊杂志写稿。尽管并非专业记者，《独立报》称她的随笔毫不做作，令人“极度舒适”，无愧文坛“鬼才”之誉。尤其是她早期“风俗喜剧”（comedy of manners）类的文学创作，“在轻松愉悦的外表之下，有一种淡淡的哀伤和无以名状的悲观主义”[1]。正如批评家所指出的，她的写作风格轻快而不失犀利，充满调侃和戏仿，与她后期小说明显的阴郁风格大相径庭——小说家坚信，尽管生活难以忍受，但仍须为之裹上一层幽默的罩衣，并以超然物外的轻松戏谑加以处置。

传记作家汤普森（Laura Thompson）在近著《米特福德六姐

[1] Allan Hepburn, “The Fate of the Modern Mistress: Nancy Mitford and the Comedy of Marriage”, *Modern Fiction Studies*, Summer 1999, Vol.45, No.2 (Summer 1999), pp.340—368.

妹》（*The Six*：*The Lives of the Mitford Sisters*，2016）中对南希及其姐妹的刻画极为传神。其中既有崇拜希特勒并投向纳粹怀抱的尤尼蒂（Unity），也有激进的共产主义者杰西卡（Jessica），二人的结局大相径庭——德国法西斯败亡后，尤尼蒂试图吞枪自杀，未果，后抑郁而终；杰西卡前往美国，成为一名出色的调查记者，以深入揭示美国殡葬业黑幕的《美国的死亡方式》（*The American Way of Death*）一书著称于世。姐妹中最为低调的帕梅拉，嫁给富豪科学家德里克·杰克逊，曾独自骑摩托环游欧洲，同时也是首位乘坐跨大西洋航班的女性。另一位姐妹德博拉（Deborah）是德文郡公爵夫人——作为公爵府邸查茨沃斯庄园（Chatsworth House）的女主人，她才华出众、能力超群，使得庄严的公爵府不仅成为一家著名商业品牌，也成为一座具有文化和历史意义的纪念碑。

当然，相对于其他姐妹，南希与黛安娜（Diana）的爱恨纠缠可谓“一言难尽”。20 世纪 30 年代，孤傲冷艳的黛安娜（伊夫林·沃形容她的魅力“像清脆的铃声在房间里回荡”）与一名法西斯官员奥斯瓦尔德·莫斯利爵士（Sir Oswald Mosley）一见钟情，随后搬迁至柏林。他们的婚礼在约瑟夫·戈培尔家中举办，阿道夫·希特勒是座上嘉宾。第二次世界大战后，黛安娜在霍洛威监狱（Holloway prison）被关押三年。出狱后，成为社会底层的“贱民”。直至临终之时，身居巴黎的黛安娜依然无怨无悔。2001 年，她在写给德博拉的信中表示：“遭世人怨恨对我来说不算什么。”[1]

[1] Tina Brown，“Book Review of *The Six*：*The Lives of the Mitford Sisters*” in *The New York Times*，Sep.12，2016.

黛安娜并不知道她被捕入狱乃是源于同胞姊妹南希的告发——后者在秘密证词中坚称与莫斯利育有儿子的黛安娜和莫斯利本人“同样危险”。根据传记作者的考证，在这一种“自以为是的背叛行为”背后，掩藏更多的是“南希长期压抑的嫉妒和对爱情失望的悲伤，而不是黛安娜或莫斯利投身于令人反感的政治”[1]。二战后，莫斯利一家流亡到法国奥赛（Orsay），婚姻美满，其乐融融，与孤苦伶仃的南希恰成鲜明对比。尤其是当原本爱慕南希的名作家伊夫林·沃拜倒在黛安娜石榴裙下之后，占有欲极强的南希顿时陷入疯狂的妒忌之中，不惜“大义灭亲”以泄私愤。

在20世纪的英国历史上，作为“消逝的贵族气质”的象征，特立独行的米特福德六姐妹不仅成为公众长期关注的话题，也成为文学家和历史学家研究的对象。米特福德一家的老友、被誉为英国20世纪最杰出文体家的伊夫林·沃曾以六姐妹形象为原型创作小说《邪恶的肉身》（1930）——该作与菲茨杰拉德的《了不起的盖茨比》并列“爵士时代”文学经典，堪称“总结与界定浮华喧嚣的20世纪20年代（Roaring Twenties）的小说珍品”[2]。2014年9月，六姐妹中最后一位德文郡公爵夫人德博拉（享年九十四岁）离世，再次唤起民众对米特福德家族昔日荣光的追忆和崇拜。正如《卫报》专栏作家哈德利·弗里曼（Hadley Freeman）评论的那样，米特福德姐妹代表的不仅是荣耀和悲剧：“她们告诉我，女人可以

---

[1][2] Tina Brown, “Book Review of *The Six*: *The Lives of the Mitford Sisters*” in *The New York Times*, Sep.12, 2016.

突破家庭和社交规范，设计自己的生活，无论好坏。”——对很多崇拜她们的女性来说，米特福德姐妹代表的是“勇气和自由”。英国王储查尔斯夫妇出席公爵夫人葬礼，并在悼词中提及六姐妹“令人无法抵挡的魅力”。英国广播公司的报道标题为“一个时代的终结”——而报刊纪念文章引用最多的则是南希·米特福德《蓬帕杜夫人》的最后一句名言：“自此以后，凡尔赛宫陷入无边的沉寂。”

二

1942 年，南希·米特福德与流亡伦敦的“自由法国”领导人、戴高乐将军助手帕莱夫斯基上校（Colonel Gaston Palewski）相识，她的生活由此发生巨变，后者也成为她随后几部小说男主人公的原型。1945 年，《爱的追逐》（*The Pursuit of Love*）以轻松愉悦而又不乏睿智的笔调征服了无数读者，成为英美两国的畅销书。另外两部小说《恋恋冬季》（*Love in a Cold Climate*，或译《寒冬里的爱恋》）和《福分》（*The Blessing*，或译《保佑》）分别出版于 1949 和 1951 年，同样在市场大获成功。《恋恋冬季》被《卫报》列为英国人“一生必读之书”——书中描绘了以马修大叔为家长的英国贵族家庭，其人物原型正是她的父亲戴维男爵。据说，《唐顿庄园》的编剧朱利安·费洛斯正是在南希·米特福德启发下，才塑造出格兰瑟姆伯爵夫人这一经典人物形象。该角色身上散发出英国上流社会特有的幽默感，恰好也是南希·米特福德小说创作的精华所在。

自 20 世纪 40 年代起，移居巴黎的南希·米特福德对法国历史产生浓厚兴趣，并着手翻译法国17世纪著名作家拉法耶特夫人的代表作《克莱芙王妃》（1678）。该书于1950年出版，在欧美学界却饱受指摘。小说家失望之余，开始将创作重心转向法国传记小说。“你觉得为蓬帕杜夫人撰写一部传记如何？”1951年，南希·米特福德在信中询问她的出版商哈米什·汉密尔顿（Hamish Hamilton）。由此，南希·米特福德在凡尔赛宫附近开启了她传记文学创作的崭新事业。在此后十余年间，她先后完成《蓬帕杜夫人》（1954）、《恋爱中的伏尔泰》（1957）、《太阳王》（1966）、《腓特烈大帝》（1970）四部文学传记，以历史的考据和浪漫的笔触向读者展现启蒙运动与18世纪法国的恢宏壮丽，受到欧美文坛一致好评。美国《时代》周刊盛誉：“在描写凡尔赛宫全盛时期的英语作品中，若论描绘浪漫光彩和隐蔽权力之功力，无人能够超越历史学家南希·米特福德。”[1]

1956年，南希·米特福德推出一部充满趣味又不乏思想性的著作《贵族义务》（*Noblesse Oblige*），一本正经地记录以日常语言判断社会阶层的方式，并戏谑地提出如何划分“上流社会和非上流社会”（U and non-U）的新概念——她在书中说，“在英国，判别一个人阶级身份的最好方法就是听他讲话，正是通过其语言，上层阶级明显地区别于其他阶级”。本书问世后迅速成为20世纪50年代英国文化的象征，其中的名句如“共和政体里的特权阶级，就像一

[1] 美国当代著名小说家斯迈利评价南希·米特福德不仅是历史学家，也是一流的文学家，其文学风格酷似简·奥斯汀，堪称“伟大的小说家”。See Jane Smiley, “The Other Nancy Mitford”, *Los Angeles Review of Books*, April 20, 2011.

只被砍去头颅的鸡，它或许能蹦跳一阵子，但实际上早已经死亡”更成为家喻户晓的名言。此外，南希·米特福德在二战期间将位于伦敦梅费尔区的一家书店改造成文学沙龙，使之成为欧洲文学家的避难所——她与这家书店老板海伍德·希尔之间的通信日后也被结集成书，名为《可胜街10号书店》（2004）。直到如今，该书店仍是伦敦的文学地标之一（与查令十字街84号齐名）。据说，英国女王也是这家书店的主顾。

南希·米特福德最初凭借小说创作而蜚声文坛，然而正如她在1961年访谈中所说，她童年时代阅读的英法名人传记才是她真正的兴趣所在——“我所阅读的书籍中，最多的仍然是传记、回忆录和纯文学作品”。而在所有的传记中，她最为推崇的是1914年之前出版的作品，因为她认为晚近传记作品太过热衷于详细记录一些“小人物”的生平，失之于“平庸琐屑”。而她的作品则聚焦于能够影响历史的“大人物”，尝试从史料中推演和再现其思想与动机，并力求由个人际遇折射时代背景。她的传记作品语言睿智风趣，引人入胜，往往通过寥寥数语，便能揭示传主的性格特征与深藏心底的功名欲望。

“普通人物无法吸引你，”《恋恋冬季》中男主人公阿尔弗雷德曾尖刻地评价女主人公范妮，“除非卓尔不凡之人。”无疑，南希·米特福德和范妮属于同一类人——而她的历史传记写作，目的即在于刻画影响历史进程的卓尔不凡之人。正如蒂利亚德（Stella Tillyard）在《太阳王》一书《序言》中所说，“她喜欢嘲讽政治光谱中两极化的倾向，而且深信名人轶事和掌故八卦最有助于消弭生活的阴郁之气，其功效胜过任何官样文章”[1]。

三

南希·米特福德曾公开宣称法国小说家拉法耶特夫人及其《克莱芙王妃》是“我的最爱”，但私下里，她最仰慕的却是在法国宫廷呼风唤雨的蓬帕杜夫人。在蓬帕杜夫人成为路易十五的情妇之时，没有人相信她能获得国王长久的宠幸——她并非出生于贵族之家，而只是资产阶级出身，在当时的社会条件下，这一缺陷简直可以算是致命伤。然而她却凭借美貌与智慧，成功吸引国王的注意，并顺利进入宫廷。对于放荡的波旁国王而言，她在生理上过于冷淡，似乎难以令国王保持长久“性”趣；此外，她树敌过多，以至于她常常无法在公共场合露面（否则就要冒着被扔泥巴和石块的风险）。而历史典籍对她的描述，几乎也是一边倒的“差评”。

蓬帕杜夫人（闺名让娜-安托瓦内特·普瓦松）原本注定默默无闻，直到她“碰巧”赢得法王路易十五的爱慕。后来，经过不懈努力，她成功处理好与几乎每个人的关系——包括王后在内，由此在宫廷一跃而成国王“最宠爱的情妇”。受宠的蓬帕杜夫人获得了巨大权力，实际上影响法国近二十年，介入制定若干重大内政外交政策，但绝大部分以失败告终——历史表明，她在文化艺术方面作出的贡献（如对伏尔泰、狄德罗等启蒙运动哲人的奖掖扶持）远胜过其宫廷政治的成就。

[1] Stella Tillyard, “Introduction” in *The Sun King*, London: Vintage Books, 2011, pp.xi—xvi.

蓬帕杜夫人生前遭受严厉的谴责，身后更是名誉扫地，但在南希·米特福德笔下，她似乎重新恢复了优雅的姿态——不仅因其貌美，以及出身于资产阶级却丝毫不受影响的魅力，还因为她对丈夫蒂奥勒及其家族的忠心耿耿。作为国王的情妇（在当时这是获得认可的官方封号），她成功取代王后掌管宫廷（因为王后沉闷枯燥的宗教虔信追求令路易十五极为“生厌”）；她长袖善舞，灵活运用自己的影响力和日益扩张的政治权力，成功化解其政敌黎塞留公爵及普通民众的仇恨；甚至在她与国王的肉体关系不复存在之后，仍能借助迷人的风度智慧，以持久的“柏拉图之恋”取代鱼水之欢；她不遗余力地赞助并鼓励艺术家和知识分子进行创作；她一向注意培养和提升自己在服饰及园艺方面的高雅品位，是当之无愧的“时尚女王”。在这里，除了偶尔的揶揄和微讽——与南希·米特福德之前的作品一样，《蓬帕杜夫人》以妙语机锋见长，尽管其中不乏精湛的学术研究，但较之于专业的历史著作，该书显然更具八卦色彩——南希·米特福德倾注了全部的同情和赞美，同时也表现出她本人天生对于高贵和典雅风范的激赏[1]。

南希·米特福德的第二部传记围绕夏特莱侯爵夫人和伏尔泰长达数年的恋情展开。夏特莱侯爵夫人是著名数学家，在伏尔泰的启发和帮助下，她将艾萨克·牛顿在物理学方面的革命性成就引入法国。该书讲述了两位卓越之人精彩绝伦的风流韵事，与此同时，它也是一部同样带有八卦色彩的 18 世纪生活指南，全面揭示出启蒙

---

[1] Jane Smiley, “The Other Nancy Mitford”, *Los Angeles Review of Books*, April 20, 2011.

运动时期法国上流社会及知识界的各种陈规和乱象。根据南希·米特福德的描述，除了伏尔泰，侯爵夫人还深爱着另一名数学家，法国科学院院士莫佩尔蒂；中年以后，她又不由自主地爱上法国文人圣朗贝尔。更令人意想不到的是，夫人也有不止一位“情敌”与之争夺伏尔泰的情意——先是普鲁士国王腓特烈大帝（详见下文），后来是这位哲学家的外甥女。所幸的是，至少，夏特莱侯爵夫人的丈夫并不妒忌伏尔泰，更不会找他的麻烦——三人一度同居于西雷庄园，相安无事，其乐融融。南希·米特福德一再向读者保证，在这一点上，夏特莱侯爵夫人与其丈夫二人表现得“同样完美”。

伏尔泰与夏特莱夫人的恋情始于他们共同的学术兴趣。他们一同探求自然科学以及恋爱哲学。而后他们的关系逐渐归于平淡，转为习惯和依赖。夏特莱夫人显然比伏尔泰更加多情，像南希·米特福德本人一样，她一直具有很强的占有欲，甚至当她与别人有染时，她仍试图对伏尔泰严加管控。正当伏尔泰彷徨无计之时，普鲁士国王腓特烈大帝促使他决意“暂时”离开西雷庄园和夏特莱夫人。其后经过数年的兜兜转转，在这段漫长的恋情接近尾声时，伏尔泰发现自己成了一名“又老又坏之人”，年纪太大，无法与夏特莱夫人相爱，却又轻易受到他年轻而孀居的外甥女的诱惑——可笑的是，恰在此时，与圣朗贝尔堕入情网的夏特莱夫人却意外怀孕，最终死于分娩，时年四十三岁。

照南希·米特福德的看法，伏尔泰是一位著名诗人，也是一名精明的投机商和成功的资本家。从一定程度上说，他与夏特莱侯爵夫人的相遇可以说是理性与感性的碰撞——在西雷庄园，两位杰出学者充满激情的爱情故事震惊了法国上流社会，他们在文学、哲学以及物理学上的开创性成就激起了政治和科学革命的浪花。南希·米特福德对于启蒙运动时期的情史描写，既有微妙的讽刺，更为这个理性时代增添了精彩——借用她自己的话，这一段历史“自始至终都令人惊叹”[1]。

南希·米特福德的第三部传记是《太阳王》。1643 年，年仅五岁的路易十四（号称“太阳王”）荣登宝座。1715 年，就在他生日前几天，路易十四与世长辞，享年七十七岁，在位长达七十二年。临终之前，他将王位传予曾孙路易十五。

《太阳王》一书按照时间顺序，全面地记录了这位帝王非凡的一生：自 1661 年马扎然去世路易十四“亲政”开始，到他大兴土木将其父简陋的“狩猎小屋”改建为一座功能齐全的王宫府邸——凡尔赛宫，再到他纵横欧洲大陆的丰功伟绩，最后在他最喜爱的凡尔赛宫谢世。在他弥留之际，他最担心的是他唯一的直系继承人、身体羸弱的路易十五能否存活下去——历史证明这位帝王的担忧纯属多余：路易十五不仅存活下来，而且活得很好；他享年六十四岁，在位近六十年，仅次于路易十四（也正是在这一时期，南希·米特福德另外两位传主蓬帕杜夫人和伏尔泰登上了历史舞台）。

南希·米特福德撰写的这部传记，绝非仅为这位有史以来法国最伟大的帝王大唱赞歌——她无意于对国王的私人生活、审美情趣、闲暇娱乐，以及内心世界等作烦琐考据，而是更为注重刻画国

[1] Jane Smiley, “The Other Nancy Mitford”, *Los Angeles Review of Books*, April 20, 2011.

内政治以及与之同步发生的对外战争，也正是这一点将该书与当代其他学术历史著作区别开来。与此同时，这部传记包含的内容令人眼花缭乱，读起来甚至令人“背负一丝罪恶感”，仿佛作者是一个徘徊在凡尔赛宫附近的小报记者，窥视并记录着贵族们的种种缺点和癖好。

在该书的开头，凡尔赛宫备受瞩目，因为路易十四刻意将其打造为“宏伟而又不浮华”的欧洲顶级宫殿，但绝大部分贵族并不支持国王将政府权力中心从巴黎转移到凡尔赛——如此一来，贵族的势力被削弱，不得不沦为在国王面前争宠的朝臣甚至弄臣。自首席大臣科尔贝以下，包括孔代亲王在内的王公权贵尽被国王玩弄于股掌之中，作为当时欧洲专制王权的头号代表，路易十四的权谋之术于此可见一斑。

当然，正如该书之前副标题“凡尔赛宫和路易十四身边的女人们”揭示的那样，南希·米特福德在书中不仅描画了路易十四及其贵族大臣，更刻画出幽居深宫的国王“情妇”（该书的焦点即在于蒙特斯潘夫人及其“闺蜜”曼特农夫人之间的勾心斗角：她们不仅争夺国王的身体，而且也争夺他的灵魂）的群像——尽管她们中的许多人成功地攀爬上御床，并为他诞育子嗣，但显然并非每个人都能如愿以偿。从拉瓦利埃到蒙特斯潘夫人，国王的注意力和兴奋点迅速转移到下一个“猎物”，对前者绝少眷恋之意。照南希·米特福德的说法，“国王对拉瓦利埃的关心越来越少，态度也越来越冷淡，但这并不妨碍他再让她生一个孩子充当临别礼物”；而前后与国王生育七名子女的蒙特斯潘夫人最后的归宿，是一座修道院。

除了讲述这位国王的生平以及他对凡尔赛宫和女人的浓厚兴趣，《太阳王》还涉及上流社会中猖獗的投毒行为和医师糟糕的行医水准等话题（在宫内施行外科手术时，夫人小姐“镀金的卧室就会变成屠夫的店铺”）。神通广大的拉瓦赞夫人通过调制春药和黑弥撒大发横财，但即便在东窗事发后，不少当事之人却总能逍遥法外——多半由于国王的恩赐。在太阳王神圣的光环之下，不知笼罩着多少肮脏和阴暗——从这一角度看，外表光鲜的凡尔赛宫无异于罪恶的渊薮。

尽管该书读起来饶有趣味，但故事讲述到路易十四（在王后去世后）与曼特农夫人秘密结婚时，叙事基调发生了显著变化——从轻松有趣转变为严肃沉重：路易十四一改往日作风，转变为虔诚的宗教人士（至少在表面上严格遵守教义），并试图将虔敬的信仰强加给他的臣民。更糟糕的是，随着年龄的增长，尽管他觉得自己相当强健，却眼看着自己的子孙相继夭亡，不免悲从中来——这也是南希·米特福德最擅长的反讽手法：世间万事万物，在一番喧嚣之后，总不免归于沉寂。连国王也不例外。

四

南希·米特福德最后一部传记是《腓特烈大帝》。这部传记生动活泼，既感人肺腑又极具启发性。南希·米特福德对这位普鲁士国王和他所处的时代饱含崇敬和赞美之情，并将这一时代精神展现得淋漓尽致。她不仅描绘出腓特烈悲惨的童年、他在莱茵斯贝格博览群书的经历，更着力刻画他与友人（尤其是伏尔泰）的爱恨情仇——腓特烈大帝曾言：令他平生倍感荣幸的有两件事，一是他人生的最初三年能够生活在路易十四时代，另一件则是他能够和伏尔泰生活在同一个时代[1]。

与前三部围绕凡尔赛宫和男女情爱的传记不同，女作家的“天鹅之歌”为何会选择以“武功”著称于世的腓特烈大帝？“我对腓特烈大帝的痴迷难以用语言描述”，在写给美国学者、18世纪文学研究专家罗伯特·哈尔斯班德（Robert Halsband）教授的信中，南希·米特福德如是宣称，“然而令我感到困惑的是，其他作家居然把他的一生描述得如此枯燥乏味。”[2]——此处的“其他作家”无疑是指维多利亚时代的名人托马斯·卡莱尔。他写下了皇皇六卷本的巨著《腓特烈大帝传》。

对于南希·米特福德而言，腓特烈大帝这位普鲁士王国的英雄人物，既是一位战时领袖，又是一位古典学者（其政治檄文《驳马基雅维利》，主张君主以启蒙运动的理性与人道主义取代邪恶的权谋之术，受到欧洲文人一致追捧），亦曾资助过伏尔泰，因此算得上是作家心仪的“完美”传主。英国人常常将奉行侵略扩张政策的腓特烈大帝与希特勒相提并论，而南希·米特福德则希望能够呈现作为“开明专制君主（明君）”的腓特烈大帝支持启蒙运动的一面——“从欧洲视角提供一些帮助”，从而缓解英国与德国长期对立仇视的情绪。与卡莱尔有失偏颇的视角不同，南希·米特福德不

[1] 参见杨靖：《“高贵的商人”伏尔泰》，《东方历史评论》2020年3月14日。
[2] Kate Williams, “Introduction” in *Frederick the Great*, London: Vintage Books, 2011, pp.xi—xix.

仅能够真切理解腓特烈大帝的战争蓝图，同时，她对英法德诸国在启蒙运动中的不同表现也抱有“同情之理解”。而她借此书所要证明的是——腓特烈大帝（以及伏尔泰）的伟大正源于他所生活的那个时代。

1740年，自称为“普鲁士第一公仆”的腓特烈大帝甫一继承王位，便发动旨在拓展疆土的对外战争。从奥地利手中攫取西里西亚之后，普鲁士遭到欧洲列强共同抵制，由此陷入连续不断的战争纷扰之中；1756年，腓特烈大帝入侵萨克森更是拉开了欧洲历史上影响深远的“七年战争”的序幕。与此同时，在内政方面，他倡导政治经济改革，着力构建高效的行政官僚体系，通过改革废除刑讯逼供制度，并大幅减免农民地租和赋税——在当时的欧洲大陆，无论身居何处，农民都是最受压迫的阶层，腓特烈大帝却总是竭尽所能地帮助农民，从而赢得民众一致拥戴。然而，由于长期背负“好战”的恶名，他的对内政策往往为人所忽视，并未受到公正的评价——伏尔泰曾严词批判腓特烈大帝发动的侵略战争，但南希·米特福德却认为：“战争使大量人口得以果腹，若没有战争，这些人反而可能会死于饥荒。”[1] 她甚至断言，拿破仑在腓特烈大帝墓地前的致辞“要是他还活着，我们就不可能安然站在这里”是对其人千秋功业最大的褒奖。对米特福德六姐妹极为仰慕的英国桂冠诗人约翰·贝杰曼爵士（Sir John Betjeman）曾慨叹：“米特福德家的姑娘们！我因她们的罪恶而深爱她们。”道理或正在于此。

---

[1] Kate Williams, “Introduction” in *Frederick the Great*, London: Vintage Books, 2011, pp.xi—xix.

文学评论家凯特·威廉姆斯（Kate Williams）在《腓特烈大帝》一书的《序言》中指出，如果说《蓬帕杜夫人》一书体现出社交能力的巨大威力，《恋爱中的伏尔泰》彰显出爱情的崇高地位，《太阳王》描绘出王权专制的赫赫威仪，那么《腓特烈大帝》一书宣讲的则是“学习之乐趣”——“唉，我对各种无聊的餐会真是厌倦至极”[1]。早在该书动笔之初，南希·米特福德就发出如此感慨。她也不止一次宣称：和朋友甚至情人相比，书籍能够传递更多乐趣。像他钦佩的亚历山大大帝一样，腓特烈大帝即便身在征伐行伍之中，亦未尝废卷，堪称启蒙哲人好学不倦的楷模。

南希·米特福德在小说创作中经反复磨炼而自成一家的写作风格也同样体现在她的传记作品中，即令人难以置信的轻松文风和可洞穿一切的过人智慧贯穿其创作过程之始终。在《腓特烈大帝》一书中，她成功地将一个古板执拗的“战争狂人”描绘成一位独具个人魅力的历史名人，比如他严格的作息时间表：每天早晨5点必须被叫醒——尽管他讨厌早起，但直至他离开人世，每一天他都会强迫自己早起（并坚持吹奏长笛四次）。根据他的口谕，如果他不肯起床，宫廷侍卫可以用一块冷水浸过的布扔到他的脸上，以此促其“自醒”。再比如他曾下令关闭王家猎苑，交予农民耕种（并免费提供种子和农具）——他憎恨狩猎，认为猎人身份低于屠夫（因为屠夫猎杀动物是职业需要，并非发自内心，而猎人却以此为乐）。诸如此类的细节刻画，使腓特烈大帝这一文学形象得以永驻读者心

[1] Kate Williams, “Introduction” in *Frederick the Great*, London: Vintage Books, 2011, pp.xi—xix.

间，同时也使得阅读这部描摹生动、刻画入微且独具作家个性色彩的传记令人产生极度“舒适愉悦”之感。

作为南希·米特福德最后一部作品，《腓特烈大帝》以大量史实研究为基础精心锤炼打造，其文风轻快睿智，堪称是作家以平生之学识向腓特烈大帝致敬之作。此书出版后，《每日电讯报》评论“本书将成为最具权威性的人物传记”。著名文学评论家、《地平线》杂志创始人西里尔·康诺利（Cyril Connolly）也高度评价米特福德“将平凡的史料打造成引人入胜的文学素材，这一技能令所有历史学家羡慕不已”[1]。

在该书创作过程中，米特福德对她笔下这位“大人物”颇为艳羡，因为他经历了18世纪的辉煌历史。然而时至1970年，当这部著作出版之际，彼时已罹患霍奇金淋巴病的南希·米特福德最羡慕的则是腓特烈大帝麾下身体强壮的将士——“我多么希望能够成为一名年轻将领，跟随国王征战欧洲，而不必忍受病痛折磨”。同时，她也时刻以传主的英雄气概激励自己：“腓特烈大帝在冲锋陷阵，而我在花园奋笔疾书”[2]，直至最终完成这一杰作。1972年，南希·米特福德先后获得英法两国政府颁发的骑士勋章，表彰她在文学艺术领域作出的创造性贡献。次年，南希·米特福德溘然长逝。作为四部历史传记的最后一部，《腓特烈大帝》由此也成为这位20世纪英国著名作家的“天鹅之歌”。

---

[1] Jane Smiley, “The Other Nancy Mitford”, *Los Angeles Review of Books*, April 20, 2011.
[2] Kate Williams, “Introduction” in *Frederick the Great*, London: Vintage Books, 2011, pp.xi—xix.

值得一提的是，正如美国当代著名作家斯迈利在传记书评中所言，“文学现代性的一个重要特征便是作家主体性在作品中的体现”[1]。纵览南希·米特福德包括四部传记在内的文学创作，几乎每一部都有她本人的影子：《爱的追逐》《恋恋冬季》等爱情故事被批评家视为“影射小说”；《太阳王》和《腓特烈大帝》是献给帕莱夫斯基上校的礼物，因为后者有“英雄情结”（并曾以路易十四自居）；而《蓬帕杜夫人》和《恋爱中的伏尔泰》等作品的主题，一言以蔽之，可以称之为“情妇的命运”——南希·米特福德本人对此感同身受：上校宣称结婚只为生子，而她则不愿充当“生育机器”（她宁愿独处，以便在安心写作的同时亦能享受高雅的社交生活），故二人终究无法成婚——唯其如此，二人的亲密关系得以维系始终（女作家临终之际，唯有上校陪伴在她身边）。这也是南希·米特福德始终不渝的信念：“激情与婚姻本质上不可调和”（即伏尔泰名言“别互相爱得太过炽热，这样才能永浴爱河”之翻版）[2]。或许她毕生孜孜以求的正是伏尔泰与夏特莱侯爵夫人共同树立的“情人的典范”——人生可以没有婚姻，但不能缺少爱情。

杨 靖

于金陵依山苑

2020 年 10 月 30 日

---

[1] Jane Smiley, “The Other Nancy Mitford”, *Los Angeles Review of Books*, April 20, 2011.

[2] Allan Hepburn, “The Fate of the Modern Mistress: Nancy Mitford and the Comedy of Marriage”, *Modern Fiction Studies*, Summer 1999, Vol.45, No.2 (Summer 1999), pp.340—368.

献给雷蒙德·莫蒂默

致谢

本书作者衷心感谢雷蒙德·莫蒂默（Raymond Mortimer）先生、让·德·巴利翁（Jean de Baglion）伯爵先生、伊恩·邓洛普（Ian Dunlop）先生和约翰·洛（John Lough）教授审阅初稿。凡尔赛宫主管赫拉德·凡·德·肯普（Gerard van der Kemp）先生、美术馆总监让·费雷（Jean Féray）先生、凡尔赛宫管理员尚塔尔·库拉尔（Chantal Coural）女士、克拉尼亲王（Prince Clary）、英国华莱士收藏馆馆长弗朗西斯·沃斯顿（Francis Watson）先生、查茨沃斯图书馆汤姆·雷格（Tom Wragg）先生、约翰·哈德菲尔德（John Hadfield）先生、戈丹（Gaudin）女士、艾琳·克列芬妮（Irene Clephane）小姐、圣约翰·桑德斯（St John Saunders）太太，以及伦敦图书馆员和工作人员也提供了巨大的帮助。卡尔·科斯塔·德·博勒加尔（Carl Costa de Beauregard）伯爵夫人在本书写作数月间慨然为作者提供居所。最后，乔伊·劳（Joy Law）太太的助力也至关重要——没有她的辛劳，本书不可能以如此风貌呈现在世人面前。

目录 Contents

1

房子——凡尔赛宫

The House

人们可以将路易统治的时代比作奥古斯都统治下的美好时代，丝毫不用担心这样做会有失公允。

——夏尔·佩罗（Charles Perrault）[1]

路易十四同时爱上了凡尔赛和路易丝·德·拉瓦利埃，不过凡尔赛才是他的一生挚爱。在他入住凡尔赛之前，入住此地的念头便一直萦绕在他的心头。即使在他执政期间，外出狩猎，抑或是在前线冲锋陷阵的时候，官员们也必须每天为他寄呈一封信件，告知他凡尔赛的日常工作，即便是细微末节也不可遗漏。他在世期间，从未停止对凡尔赛的扩建和修缮工作。朝臣却认为这是一种近乎“偏

[1] 夏尔·佩罗（1628—1703），法国诗人、文学家，曾做过律师。

执的爱”，不可否认的是这恰巧是他传奇人生的一部分。事实上，太阳王只在中年和晚年时期居住在此地。而他年少时期，他的宫廷则选择在他的出生地卢浮宫或是圣日耳曼昂莱——当时朝臣不过几十人——间或他还会出行香波堡、枫丹白露以及万塞讷。就像封建君主一样，他经常常年在外，到处征战，于是凡尔赛便成了他的临时宿营地。

无人知晓这个神秘的男人什么时候开始构思将他父亲的狩猎行宫变成宇宙的中心，也许早在 1661 年，他在那儿的花园里为年轻的情妇和朋友们举办聚会的时候便萌生了这种想法，那时候，这批人平均年龄才 19 岁。而他已经 23 岁了，结婚一年并育有一子。即使是这样，他的王国依然由他的教父——红衣主教马扎然掌管，他的行为举止也受他的母亲——奥地利的安娜所规约。他想要远离老
2 一辈的视线，而凡尔赛正是理想的圣地。尽管聚会只能在花园举行，房子也很逼仄。但在那年少的幸福时光里，那儿总是惠风和畅，晴空万里。中午的炎热渐渐退去，随之而来的是一种可喜的变化，傍晚时分的清风缓缓袭来。

路易十三在凡尔赛的房子大概有二十几个房间，还有一个专为男士准备的大宿舍。这栋房子坐落于一所 12 世纪教堂旁边的小村庄——现在的橘园（The Orangery）所在地；而凡尔赛的苏伊瑟斯水池（The Pièce d’Eau des Suisses）正是原先那个村庄的一个池塘。附近还有一些贫穷的小村庄，像特里亚农、圣西尔，还有克拉尼。凡尔赛正好就在诺曼底到巴黎的主路上，但比这两座城市要兴旺得多。农场主和他们的牛群都要经过此地，这里还有三家客栈营生。

周围的村庄其乐无穷——事实上，路易十三像大多数波旁人一样，从小生长在马背上。于是一天的狩猎之后，他经常留在凡尔赛——所以他建造了这座房子，以便在天黑之后可以选择是留在旅馆还是策马赶回圣日耳曼。

毫无疑问，路易十四去沃子爵城堡的知名赴宴可能激发了他关于日后如何修建凡尔赛宫的最初灵感。像大多数混血儿一样，他具有强烈的民族主义情怀，所以当他看到新建的沃子爵城堡的时候，他首先看到的是法国当代品味的完美绝伦，惊叹其摆脱了彼时流行的意大利时尚风味。1661 年 8 月 17 日，这座城堡的主人尼古拉·富凯为了庆祝乔迁之喜，宴请国王——为此他甚至邀请了六千人来恭候国王。事实证明，这只不过是富凯为自己举办的一场告别盛宴。国王百感交集，既钦佩又愤懑，里里外外研究了所有华丽的装饰细节之后，国王认定富凯作为一名臣子——而且还是财政大臣——大肆炫耀，穷奢极欲（luxe insolent et audacieux），不尽职守，令人难以容忍。夜幕降临，富凯将钻石皇冠和马鞍之类的礼物赠予客人——至此，国王就更加坚定了他的看法。国王对于富凯的 3
热情款待“无以为报”，只能将其打入监牢，于是后来，我们再也没有听闻谁敢宴请国王。马扎然死后，富凯真正的罪行实则是他的勃勃野心：他企图取代马扎然，成为政府首脑。如果路易十四正如大家所“期待”的那样，只是无能的傀儡，那富凯将会统治整个国家，并架空国王。然而，路易十四自有他的打算，并一一付诸实施，因为他有义务摆脱这个聪明却无耻的政治家。此后，他暴露了第二个不可动摇的野心。第一个野心是他的婚姻，他想要的妻子是马扎然的外甥女——玛丽·曼奇尼，他却阴差阳错地与西班牙的玛丽亚-特蕾莎结成连理。他们分别时，玛丽·曼奇尼对他说："您是国王；您爱我，然而您还是要送我走。"他不仅是众多情妇的主宰，还是他自己，更是整个法国的主宰。玛丽亚-特蕾莎最终还是将西班牙的王冠带给了波旁家族——谁又敢断言马扎然绞尽脑汁所想的不是更大的一份奖赏呢？事实证明，他的计策是很多家族的宝贵遗赠。

于是富凯踏上去往皮内罗洛堡垒的漫长殉难之路。他的罪孽并没有牵连到他的子孙后代。他的女儿贝蒂讷公爵夫人在凡尔赛宫里总是受到亲切的接待。路易十五年代，他的孙子贝尔岛公爵是一名既富有又受人尊敬的军人，而他（贝尔岛公爵）的儿子吉索尔则被人称作"法国的菲利普·西德尼爵士"（Sir Philip Sidney）[1]。但国王趁机从沃子爵城堡敛取了大笔赃物，他认为自己这样做公正合法，因为这些赃物正是富凯用贪污的公共钱财购得的，换句话说，就是用的国王本人的钱财。画卷（Archives）、挂毯、织锦、银器、镀金银饰、雕像，还有上千棵橘树都踏进王家宫殿的大门。光是橘树的数量就令人叹为观止；这些橘树即使到了现在也得花费一百英镑。国王对这些树可谓视若珍宝，不但将它们摆放到各个房间里，还养在银盆里（如果某人被驱逐出法国，那么关于这片神圣的土地，他唯一能联想起来的可能就是栽种在银盆里的橘树）。路易十四的八棵树迄今仍在凡尔赛的橘园里。他还重用三位建造沃子爵城

[1] 菲利普·西德尼爵士（1554—1586），英国作家、政治家及军人，伊丽莎白一世时期的廷臣。

堡的大名鼎鼎的人物：园艺家勒诺特、建筑师勒沃、统管所有作品 4
的艺术家勒布朗。他需要他们来帮助他实现萦绕在他脑海里的设计蓝图。

路易十四似乎早已预料到他的寿命会很长。所以不管是艺术的还是政治的，他的计划都是长期的。这些计划慢慢成熟，也不会受到任何人的干预。他下定决心为自己打造一座府邸之后，为何会选择建造在凡尔赛却一直是一个谜题。如此庞大的工程，光是材料问题就足以令人一筹莫展。他坚持要保留父亲原先的小木屋，并在其周围建造他自己的豪宅，而那座小木屋原本坐落在不断移动的沙丘上。随着房子逐渐扩建，山体本身也不得不扩大。而且水供应也一直是个疑难问题。那么，既然他想要一座属于自己的府邸，作为他统治的纪念碑，那他为什么还要在一座已经过时的旧房子周围建造呢？他的建筑师们都恳请他把这座老房子拆掉，因为它增加了他们的工作难度。而他的回答却是，不管出于什么导致这座房子消失，他都会立即一砖一瓦地将它重修起来。毫无疑问，凡尔赛对他有种特殊的魅力，尽管他的朝臣们永远无法想象这种魅力究竟源自何处；于是，当他想将他们所有人都聚拢到他身边，和他一起居住的意图越来越明显的时候，这些朝臣们怨声载道，满腔怨愤。他们竭尽所能，甚至当着他的面抗议，“视野不够开阔”。但他喜欢这种景色，这也是法兰西岛最具有代表性的景象：一片巨大的森林被从中切割开来，悄悄地延伸到西方的地平线，在路的尽头伫立着两棵杨树。虽然他一直想用运河来点缀这里，但他绝不会使用雕塑来代替杨树。另一种抱怨便是“这里没有城镇”。然而，只要是国王居住的地方，城镇便会自然而然地诞生；这座城市可以适当地进行规划和布局。还有人抱怨“居住此地有害健康”。然而国王在这里感到心旷神怡，妙不可言。

国王的首席政治顾问科尔贝提出更严重的反对意见。而科尔贝恰好获得了路易十四十分敬重的一位了不起的老人，即首席大法官塞吉耶的支持。科尔贝想要法国国王住在首都。不难想象，在那个建筑时代，路易十四想要一座现代化的乡村住宅，但为什么要选择凡尔赛呢？早期，科尔贝根本不知道这座房子会变成什么样子；于是，他更不想在此浪费钱财和人力，依他看来，这些就理应用来打造卢浮宫，使之成为适合伟大国王的居所。但是路易十四一开始就没打算住在巴黎。他并不像世人所说的那样害怕巴黎人——恐惧被排除在他的本性之外。他也没有忽视巴黎，相反，他为此地方方面面的发展劳心费神，于是巴黎这座城市从中世纪的荜门委巷摇身一变成为适宜居住的城市。的的确确，他无意再让另一场投石党运动——在他童年时期爆发的王公贵族之间的内战——使得他、他母亲还有他的兄弟陷入窘境，甚至一度堕入举步维艰的境地。投石党运动对国王幼小的心灵造成巨大的创伤，而为了直面这种创伤，他背负了太多的压力。毫无疑问，他的政策便是不让权力落入贵族之手，他喜欢将他们的一举一动都收纳眼底。不管他在哪里建造他的王宫，他都会凭借他天生的支配人格来达到这个目的，所以说这并不是地理问题。

路易十四是个“乡野村夫”。他擅长各种运动，几乎忍受不了待在室内；他每天都要花费数小时狩猎或者射击。他去世之前的一年，还用 34 发子弹击中 32 只野鸡，在枪械简陋的时代，这也算是骄人的成绩了。从枫丹白露骑马去往巴黎检查卢浮宫和万塞讷的建造进程，还要和兄弟在圣克卢堡进餐，检查该地的修缮情况，然后又得骑马回到枫丹白露，这些在他看来稀松平常。到了古稀之年，他对园艺越来越感兴趣。这样的一个人若是终身被囚禁在城里，那会多么悲惨凄凉。

自从爱上凡尔赛之后，对于增强营造凡尔赛最初吸引他的那种 6
氛围，他总是深思熟虑之后做出正确的决策。他修筑了世界上最富丽堂皇的宫殿，但它依然是年轻人的家，宏伟壮观却并不矫饰浮夸——这里有明亮的灯光，新鲜的空气，欢愉的气氛——真真切切是一座乡村别墅。事实上，它原本应该算是府邸（le Château）而非宫殿（法语里的 Château 是指绅士的居所，城堡对应的是 Château-fort）。一开始，他在花园里下的功夫要比在宫殿本身多得多，沿着他的父亲路易十三已经铺好的线路，在此基础上，逐渐扩大规模，精雕细琢，还增加了水源。他增加了越来越多的绿色“房间”，这些“房间”把中央小巷或绿色地毯（tapis vert）切分开来，他用这些“房间”举行了规模越来越大、越来越精致的聚会。这些聚会与下一个世纪的农村节庆活动（fêtes champêtres）并没有什么共同之处，没有甘草的气息，农家也没有参与其中。自然的韵味占据着一席之地，格状“厅室”里装饰、点缀着东方的奢侈品。可以想象，人们多么热切地渴望收到这些聚会的邀请函，国王已经开始利用法国对时尚的热爱来驾驭这些王公贵族们了。1664 年，他举办一场名为“魔法岛的乐趣”（Les Plaisirs de l'Ile Enchantée）的盛宴，从5月7日到13日，整整持续七天。但其实对于客人来说，苦大于乐，因为他们没有地方可以睡，所以只要有村舍和马厩，他们倒头就睡。1665年，国王每周都会在凡尔赛住一天，通常情况下，他会从圣日耳曼过来，检查这边的工作进展情况，在房间里挂上几幅画，在公园里散步游览，然后和朋友们一起娱乐。

贝尔尼尼(Bernini)[1]恰在此时到访。他受邀前往法国，为卢浮宫的装修制定计划，而当时的卢浮宫到处伫立着不同时期的建筑物，所以显得杂乱无章，看上去更像是一个村庄而不是宫殿。国王一心想让巴黎更加洁净，并且他成功地做到了这一点，但卢浮宫总还有一些令人不太满意的地方——不够漂亮正是其中之一。贝尔尼尼的计划并不受欢迎；国王认为太“巴洛克”了，不适合法国北部素净冷峻的天空，而科尔贝则提出了比较实际的问题，比如仆人睡
7 在哪里，食物又如何从厨房呈上来。但是国王和贝尔尼尼相处得很好，于是使了些计谋让贝尔尼尼觉得他自己所有的失败都是因为科尔贝。但贝尔尼尼对法国的艺术家、建筑师还有朝臣们都很粗鲁傲慢，他根本不喜欢他们，这些人也很讨厌他——这便是法国人和意大利人无法欣赏彼此的优点的历史渊源。几个月之后，他带着钱财和感激回家了。如果他没有雕刻出路易十四的半身像，那他的这趟行程就完全是在浪费时间。这尊半身像是凡尔赛价值连城的珍宝，也是唯一能描述当时国王形象的证据。

很不幸的是路易十四的半身像并不吸引人，可能是因为假发看

---

[1] 贝尔尼尼（1598—1680），意大利雕塑家、建筑家、画家。早期杰出的巴洛克艺术家，17世纪最伟大的艺术大师。

起来很不自然，与下面的卷发有着天壤之别。如果仔细地盯着他的脸看的话，会发现他有诙谐幽默、和蔼可亲的气质（类似气质出现在卢浮宫米涅尔[1]的作品中），但是绝对谈不上英俊帅气——在一些肖像画中，他的的确确带有东方人的特质（即使路易十四的祖先是阿拉贡人，他身上也很可能流淌着犹太人和摩尔人的血液）。有很多描写他的第一手资料，这些作者要么就是像威尼斯大使这一类的，是为了向他们的政府描述他（对当权者的外貌描述很重要），要么是以日记或者回忆录的形式写的，是为了在他死后出版。如果都不是，可能是写成了书信，似乎没有谁注意到国王身上体现出的外国或者异国情调。他们一致认为他又黑又高，一表人才，四肢匀称，眼睛小但炯炯有神，虽然他似乎从来没有睁开过，不过给人印象却是他能真切地洞察一切。他身上最突出的亮点便是他的鼻子，虽然在鼻孔上方的鼻尖稍有些往内收缩，但是鼻子挺拔；他只在年老的时候才看上去像个犹太人。所有人都在谈论他高贵的外表和非凡的优雅。他似乎从来没有做过考虑不周抑或是毫无意义的举动，以至于他看起来像神灵一样（或者根据一些人的说法，他是舞台上的天才表演家）。贝尔尼尼的半身像雕塑让我们认为路易十四的外貌确实具有这些特征。希望在这本书里，他奇怪的特点会一一显现出来。

他对这尊半身像很满意，并委托贝尔尼尼回到罗马之后，能在 8
空闲时间雕刻出一尊他的骑马雕像。而这尊雕像十九年之后才打包

[1] 米涅尔（1612—1695），17世纪法国古典主义画家，代表作有《天堂》《吃葡萄的圣母》等。

运送到凡尔赛，在橘园里被打开。国王却很厌恶它。他一直为自己精湛的马术而感到自豪，现在却被雕刻成似乎连坐在马鞍上都是一种错误。他想打碎雕像。但最终他命令夸瑟沃（Coysevox）[1]做了一些调整，使它看上去不是太阳王，而是神圣罗马帝国皇帝，并派人将其弃置在苏伊瑟斯水池的尽头——它现在依然在那里，尽管邻近一条铁路线，而且周围很多垃圾，还有凡尔赛下层平民所做的涂鸦，但还是很漂亮。现在已经很少有人到那里去参观了。

直到1666年奥地利的安娜去世之后，国王才开始以成熟独立的人格行事。她的年龄大到可以当他的祖母，因为生他的时候，她已经结婚二十三年了。她是一个十分文明礼貌的人，他也很钦佩她。她比欧洲历史上的任何王后都会掌管宫廷，那些王后要么太懒要么太聪明，以至于她们总是做些与政治无关的事。路易十四的执政生涯极其漫长，他甚至在五岁的时候就已登基——当时他的母亲把执政权完全交到了红衣主教马扎然的手里，这个人可能是他母亲的情人，也许是她的丈夫。路易十四一直等到1661年红衣主教辞世之后，才成为法国的统治者，不像他的祖先查理五世在类似的情况下显得那样急不可耐，这也许是他优雅而不失礼仪的一种体现。他小心翼翼，从不惊吓他的母亲或伤害她的感情——他的情妇和私生子都被挡在他母亲的视线之外。他知道她担心女人对他施加影响。

奥地利的安娜死于癌症，她离世的时候很痛苦。临终前，国王

---

[1] 夸瑟沃（1640—1720），法国巴洛克风格雕塑家，17世纪末受聘于路易十四。

和王后跪在床边哭泣时，她喃喃地说：“这些孩子们——”但事实是他们都已经 28 岁，早已不再是孩子了。王后玛丽亚-特蕾莎有足够的理由哭泣，因为她最好的朋友即将离开她。她的父亲正是安娜的哥哥，而她的母亲则是路易十三的妹妹，所以算得上是国王的重表亲。安娜很喜欢她，也许是法国唯一一个既喜欢她又支持她的 9
人。王后这一生都挚爱着国王，然而不幸的是，无论是站在西班牙还是法国这边，国王都未能被培养成一名忠诚的丈夫。阿拉贡的族谱简直就是令人惊讶的庞大私生系统，而法国历代惯有的习俗便是，国王有一任妻子，但是会当众承认一位情妇，这位情妇实际相当于第二王后。亨利四世的私生子是个有权势的公爵，在宫廷大摇大摆，这就是活生生的例子；他最小的儿子 1682 年才去世。

他母亲一咽气，他就立刻停止哭泣——在他的漫漫一生中，只有勃艮第公爵夫人的去世才对他造成影响。他随即宣布拉瓦利埃小姐是他名义上的情妇，让她成为女公爵，并当众承认他们的宝贝女儿玛丽-安娜。他们的第一个儿子 3 岁就夭折了，名叫路易·德·波旁，并没有头衔。温文尔雅的路易丝羞于变成情妇、母亲抑或女公爵，现在却被带进了公众视野，这并不适合她。她向来就是被藏起来的女人，只有夜幕降临，她才可能与国王在凡尔赛庞贝街的房子里私会，或者在狩猎过程中，在森林里偶然邂逅——一个朴素的乡下姑娘，也是出色的骑手，所以宫廷里纷繁复杂的氛围令她迷惑不解，尽管如此，她绝不会厌恶在这里所接受的恩惠。比如金银珠宝。她本应该可以起草更多的请愿书（placets）——向国王请愿，以此来获得一些有利可图的挂名闲职，这是宫廷生活的特点之一。

在所有这些方面，她都比其他情妇具有更明显的优势。在他们相恋之初，她本来应该很开心的，因为她崇拜的国王就拜倒在她的石榴裙下，但她的蓝色眼眸里时常无来由地挂着晶莹的泪珠。她的泪珠融化了他的心；可是现在他已经厌烦了她总是哭哭啼啼。在国王宣布的无数情妇里，她还算不上是他的伴侣。

10 在他母亲过世之后，国王似乎就搁置了凡尔赛的主要修建计划。因为这正好发生在西班牙王位继承战争期间，他力图争取妻子对西属尼德兰的继承权。在征服弗兰德斯并于 1668 年签订《亚琛条约》之后，他又一心一意投入凡尔赛的建造之中。为了向过去的体制告别，他举办了一场娱乐（Divertissement）活动，也是这时，莫里哀的《乔治·唐丹》首次登台。当时三百多位女士应邀坐下来一起共进晚餐。路易丝·德·拉瓦利埃有孕在身，忧郁烦闷，紧挨着国王。但是他的视线却完全没有在她身上，而是在另一张桌子上，蒙特斯潘侯爵夫人和她的朋友斯卡龙夫人正谈笑风生。这两位女士正是当时社交圈最活跃的两个人。经年之后，当人们再回忆起这场盛宴，会发现它不仅囊括了过去和现在，还有未来。

国王的三段主要感情模式几乎一成不变，新的情妇不知不觉就取代了现有情妇的位置。当他开始和他的弟妹（英国的亨丽埃特）调情的时候，流言蜚语四处弥漫，于是她让国王假装是在追求她的一名女仆，比如路易丝·德·拉瓦利埃。然而，伪装却变成了现实。他一开始并不在意蒙特斯潘夫人，但路易丝不能没有她。他每天都会看见她，而她则决心征服他。她唤醒了撒旦，并大获全胜。她是宫廷里最风姿绰约、最聪明伶俐的女人，即使没有这样一位贬低她身份的盟友的帮助，她也应该可以取得成功，但令人百思不得其解的是，在她把他卷入事件之前，她一直没有取得进展。然后就是斯卡龙夫人，即后来的曼特农夫人，是由蒙特斯潘夫人强塞给国王的。国王并不能忍受她，但是她激活了他心中的上帝，于是在这一轮她旗开得胜，尽管她花的时间更久一点。路易丝·德·拉瓦利埃是三个人中年龄最小的，她比蒙特斯潘夫人小 3 岁，比斯卡龙夫人小 9 岁。这些女人身上并没有完全共享国王的审美品位。蒙特斯 11
潘夫人总是肯花大手笔去赞助那些艺术家。而另外两位则对艺术完全没兴趣——实际上，曼特农夫人不喜欢国王把钱都花在雕琢装饰房子上。路易十四从来没有什么蓬帕杜夫人。

在那场“娱乐”盛宴几天之后，凡尔赛又交付到工人们的手里，开始建设所谓的外壳（enveloppe）。在勒沃的配合下，国王决定用自己的房子将父亲的小木屋像稀世珍宝一样包围起来。勒沃保留了东面的砖墙和石头，在两侧设计了翅膀一样的长亭，通向大臣们的寝宫。至于东面的花园，他给花园的正面设计了一个新的石式结构，气势更加恢宏，由两个厢房组成，这两个厢房又通过一楼的平台连接在一起。国王则把注意力放到了小镇上面。小镇交由勒诺特全权负责，土地则分给那些想要建造房子且获得批准的人。三条放射状大道从军队广场延伸出来。

在 1668 年的娱乐盛宴之后，国王又全心全意投入自己喜欢的事业之中，即战争和建筑。他与英国表兄弟查理二世结成联盟，于是他着手征服荷兰。那时候，鲜少有人会意识到如果两个国家和平相处，那么两个国家的繁荣昌盛都会实现。各国针锋相对是常态。

在整个 17 世纪，欧洲只有七年处于安然无恙的和平状态。一旦贸易开始扩大，那和平自然而然会被激烈的争吵所扼杀。

路易十四的确想要与荷兰交好。他准备把自己的宝贝女儿嫁给奥兰治的威廉，却遭到了断然拒绝，这令他颜面扫地。威廉说，他们家只娶国王名正言顺的女儿，而不是私生女。威廉是玛丽·斯图亚特（Mary Stuart）[1]的儿子，也即将成婚。因此，玛丽-安娜留
12 在家里，嫁给孔蒂亲王（The Prince de Conti）[2]，成为他父亲宫廷里的“装饰品”。路易十四，总是对私生子女这个问题极度敏感，所以终其一生，也没原谅威廉的侮辱。他不喜欢荷兰人还有三个其他原因：他们根深蒂固的共和主义思想、他们的新教以及政治传单。他对自己国家的印刷媒体进行严格审查，但是有关他自身、他的政策和家族的讨厌报道一直源源不断地从海牙和阿姆斯特丹的印刷厂涌现出来。此外，他对莱茵河也一直过分痴迷。他的外交政策从来没有改变过其主要宗旨，即保护作为法国边境的莱茵河和连绵的山川，还有海洋。莱布尼茨一直在说，路易十四没有必要为了使法国成为“世界的梦中情人”或者变得异常富有而战斗，他只需要安安静静地守住现在的边境。但如果他一定要战斗，一定要征服那些新兴国家，那为什么不选择地球的其他部分呢？埃及、亚洲和美洲都在等待着它们的征服者，难道这些不都是比德意志的一些小村庄更有趣的战利品吗？路易十四毫不在意那些具有异国情调却毫无

[1] 玛丽·斯图亚特（1631—1660），英王查理一世之女，1641 年嫁与奥兰治亲王威廉二世。

[2] 孔蒂亲王（1661—1685），即路易·阿尔芒一世·德·波旁，生于巴黎，阿尔芒·德·波旁之子，1666 年继承父位，生活放荡。1685 年因天花死于枫丹白露。

价值的东西，但现如今，谁又会因此而责备他呢？他感兴趣的正是那些边境地区，那些山川河岳，不过最令他痴迷的还是莱茵河。每当他的视线落在地图上这条河流所在位置的时候，他就会想到荷兰，随之变得异常烦躁。他戴上羽饰帽子，率领孔代将军和蒂雷纳子爵前往荷兰，企图拿下她。就在阿姆斯特丹附近，他以为自己成功了的时候，勇敢的荷兰人打开堤坝，于是国王发现自己正处在内陆海的边缘地带。尽管付出可怕的代价，但荷兰好歹是保住了。此 13
时许多国家都对荷兰伸出了援助之手，形势对法国稍稍不利。在奥兰治的威廉的统治之下，荷兰从未落入他人之手，尽管至少有两次，路易十四似乎都快要将她的统治权握在自己手里。但他每次都在关键时刻转身而去：和往常一样，没有人知道原因。1675 年，蒂雷纳子爵在战斗中阵亡，这对他的士兵无疑是一个沉重打击，因为他们是如此爱戴他——那天晚上，整个法国军队都在为之抽泣哽咽。法国军队随之而来的损失便是孔代的退休。1679 年，《奈梅根条约》签订后，路易十四瓜分到西属尼德兰的大部分地区以及弗朗什-孔泰，这标志着他已达到军事生涯荣耀的巅峰。

与此同时，凡尔赛已经变成一个巨大的工厂。房子被临时搭建的台架盖住，埋在尘土里；花园也像个采石场，到处都是泥巴、石头、排水管、工人和马匹。数以千计的参天大树被移植到此；大约一半变成了枯木，但随即会代之以新木。大理石和青铜雕像到处都是，得等到国王下令，把它们摆放在他满意的位置。他急切地想要看到这座房子的成品，因此整个建筑过程很仓促，到处充斥着尚未完工的半成品。他不时将宫廷朝臣带过去巡视；那些朝臣常常席地而睡，而他自己也不舒服。但从新计划的宏伟程度来看，他显然是打算将凡尔赛建造成主要的王家住宅之一。

这时的法国，用麦考利勋爵（Lord Macaulay）[1]的话来说，“对周边国家迅速建立起了像罗马对希腊那样的政治统治力，和像希腊对罗马那样的文化统治力”，而路易十四的豪宅即将成为这种统治力量的一个外在的、显著的标志。

[1] 麦考利勋爵（1800—1859），英国19世纪著名历史学家，代表作为《英国史》。

2

建筑师 14

The Builders

路易的陵墓里汇聚了各路天才的声音，而拿破仑的陵墓里却只有他自己的声音。

——夏多布里昂（Chateaubriand）[1]

科尔贝、勒沃、勒诺特、勒布朗，没有这四个人的合作与配合，国王不可能建成凡尔赛宫。他们都比国王要年长，在他看来，他们肯定都是些老头子；尽管他们都卓越非凡，但国王依然支配着他们，是这项伟大事业的精神领袖。路易十四清楚地知道自己想要什么。马扎然早在他孩提时期，便用各种美丽的东西包围着他，所以他的审美眼光早已得到了训练，而且他的个人品位也年复一年得

[1] 夏多布里昂（1768—1848），法国 18 世纪至 19 世纪的作家、政治家、外交家，法兰西学院院士。

到了提升，这种个人品位在他所做的一切中悄无声息地留下了烙印。

马扎然死后，他把他的财产全都留给国王，包括画卷、书籍、房子、以马扎然命名的十八颗巨钻以及那些钱财（甚至，还可以补充加上他的外甥女），但是他说这些都是虚无缥缈的——真正的珍贵遗产其实是科尔贝，事实也证明确实如此。他是法国历史上最杰出的财政大臣。如果将法国人分为法兰克人和高卢人——法兰克人可以说是严肃而又相当冷酷的“建造者”，而那些轻浮的高卢人，则是这个国家的“摧毁者”——科尔贝正是典型的“法兰克人”。他出生于1619年，是兰斯羊毛商人的儿子。他的纹章便是卑微的草蛇——而富凯恰恰相反，更像是松鼠，可以看到他越爬越高，沃子爵城堡便是证据。富凯活得很潇洒，坐拥众多情人，而科尔贝却截然不同，他将他的才华隐匿起来，旁人看来，他性情冷峻，沉默寡言——他眉头颦蹙，不苟言笑，他也从未想过要去迷倒众生。但是人们知晓他的魅力无处不在。那些希望能免除缴纳税款并获得无限恩惠的人，背着国王去找他，但却无济于事，科尔贝笑着告知他们，“先生，您必须付钱!”于是这些人会说他们更喜欢科尔贝皱着眉头。在早期生涯中，他便察觉到投身经济是一条稳稳当当却又不会引人注意的权力之路。在马扎然的私生活处于极度混乱的时候，科尔贝已开始着手拨乱反正。当时，红衣主教还是一手遮天，科尔贝却将注意力转向了国家财政，并在坚实的基础之上将其不断地发展完善。当国王还在孩童时期，他就教他保管并记录账目；路易十四也是法国历史上第一个这样行事的国王。科尔贝让他记下每年年初有多少钱，然后从中减去开支。一如既往，这些钱很快就会花完，他会替国王向马扎然借款。他意识到一个新的世界正在崛起，所以一个国家要么就发展出口贸易，要么就坐以待毙。因此，他设立了由国王主持的商业委员会，每两周举行一次会议。他不喜欢凡尔赛，但是他一个人就可以生产出它所吞没的金钱，而且他发现国王是下定决心要住在那儿，这种决心是不可逆转的，于是他很快便放弃抵抗，开始思考如何让这座宫殿进一步推动法国经济发展。

年复一年，路易十四逐渐声名鹊起，凡尔赛也名声大噪。其他的欧洲王公和大亨也想要打造他们自己的凡尔赛，甚至开始讨论装修的细枝末节，而科尔贝则巧妙地运用这种时尚潮流来促进出口贸易。他建立了一道严格的海关屏障，只要是法国可以自己生产的东西，则不能进口。工厂如雨后春笋般涌现出来，以此向市场供应亚麻、蕾丝、丝绸、玻璃、地毯、珠宝、镶嵌家具和其他过去来自外国的奢侈品，其中大部分来自意大利。这些商品的制造品质很快就超过了当时的其他国家，因为法国工匠，即使到现在，也具有全世 16
界最顶尖的技艺。他们制作的最精华的物件儿都运送到了凡尔赛，以供那些成群结队前来的外国游客观赏。于是凡尔赛宫便成了商店的橱窗，永久地陈列法国的商品。这的确为奠定法国艺术的霸主地位做出了巨大贡献，就像现在，一些大的航空公司并不是为了收费，而是旨在推动航空技术的发展。但很快问题就出现了，工人数量不足，因此科尔贝采取措施来增加工人人口，即有十个以上孩子的家庭可免除税款。他还认为太多年轻人在履行宗教誓言（taking

religious vows），因此推迟了他们宣誓的年龄。禁止工人移民，鼓励外国人，尤其是在本国遭到迫害的新教徒来到法国。他一直主张人们不应该被严格地束缚住，而应该做他们自己认为最好的事情。然而，他却与那些“高卢人”不和。他的公司主张进行海外贸易，但那些王公贵族却拒绝投资。要调和工人们也不容易，因为他们拒绝放弃一年六十天的公众假期——其中还不包含星期天，所以罢工也时常发生。而他自己则一天工作十五个小时，一星期七天，他的亲笔文件（holographs）都有一百多卷。尽管他真正的兴趣是商业，但除了战争事务之外，他还管理着其他所有的政府部门。他的工作成绩斐然，1661 年至 1671 年的十年间，国家收入翻了一番。到了 1683 年，收入竟是英国的四倍，威尼斯共和国的十倍。但是欧洲最富庶的国家还属荷兰。除了受到英国海外以及海洋本身的困扰，还有欧洲邻国的干预（西班牙的威胁刚刚结束，法国的威胁又开始了），这个小国的繁荣昌盛一直是个奇迹。科尔贝和路易十四一样记挂着荷兰，但是原因却不尽相同。荷兰二分之一的人口都是农民，因此他们生产出的农作物更多、猪更肥，奶牛产量也比其他地
17 方更多。就像蜜蜂一样，荷兰人在周围采蜜：挪威是他们的森林，莱茵河岸和多尔多涅河（Dordogne）是他们的葡萄园；西班牙和爱尔兰是他们放羊的牧场；印度和阿拉伯是他们的花园；海洋便是他们的公路。他们发展商业、银行（阿姆斯特丹银行的历史最早可以追溯到 1609 年）、保险、印刷，他们的国家还是位于新世界和旧世界之间的航海国家，这一切让他们收获了巨大的财富，过上了旁人梦寐以求的生活。而且荷兰也没有所谓的“高卢人”。科尔贝乐意

管理这样的土地。他最大的障碍是在整个路易十四统治时代，边境战争肆虐。即使是和平时期，十五万的士兵也全副武装，戍守边疆——而科尔贝本可以利用这些人力资源，展开不同的计划，以此来令国家更加富强。他讨厌战争，但并不是出于人道主义，仅仅是因为他的性格里没有这部分的存在。法国农民曾经历了一段农业萧条期，但科尔贝并没有采取任何措施来帮助他们，即使采取了也只是极少的几项，因为农作物低价正好适合他的廉价出口政策。在科尔贝的管理下，农民和其他人口之间的差距日趋严重，英国却相反，他们的乡村绅士缩小了这种差距。他也鼓励奴隶贸易，尽管他的确坚持实施一些人道主义措施，但他这样做也只是为了降低这些有价值的“耕牛”的死亡率。最糟糕的是，他将法国海军大帆船的数量从六艘增加到了四十艘，也许每艘船上都禁锢着两百个郁郁寡欢的灵魂。由于黑人供不应求，无法为他们长久效力（他们没有活力，而且不久就咽了气），他开始雇用法国罪犯和巴巴里战争（the Barbary war）中被俘的土耳其士兵。当这些土耳其士兵疲惫不堪的时候，他们又会在美洲被转手卖掉。被指控犯有死罪的那些年轻又孔武有力的法国刑犯会被送到船上干活，而不是被处决。而那些犯了小罪的人，如果他们身体健全，即使到了刑满释放的时间也不能
出狱——除非他们的亲戚有能力买土耳其人来替代他们。科尔贝认 18
为舰船上死的奴隶的数量太过庞大，而舰船总监却发誓说把他们喂得好好的，他们死于悲伤又单调无聊的航行生活。我们可以想象这两个腰缠万贯又身心舒坦的宫廷命官在金碧辉煌的客厅里谈论这个问题。

这个超尘拔俗的男人对文学、科学和艺术有着独到深刻的见解，尽管他认为这只是商业贸易的附属品，是法国声望的一部分，而法国声望也仅是吸引世界贸易市场的一种介质。他曾是法兰西学院的一员，而学院著名的扶手椅席位（fauteuils）也是起源于他（扶手椅在17世纪的法国有着近乎神秘的意义。国王在场时，可以允许坐着的除了王后和英国的詹姆斯二世，还有国王的孙子安茹公爵——他后来成为西班牙国王）。一名高贵的院士在会议期间给自己搬来扶手椅，等到下一次会议的时候，他发现科尔贝已经给四十名院士都准备了椅子。科尔贝在罗马创办了法国绘画和雕塑学院。还在巴黎建造了天文台，以供天文学家卡西尼（Cassini）在此工作。他还创建了法兰西科学院（the Académie des Sciences），为王家图书馆收藏了大批书籍。最后，作为建筑总监（Surintendant des Bâtiments），他负责管理凡尔赛的建造工作。

科尔贝期待他的性格能有浪漫的一面：因为他是个自命不凡的人。他的祖先是羊毛商人，但他对这并不感兴趣，于是转而寻找那些更好的。更有趣的是，诺森布里亚的圣库斯伯特也被牵扯进这场游戏之中，科尔贝在国王的系谱学家道齐耶面前罗列了大量古老的契约，这些似乎只是为了证明他是圣徒和他那来自因弗内斯城堡山的苏格兰妻子的后裔。其他人说这些契约就好像已经在深海底部存放了好久，虽然没有这么夸张，但这些纸张已经发霉，而且早已失效。然而这些契约却也完成了它们的使命，并且得以在家谱中登记（毕竟这些契约充其量也只是将他与羊毛交易又联系起来——人们很好奇科尔贝是否知道圣库斯伯特恰好是牧羊人的儿子）。他祖父

的墓碑在兰斯，上面刻着“羊毛”的字样，于是他便将其移除，取 19
而代之的是用古老的语言在一块年代久远的石头上刻上证明科尔贝那高贵的苏格兰血统的字样：“这里安卧着英勇的苏格兰骑士理查德·科尔贝。请让他的灵魂安息。1300年。”一段时间过后，据说人们看到这个伟大的男人带着他的三个女婿跪在坟墓前，虔诚地做着祷告。然而，国王将阿里格雷小姐（Mlle d'Aligre）强行许配给科尔贝的长子，即塞涅莱侯爵，她却因为觉得这是与社会地位或门第低于自己的人缔结的婚姻（mésalliance），极度悲伤而死。科尔贝有六个儿子，在他们还小的时候，他们一直是他的心头之忧，但事实证明，科尔贝死后，这六个儿子大有作为。塞涅莱是海军大臣，布兰维尔侯爵，也是建筑总监。有三个是军人，战死沙场，英勇献身，还有鲁昂大主教。他们都很懒散。至于他的兄弟，一位是主教，一位是将军，还有一位便是能干的外交家科尔贝·德·克鲁瓦西。

尽管科尔贝比国王还年长20岁，却对他深感敬畏。科尔贝离开他的乡间别墅索堡，来到凡尔赛，来到这个令整个法国都为之颤抖的强大的、专制独裁的君主身旁。国王经常拿一块面包到公园，将面包扔进沟渠。如果面包丢到沟渠的另外一边，那路易十四就会心情舒畅，但如果掉进水里，科尔贝知道这一天将是暴风骤雨的一天。

科尔贝对战争的厌恶和对陆军大臣卢夫瓦（Louvois）的憎恨不相上下。这个可怕的人便是国王身上邪恶部分的象征。卢夫瓦和科尔贝奉命每天都在路易十四跟前碰面商讨，合作分工，路易十四利用他们这种暗自较劲的敌对关系实则是为了达成他自己的目的，而并不是为了逗弄他们。有一次，卢夫瓦想除掉时任外交大臣蓬波纳（Pomponne），让自己人来顶替，于是窃取了他写给国王的信，然后假装国王对信中的内容置若罔闻。事实上，路易对事情的来龙去脉一清二楚；他顺势而为，除掉了资质平平的蓬波纳。后来，让卢夫瓦暴跳如雷的是国王竟然将大臣的职位授予科尔贝的兄弟，科尔贝·德·克鲁瓦西。

20 路易十四统治初期，整个法国军队处于杂乱无章、混乱不堪的状态，因为自从封建时代以来，从来没有哪位君主加以整治过。现在它成为国王实施其外交政策的一流作战武器，这多亏了勒泰利耶（Le Tellier）和他的儿子卢夫瓦，1654 年，年轻的卢夫瓦便已担任起他父亲首席助理的职位。尽管卢夫瓦的确很能干，但他并不是天才。如果他真是个天才，那他肯定会把军队从头到脚、彻头彻尾整顿一遍。他对许多贪污腐败都是睁一只眼闭一只眼，贪污之风由此也日趋严重，并没有得到任何改善，最后，这块大石头便压在路易十五的身上。多年来，对战争艺术有着透彻理解的国王将卢夫瓦牢牢地掌握在手中；不幸的是，随着他们年龄的增长，卢夫瓦开始对路易有所隐瞒，但路易还是一如既往地轻信他说的一切。路易统治时期，曾发生过两次最轰动的丑闻——发生在普法尔茨的暴行和法国西南部的针对新教徒的侵害——其实都应该是卢夫瓦的责任。路易十四听闻了普法尔茨的恐怖事件之后，他手持房间里的铁杆去找卢夫瓦。而且很可能新教徒受迫害的事，路易一直被蒙在鼓里，甚至完全不知晓。卢夫瓦也参与了凡尔赛宫的建造，1683 年科尔贝去世以后，他接任建筑总监的职位。

勒布朗和科尔贝同年出生，一生中大部分时间两人都在一起工作。这两人都有能力胜任任何工作。勒布朗 10 岁的时候，首席大法官塞吉耶发现了他在牛皮纸上绘制的“天启”（Apocalypse）中的场景。大法官把他带进了乌埃(Vouet)[1]的工作室。15 岁的他已经开始为红衣主教黎塞留作画，23 岁时他和普桑(Poussin)[2]一起去往罗马；普桑在他的大部分工作生涯中都待在那里，但勒布朗四年后却回到法国，而且深受法尔内塞宫（the Palazzo Farnese)[3]的卡拉奇(Carracci)[4]画廊的影响。1649 年，他接手的第一个重要的任务，便是装饰朗贝尔府邸，这是一位富有的地方官员的巴黎之家。后来他开始为富凯打造沃子爵城堡；1662 年，他被任命为御 21
用画家，主要负责凡尔赛宫的装饰艺术。他是戈布兰厂（Gobelins）的主管，这个工厂不仅制作挂毯，还几乎包揽了凡尔赛所有家具的制造。勒布朗在绘画方面的造诣远比不上他在装饰上的天资，他只能算是二流的画家，但却是装饰天才。他亲自为宫殿设计，几乎涵盖所有的家具装饰，大到椅子、桌子、地毯、镶板、银器和挂毯，小到钥匙孔。他为战争厅以及和平厅绘制天花板，为国王的玛力宫的外观做了装饰，为舰首和宴会（fêtes）布景做设计。他还会在闲

[1] 乌埃（1590—1649），法国画家。17 世纪上半叶，法国宫廷古典主义艺术的主要代表。

[2] 普桑（1594—1665），17 世纪法国古典主义绘画的领导者，虽然大部分职业生涯都在意大利度过，他的风格深深影响了包括塞尚和安格尔在内的众多后代法国画家。

[3] 法尔内塞宫，罗马一座杰出的文艺复兴建筑，目前为法国驻意大利大使馆。这座建筑在 1517 年为法尔内塞家族而设计。

[4] 卡拉奇（1560—1609），罗马画家、艺术家，欧洲学院派的创立者，欧洲古典风景画的奠基人。

暇时间，以宗教和神话为主题画出长篇鸿卷。他喜欢寓言故事和战争场景，自然景象在他看来索然无趣。

勒布朗和勒沃在工作中相处非常和谐。勒沃最著名的建筑还要数沃子爵城堡、朗贝尔府邸和四国学院（the Collège des Quatre Nations），这所学院是达尔巴伊（Darbay）[1]在他离世后依据他的设计建造的。他在凡尔赛的大部分作品都被芒萨尔（Mansart）[2]的所覆盖，但灵感还是来源于他，在之前的基础上扩建，或者说并没有任何的改进。他建造的宫殿，在外观装饰完成后，就已经是珍贵的宝物了。

这些人当中，最有魅力的还是勒诺特，他出生于园丁世家，祖辈大多是王家园丁。他的祖父在玛丽·德·美第奇的花园里施肥种花，他的父亲是杜乐丽花园的总管，甚至连他的姐妹们也都嫁给了园丁，一个嫁给奥地利的安娜的苗圃园丁，还有一个嫁给照顾她橘子树的男人。勒诺特过去认为自己会成为一名画家，于是他来到乌埃的工作室，但他很快又转身回到园艺事业中来。他接替父亲在杜乐丽宫的岗位，为那里的花园增添了崭新的色彩。后来富凯委任他打造沃子爵城堡，也正是在这里，路易十四发现他在园艺方面的天赋异禀和非凡造诣，于是立即任命他为所有王家花园的总管。我们敬畏他不仅仅是因为凡尔赛宫的花园，还有尚蒂伊城堡、圣克卢堡、玛力宫、索堡，以及著名的圣日耳曼昂莱露台，还有许多私人
22 的公园和花园，帮波舒哀在莫城建造的一个冠冕形状的花园，从香

---

[1] 此处原书有误，应为道尔巴伊（d'Orbay）。
[2] 芒萨尔（1646—1708），法国建筑师和城市规划师，曾参与设计凡尔赛宫。

榭丽舍大街到卢浮宫的沿途装饰也是由他一手打造。他还为凡尔赛镇做了规划。

勒诺特是路易十四在这个世界上最喜欢的人之一。比起跟那些包围在他身边的、圆滑老练的王公贵族或浮夸的资产阶级待在一起，路易似乎觉得跟仆人待在一起更为自在——某种程度上，勒诺特之于他就像约翰·布朗（John Brown）之于维多利亚女王一样。他性格直爽，从不在乎与国王意见不一致。1678 年，他前往意大利学习园艺技术，在那里还得到了教皇的接见。有人告诉国王，勒诺特给了教皇一个大大的拥抱。国王却表示他一点也不惊讶，“当我外出归来时，他总是会给我一个拥抱”。他赏赐了一个盾形徽章给勒诺特，但却遭到嘲笑：“我已经有一个了，卷心菜叶中间包裹着三条鼻涕虫。”

国王有多喜欢鲜花，勒诺特就有多讨厌鲜花。他极力反对在王家宫殿前面的花坛里种上鲜花，但他却不得不这么做——国王给出的理由是，如果这样做，女仆们便可以从上面的窗户看到底下遍地开花。女仆以及她们的监事都说从未呼吸过这么新鲜的空气，毫无疑问在种植这些幼苗的时候，勒诺特也看见了玻璃后面那些洁白的脸颊以及那留恋的眼神。国王对鲜花的迷恋也是第一座特里亚农宫建造的主要原因，这是一座用青色白色瓷砖砌成的宫殿，环绕周围种植了各种花卉植物。他最爱的花是郁金香——当他还未与荷兰交战时，他每年都从荷兰苗圃里进口近四百万株——还有橙花、晚香玉、罗兰花和桂竹香——后两种花在法国都叫 giroflées，以及水仙和茉莉。

勒诺特从未丧失对绘画和艺术的兴趣，他在杜乐丽花园的住处有琳琅满目的漂亮玩意儿，还有很多中国瓷器。他外出的时候，他就把房间钥匙挂在钉子上，这样那些慕名前来观赏他收藏品的业余爱好者不至于失望而归。

23 凡尔赛还有个名不见经传的小人物，即拉坎蒂尼先生（M. de La Quintinie），他一手打造了国王菜园。他一开始在普瓦捷当律师，但他唯一的兴趣是果树和蔬菜。他的那本《果园和菜园指导手册》（*Instructions pour les Jardins Fruitiers et Potagers*）一定是有史以来最好的园艺书籍之一。它让读者渴望拥有一个菜园子，而且里面的说明很精确，即使是孩子也可以理解，还把每个月该进行的工作都罗列得清清楚楚。拉坎蒂尼对土壤情有独钟——他注意到移植树木的时候，它便不再由陈根提供养分，而是由新长出的小根须来滋养生息。他的最大喜好还是梨树。他罗列出国王菜园里最好的五百棵梨树。他最喜欢的品种是巴梨（Bon Chrétien d'Hiver），他还为其写了一篇诗意的颂词。事实上，关于此梨可以追溯到很久以前——罗马人很早就发现这种水果，并将其命名为 Crustumeria，而且经常在宴会上摆出来——它现在的芳名是早期基督徒取的。再者，大自然赋予我们的万物之中，从未有比此梨更美丽的造物：人们惊讶于它的肥硕饱满，通常重量超过一磅，黄澄澄的梨，侧脸经过常年的日照，还有粉粉的腮红。这些梨在温室里可以保存 4 个月到 5 个月，那些前来观赏的人大多心生欢喜，就好像他们见到宝石或珍珠一样。至于味道，更是无与伦比，又薄又脆的梨皮，嗅一嗅，香味直沁入五脏六腑，咬一口，甘甜的果汁即刻在口中四溢。那些说此梨只有靠墙生长才最好的就大错特错了。拉坎蒂尼先生给出了无数的理由和数据来反驳这一普遍的观念——他认为只要保证这些梨树在恒定温室里不受破坏地茁壮成长，就会结出累累硕果。至于其他种类的梨，有上乘的、低劣的，也有中等的，但在他看来，没有不好的梨。他还说，一个真正的果农即使在公休日也会和助手一起在果园里四处查看，找出他们失败的原因并指明成功之所在。

国王非常喜欢拉坎蒂尼，不仅给他加官晋爵，还在国王菜园里赏赐了一栋房子给他。每天散步的时候，还经常去他那里转悠，顺便四处看看。即使到了今天，那里也依然保持着原貌，那门上挂了“公众”牌子的，凡尔赛镇的居民们可以进去免费带走那些宫里吃 24
不完的蔬菜。直到 1963 年，当人们去深入发掘的时候，发现凡尔赛宫里，拉坎蒂尼种植的梨树仍有两棵存活。19 世纪，很多其他的果树都没能熬过凛冽的寒冬，但许多梨树依然枝繁叶茂。拉坎蒂尼离世之后，他的儿子接替了他。

子承父业的传承系统是凡尔赛社会结构的基础，无论是最高层还是最底层都遵循这条法则。只要子辈的能力还算充分，宫廷命官的职位都是直接从父亲传承到儿子手里，其他的行政官员也是如此——如果子辈不想继承，他也可以把官职出售。只要国王颔首同意，大多数公共职位，包括军职，都可以选择继承或出售。同样的情况也适用于卑微的仆人职位。鼹鼠捕手一直是利亚尔家族的人。建造喷泉的工程师弗朗辛（Francine）家族，姓氏也发音为“弗兰金”（Franchin），他们是亨利四世从意大利带回法国的水务专家弗兰奇尼（Francini）的后裔。他的孙子弗朗索瓦·弗朗辛是凡尔赛宫的喷泉设计师，也是亚捷渡槽（the aqueduct of Arcueil）的设计师，这段渡槽可将水引到巴黎（但比国王花园里的用水量要少得多）。弗朗辛家族在大革命期间举家移民到美国，并在那儿扎了根。让-巴蒂斯特·邦当是路易十三的贴身男仆（valet de chambre），他的儿子亚历山大是路易十四的贴身男仆，他的孙子路易-亚历山大、曾孙路易和玄孙路易-多米尼克都是路易十五的贴身男仆。1776 年路易-多米尼克死后，邦当家族百年的辉煌岁月到此也就戛然而止了——他们被称为“传说中的邦当”（Les Bontemps de Tout Temps）。小穆蒂埃是蓬帕杜夫人的厨师，他是蒙特斯潘夫人的厨师老穆蒂埃的儿子，再往前，上一代穆蒂埃是大孔代的厨师之一。这样的例子举不胜举。

3

莫特玛尔家族

The Mortemarts

那些欲求快乐的人，爱情、游戏、欢笑、感恩、交合，这里的每一个都可以满足他们的欲望。

——让·拉辛

“你知道的，”有一次国王对他的弟妹说，“我喜欢聪明伶俐、饶有风趣的人（有趣的灵魂）。”他也确实终其一生都是如此。不会有比阿泰纳伊斯·德·蒙特斯潘以及莫特玛尔家族成员更有趣的人了。她总是和兄弟姐妹在一起；他们都卓越非凡。他们都有一种独特的讲话方式，似乎有一种魔力让人无法抗拒，但不幸的是，从未有人准确地描述过这种方式。他们时而发出无精打采的慵懒嗓音，时而又哀嚎起来，悲恸不已，经常出其不意插上这么一段，一个个夸张的漫画似的人物便活灵活现，逗得听众捧腹大笑。而他们之间也有一种专属于他们私人的交流方式。他们恶毒，但其实内心纯良；他们也从未真正加害于他人；他们喜欢大笑，而且他们与生俱来就有一种宝贵的特质，他们可以令其他人笑逐颜开。

蒙特斯潘夫人受洗时取名弗朗索瓦丝，但后来发现这个名字不适合她，于是改名阿泰纳伊斯。她第一次进宫是在1660年，也就是国王和王后结婚那年，担任国王弟妹，即大殿下夫人的宫廷女侍。事实上，国王几乎所有的女人都是从他兄弟妻子的家眷中挑选，因
26 此“情妇的苗圃”也为众人所知晓。三年后，她嫁给蒙特斯潘，但是她的双眸一直停留在国王身上，因此，在她发现国王居然摘选了另一朵鲜花，即和她身处一个苗圃的拉瓦利埃小姐的时候，简直难以接受。阿泰纳伊斯巧妙地追求路易，向他求爱，成为他最好的朋友，这样一来，她便可以每天都看到他。时间慢慢流逝，但是他们之间的关系却没有得到进一步发展。于是，她觉得是时候寻求一些超自然力量的帮助了。她的的确确信仰上帝，也是个虔诚的信徒，但不幸的是，向上帝寻求已婚男女之间通奸的机会是违反规则的。于是她转而向风靡一时的女巫拉瓦赞（Mme Voisin）求教，这两个女人之间到底发生了什么难以确定，但作者认为或多或少正如下文所述。

在勒布朗的画像中，拉瓦赞慈母般的仁爱形象动摇了人们对相貌艺术的信仰，而且她也并没有住在肮脏的后巷里。她是资产阶级，日子过得舒坦滋润，在圣德尼附近有栋自己的别墅，在那里，她还为当地的小提琴家们举办优雅的音乐派对。她有许多来自各行各业的朋友。她的情人更是形形色色，不但有小贵族，还有刽子手。她女儿的教母便是受人敬仰的拉罗什·盖恩夫人（Mme de La

Roche Guyon）。她给她的顾客提供精妙的建议，并竭尽所能帮助她们，来满足这些少女的欲望，比如更丰腴的乳房，更小巧的嘴巴，更白皙的手掌，甚至是玩牌时更好的运气。如果有些少女意外怀孕，并不想要孩子，她也非常清楚该怎么做。如果愿望涉及继承权，她还提供某种特殊的药粉。对于单相思的暗恋，她更是可以施加各种形式的魔法来让对方坠入爱河。毫无疑问，她一开始就通过谈论当时的情况向蒙特斯潘夫人提出建议——但是一心渴望被爱的蒙特斯潘夫人哪里能够满足于此类谈话和建议？什么事情都没有发生，国王依然无动于衷。后来，拉瓦赞说她们只能尝试法术了。不幸的是，任何灵验的法术都需要召唤撒旦，这也会有招致地狱之火 27
的风险。在过去，信仰是普遍的，也包括对魔鬼的信仰——他就在那儿，就在拐角处等待猛扑过去的机会，他有犄角和尾巴，还有那可怖的令人畏惧的魅力。如果上帝拒绝祈祷者，那么撒旦便很可能满足他的欲望，尽管代价是永恒的火焰。阿泰纳伊斯，年轻又健康，她此前的人生，从未如此全神贯注于一个世界：她的每一缕思绪都集中在一件事上。1667 年，她已经结婚四年，生有两个孩子，也是到她该实现自己勃勃野心的时候了。

拉瓦赞知道一位神父乐于出手相助。他在蒙特斯潘夫人头顶诵读四福音书。在圣洁的圣杯下，鸽子的心中想必也有些胡言乱语。她祈祷："请让国王爱上我。让王太子殿下成为我的朋友，愿这份爱情和友谊都能长久下去。请让王后无法生育。让国王离开拉瓦利埃，从此再也不看她一眼。请让王后被抛弃，让国王娶我为妻。"这些都是无害的，而且无可否认地取得了一定的成功。国王似乎开始意识到阿泰纳伊斯的存在。他出征去围攻里尔（1667 年 6 月），并让她觐见王后，同王后一起随国王出征。路易丝·德·拉瓦利埃并没有接到邀请。于是拉瓦利埃跟随王室贵族一起前往国王安营扎寨的地方。她与国王撞了个满怀，国王大怒，说道：“夫人，我不喜欢被人强迫。”她深感羞辱，随即离去。这场角逐之中，蒙特斯潘夫人变成国王的新任情妇。她亵渎神灵的祷告似乎也正在得到回应。国王现在爱上了她。8 岁的王太子也是如此（他的感情一直没有改变过）。国王对拉瓦利埃的关心越来越少，态度也越来越冷淡，但这并不妨碍他再让她生一个孩子充当临别礼物。反观王后，却并没有不孕不育：她有六个孩子，但除了王太子，1672 年其他的孩子都已全部夭折，两个还是婴儿，另外的几个已经好几岁了。他们不是为蒙特斯潘夫人的法术所害，而是被宫廷里的医生谋杀的。至于国王再婚的事，现在还不是时候。

28 于是，1668 年在凡尔赛举办的娱乐晚宴迎来了一位新任情妇，但国王必须很小心，以免太张扬。在教会和他的臣民眼里，已婚男女通奸的罪过比跟未婚女子通奸的罪过要大得多。阿泰纳伊斯，蒙特斯潘夫人，不仅仅是妻子，更是孩子的母亲，而且蒙特斯潘侯爵不像其他人那样，他们的妻子受到国王的恩宠，于是他们靠这种恩惠积累大量的财富。他写了一首歌，还编排了一个舞蹈。他打他妻子的耳光。和国王在一起的时候，就大声谈论大卫王与拔示巴的故事。他驱车前往圣日耳曼昂莱，一对号角[1]在他的马车顶上晃个

[1] 在当时马车离开或抵达某地时会吹响号角。

不停，他离开了他的朋友和亲人，然后开始唉声叹气，称侯爵夫人已故。国王自然很讨厌尴尬的境地，于是勃然大怒。但蒙特斯潘夫人只笑笑，轻蔑地说，她的丈夫和她的鹦鹉一样都只能逗乐下等人。

蒙特斯潘的叔叔是桑斯的大主教（the Archbishop of Sens），他
站在他侄子这边。他在他的教区里找到了一个已婚女人，她与另一
个女人的丈夫生活在一起，这是公认的罪过，他还让这个女人当众
忏悔。他在教区到处张贴告示，提醒人们注意通奸的法律。法国资
产阶级通过这些或者其他的手段了解到事情的原委，背后的来龙去
脉是如此令人震惊。然而，国王自有他的办法。他强迫巴黎高等法
院批准蒙特斯潘夫人提交的一份分居契约。最后，一如既往，丑闻
失去了吸引力，人们开始习以为常。但是最开始还是有一些紧张的
气氛。这一对不得不伪装，国王假装依然倾心于路易丝·德·拉瓦
利埃，而蒙特斯潘夫人则假装爱上了洛赞伯爵。洛赞是国王这出戏
中最大的笑柄，他和侯爵夫人开心地扮演着他们的角色，但是路易
丝却遭受到极大的痛楚。旁人不明白为什么。路易丝是个富有的公
爵夫人，她觉得蒙特斯潘夫人很可爱，经常和她手挽着手一起散
步，她是如此充满魅力。出于某种原因，国王并没有对路易丝做出
补偿，甚至在穿过她的房间去找新欢的时候，还把他的小狗丢给了 29
她。1671 年，她再也不能忍受这种折磨，于是逃到夏约，一个有名
的修道院，即现在的夏约宫所在地，她写信给国王说，已经奉献了
她的青春给他，现在希望可以把余生献给上帝。国王嚎啕大哭。他
派遣科尔贝前去，对女院长含糊其辞地说了一些威胁的话语，如果

修女们继续让拉瓦利埃小姐留在夏约的话，这里指不定会发生点儿什么。于是她回到了圣日耳曼。路易和她单独待了一个小时，他们都哭了，一起来到了蒙特斯潘夫人面前，这时蒙特斯潘夫人已经哭成了泪人儿。她张开双臂，路易丝紧紧地抱住她，一切都得到完美的和解。在这之后，路易丝留了下来，与国王相处和睦，看上去也更为幸福。赛维涅夫人（Mme de Sévigné）[1]描述了路易丝带着6岁的漂亮女儿玛丽-安娜去参加宫廷的晚会，女孩穿着黑丝绒裙子。她还注意到她们彼此称呼对方为“小姐”和“美丽的夫人”。

蒙特斯潘夫人是个急功近利的女人，很快她便想要个孩子了（她一共有九个孩子）。国王现在非常爱她，也希望能有一个她的孩子，但又担心蒙特斯潘，孩子的合法父亲可能会声称这是他的孩子。因为以蒙特斯潘侯爵的行事方式来看，这将会是一个相当快意的复仇。因此蒙特斯潘夫人尽其所能隐瞒了她的身体状况，这一对情人觉得必须找到一个安全可靠的人，能够在孩子出生后就带走他并秘密抚养其长大。蒙特斯潘夫人知道一个非常合适的人选，她自己最好的朋友，一位贫穷、漂亮又家世良好的34岁寡妇，以虔诚的信仰著称，她正处于困难时期，在巴黎修道院居住——也就是那个在娱乐晚宴上同阿泰纳伊斯一起出席的斯卡龙夫人。国王却不赞成这个提议。因为他不喜欢斯卡龙夫人。他认为她是个女学究，当
30 她在场的时候，他总是受到反对。他也讨厌她的朋友们。斯卡龙夫人也没有对这份工作表现出多大的热情。她很自豪，也很关注自己

[1] 赛维涅夫人（1626—1696），17世纪法国贵族女性、书信作家。

的声誉，虽然她并不反对在宫廷拥有一席之地，但她只是想要基本的栖身之处。涉及刚刚出生的私生子的私下交易对她一点吸引力也没有。但此时，她又迫切地需要钱以及可以提供给她的安全保障。蒙特斯潘夫人陷入这样的两难境地，很可能回去找女巫。而斯卡龙夫人则去找她的告解神父。他说，如果国王亲自要求她把孩子带走的话，她便不能拒绝。事实也确实如此。国王收起了他的偏见，她收起了自己的骄傲。

他们在巴黎和沃吉拉尔之间的近郊住宅区买了一栋房子——这栋房子现在依然存在，即蒙帕纳斯大道 25 号，虽然隐蔽在其他的房子和商店之间，其精美的外观依然掩盖不住。家具配备齐全，仆人们也只等着听候差遣，斯卡龙夫人从她的修道院搬到了那里。孩子出生了，是个女孩，洛赞穿着斗篷，拿着匕首，将这个孩子偷偷从圣日耳曼抱出来交给坐在出租马车上等待的斯卡龙夫人，他和蒙特斯潘夫人一定非常喜欢这样的场景。然后这个孩子就被安顿在这个隐秘的住所里。时间才过去没多久，这孩子迎来了她的弟弟，即日后的曼恩公爵。斯卡龙夫人很喜欢孩子，他们令她将好奇的天性中最好的一面展现出来，她也是个理想的家庭教师。但令她绝望的是，女孩很快就夭折了。在那样的年代，大多数人对婴幼儿的死并不在意，如果是女孩的话，情况更是如此——但斯卡龙夫人是个例外。国王似乎更多的是为她的悲伤所感动，而不是为他自己痛失爱女而难过。所以此后他有些喜欢她了。

斯卡龙夫人在照顾孩子的时候，也能像过去在修道院那样穿梭于巴黎的社交圈之中。她在拉法耶特伯爵夫人和赛维涅侯爵夫人主持的高档社交圈中是个卓绝出尘的人物。这些著名作家与宫廷生活隔绝开来，他们是真正的巴黎人，他们的很多朋友都在投石党运动中妥协了，他们也都和富凯走得很近。对于他们的这些沙龙活动，
31 国王从未正眼瞧过，他并不觉得这些活动有多么危险，只觉得有些烦人。说他们对这样的生活已经感到满足是不对的，他们原本可以庆祝自己逃出了宫廷和无效社交的枷锁，但他们内心其实更渴望宫廷生活。

斯卡龙夫人经常和这群朋友共进晚餐，有时候他们也会送她回家，但通常只会送到她现下居住的那所神秘房子的大门口。毫无疑问，他们很清楚为什么一贫如洗的寡妇突然有了自己的房子，马车还有仆人，也知道为什么她过去钟爱的普通优雅的、看上去像修女穿的黑色长袍现在却换成了上等的丝绸布料，上面还点缀有真正的金线刺绣花纹。赛维涅夫人在书信中描述了这一切，却没有给出任何解释。这样的东西最好不要提及，因为信件很有可能会被警察阅览。不久，斯卡龙夫人便开始跟朋友们讲起有关“她熟知的那个村庄（宫廷）”的故事，比如洛赞的脾气，令那些女人们困扰的伤心事、悲哀以及可怖的百无聊赖，“即使是最令人羡慕嫉妒的女人也无法幸免”。

1673 年，国王带着身怀六甲的蒙特斯潘夫人、路易丝·德·拉瓦利埃以及王后前往前线，他们坐在一辆马车里，缓慢地跟随在军队后面，农民们是如此惊讶，逢人就讲他们看到了法国有三位王后。三个女人一台戏，玛丽亚-特蕾莎因为嫉妒而发狂，大部分时间都气得在冒烟。斯卡龙夫人和那个小男孩也参加了这次随行。阿

泰纳伊斯在图尔奈又生了个孩子，但是两天后她就不得已下地了。

战役结束时，国王认为现在公开宣布他的两个孩子是安全的。于是他授予他们曼恩公爵和韦格赞伯爵的头衔，并将他们带回来和自己一起住。斯卡龙夫人也随同一起进宫。

蒙特斯潘夫人正在打造她的专属帝国。国王在距离凡尔赛只有一步之遥的克拉尼，为他心爱的女人建造了一栋房子。然而，房子规模不够大，也不够宏伟，并不足以取悦她。她满是嘲讽的语气说这是给歌剧演员的东西。于是房子被拆除，科尔贝的门客，一位名 32
叫芒萨尔的年轻建筑师设计出一栋大小更为合适的府邸。“阿尔米德的宫殿，”赛维涅夫人参观之后如是说道，“房子快速砌高，花园建造也已竣工。你们知道勒诺特——他留下一小块黑色的木头，收效极佳；那边还有一片橘子树林，橘子树都种在大盆里——然后，为了藏匿这些盆栽，在它们的两边都安上栅栏，种上晚香玉、玫瑰、茉莉和康乃馨。美轮美奂、令人叹为观止又赏心悦目——没有人会不爱这迷人的景象。”

阿泰纳伊斯的家人也沾了她的光。她的哥哥维沃纳公爵被任命为舰船统帅兼香槟地区的军政长官，还有她的父亲莫特玛尔公爵被任命为巴黎军政长官。

她的姐妹之中，最大的是蒂昂热侯爵夫人，最小的是丰特弗罗夫人，排行老四的是一名修女，住在夏约修道院，但她似乎找到了她真正的使命，从未在宫廷里出现过。蒂昂热侯爵夫人自命不凡，认为自己天生丽质。她的丈夫厌倦了她，于是她便离开丈夫，旋即与蒙特斯潘夫人联手，她还时常与国王同枕共眠。她是个十足的势利小人，全法国只有两大家族可以入她的法眼，即莫特玛尔家族和罗什舒阿尔家族——而后者榜上有名仅仅是因为与莫特玛尔家族的联姻。就因为她说波旁家族是暴发户，还经常逗得国王捧腹大笑。聚会上，蒂昂热侯爵夫人通常会将她家族的人聚集起来，以此来显示他们是多么的高贵出色，是多么优越于他人。

丰特弗罗夫人是几个姊妹里最漂亮也最聪明的人。她是个没有蒙召的修女，国王任命她为丰特弗罗这个重要的修道院的女院长，她在那里统管修士和修女。他喜欢她的陪伴，但她从来不会去参加他的聚会，看望阿泰纳伊斯的时候，她总是会看到他。她是个好修
33 女，一个优秀的女修道院院长，也是个博学的女人。闲暇之余，她还会翻译柏拉图。就像家里的其他人一样，她也喜欢笑话。她在巴黎的时候，就经常拉上蒙特斯潘夫人去听一位耶稣会士的布道，这位耶稣会士简直是跟维沃纳公爵一个模子里刻出来的。她们看着那个像极了她们顽皮哥哥的会士穿着法衣，传布他神圣的思想，摆出神职人员专业的姿势，这常常逗得她们放声尖叫。

泰斯蒂神父过去经常谈论这几个姊妹，“蒂昂热夫人讲话喜欢引经据典，蒙特斯潘夫人对谈时宛如梦游，唯有丰特弗罗夫人最为大方得体”。

蒙特斯潘夫人还牵线把她身无分文却虔诚无比的小外甥女蒂昂热小姐嫁给了马扎然的外甥内韦尔公爵，但根据赛维涅夫人的书信看来，这位公爵经常牵扯进一些令人难以想象的领域。他染上“意大利恶习”——鸡奸，据说已经玷污了大殿下，即国王的弟弟。他年少时期，因为给猪施以洗礼而锒铛入狱。现在国王给了他这么多

有利可图的职位，好像他娶了一位富有的女性继承人似的。出人意料的是，这一对结婚后却很幸福。

蒙特斯潘夫人和蒂昂热夫人从巴黎销售的鱼肉、烟草以及很多其他的盈利之中赚取提成，她们因此而累积惊人的财富。蒙特斯潘夫人很骄傲，理所当然她从来不会从国王那里拿走任何珠宝首饰。原因可能在于，比起他送给别人的，他借给她的似乎更华贵、更精致。

4

外　壳

The Envelope

奢侈是一门丰富的学科。

——安德烈·纪德

1674年开始，国王在凡尔赛驻足的时间似乎开始拉长，房屋扩建也或多或少更适宜居住了，他甚至可以携带部分家眷、朝臣或者宫廷官员留歇在此。大臣们现已有了自己的房间，于是便用马车运载大卷的档案过来，就像朝廷每年都去枫丹白露那样，他们开始在这里办公。路易十四以及他的妻子和情妇也都在这里安顿下来。他在旧行宫的一楼下榻，这里恰好位于他父亲房间的窗户后面，而他父亲的房间为东西走向，此时镜厅也还未封闭西墙。他的私人起居室与他的卧室形成了直角，面朝南面的大理石庭院。这个庭院正好可以显现出这座宫殿的事务，这里来来往往的景象一刻也不曾消停。住在凡尔赛的历任国王都会更多地留意这里，路易十五有一扇秘密的窗户，他可以透过窗户看见外面，却能不被发现；路易十六甚至竖起一架望远镜。大理石庭院有时也被称作卢浮庭院（the Cour du Louvre），因为这里只对那些获得准许可将四轮马车驶进卢浮宫大广场庭院的人——亲王、公爵、法国元帅以及大使——开放。

王后的套房也在一楼，位于“外壳”或是新建筑的南边，美丽的“王后楼梯”通往这些地方。她的卧室和客厅横跨整个橘园和苏 35
伊瑟斯水池，一直延伸到了萨托里那边郁郁葱葱的树林。王后是在这里离世的，还有一位王后玛丽·莱辛斯卡（Marie Leczinska）[1]和两位王太子妃也是在这里香消玉殒的，另外，十九位王室子女也在这里呱呱坠地。凡尔赛宫注定永远不会有一位像路易十四所设想的那样的王后来维持这座殿堂，也从未有过另一个奥地利的安娜。他想要的是一个不仅能够在社交界熠熠生辉、礼貌得体，装饰王宴盛典，还能统治朝臣，并能对人类问题产生兴趣的人。玛丽亚-特蕾莎很清楚应该怎样在仪式庆典上表现，如果说她的丈夫没有什么理由为她感到骄傲，当然也没有什么理由因她而感到羞耻。她秉承孩子的天性，常喜与小狗玩耍或与半疯癫的侏儒厮混在一起，从未认真去学法语，因此也并未在这个位子上做出任何成绩。尽管她有一副绝美的容颜，但并没有吸引力。她不仅腿短，还因为吃了太多巧克力和大蒜，牙齿变得黑黢黢的。国王很喜欢她，与她相处，他

[1] 玛丽·莱辛斯卡（1703—1768），原为波兰公主。1725 年 9 月与路易十五完婚，婚后育有两子八女。

就像慈父一样。她很崇拜敬仰他，但是却避免与他单独待在一起，因为这常常让她感到尴尬窘迫。他哪怕只向她投来一个温柔的眼神，她就可以一整天心花怒放。对于他告诉她的一切事物，她都坚信不疑，朝臣们也都知道，她总是重复他的话。但嫉妒使她深受折磨。国王与路易丝·德·拉瓦利埃的婚外情刚开始时，她曾试图拒绝和他同床来维护自己的权利。但这主意糟糕透顶，只将他推得越来越远——数月后，王太后的插手介入才使得这份关系和好如初。“庄园夫人”（The Lady of the Manor），赛维涅夫人曾这样称呼她，当然再也没有尝试过这种办法了。根据许多同时代的人的说法，国王和王后有一个皮肤黝黑的女儿，一直放在默伦附近的修道院抚养。由于那位小“摩尔人”的存在，宫廷在枫丹白露停留的时候，王后和一些贵族夫人都会定期前往探望。但她是否真的是玛丽亚-特蕾莎和路易十四的孩子，这一点可能永远不会为人所知。

36 国王的弟弟，奥尔良公爵，也就是大名鼎鼎的“大殿下”，1674 年就在宫里有自己临时暂住的房间，后来凡尔赛宫不断扩建，他也有了更宽敞的套房。在王太子长大成人之前，王弟一直是宫廷里的红人。虽然路易觉得他是个笑话，甚至有时候是拙劣的笑话，但还是很喜欢他。事实上，单就外形方面，他更像是他哥哥的漫画版本，只有他哥哥四分之三的身高，更具东方风味，皮肤黑黝黝的，而且两只乌漆漆的眼睛像黑葡萄一样。尽管他在历史上是出了名的鸡奸犯，他还是娶了两个老婆，还有一个情妇，生了十一个合法继承人，但其中七个都不幸夭折，要么是婴儿时期离世，要么是出生的时候就断了气。他还是“欧洲的祖父”，每个罗马天主教王室的祖先名单里都赫然有着他的名字。路易十四之后的所有法国国王以及玛丽-安托瓦内特，还有拿破仑的儿子身上都流淌着他的血液。他模仿精致的亨利三世，甚至到了虔诚的地步，尽管这也许只是因为他对盛宴的痴迷。经由马扎然和奥地利的安娜精心抚养，他完全不关心公共事务，也完全没有政治野心，理所当然不会使他的哥哥陷入窘境，他的人生乐趣完全停留在衣服和珠宝、礼仪（他对这方面十分精通）以及艺术方面的东西，当然还有男人。他喜欢他的圣克卢堡，这可能是所有的王室郊外行宫里最具有吸引力的了。国王还将黎塞留的连栋府邸，即皇家宫殿（the Palais-Royal）赏赐给他。

王弟少年时期曾对战场有一种特殊的情结。他可能很迟才抵达战场，但至少会赶赴前线，英勇杀敌。化好妆，抹好粉，将所有的睫毛粘在一起，还会用缎带和钻石加以装饰——当然不会戴帽子。因为害怕会弄坏他的假发，他从来不会戴帽子。一旦行动起来，他就像狮子一样英勇无敌，他唯一担忧的是太阳和灰尘会对他的皮肤有所损伤，而且据说他是一位杰出的战略家。但他很快就发现战场是如此地令人疲倦，他是他们家族里唯一一个不喜欢野外训练的成员。他从来不会外出狩猎，如果让他选择的话，他很少愿意踏出门外。

王弟是个饶有风趣的人——他可以一直喋喋不休，家庭聚会 37
上，他也总是高谈阔论。路易不常闲聊，但他却表示很开心听他弟弟口出狂言，胡说八道。王弟对国王一直是彬彬有礼，亲昵中却又带着无上的尊崇。他很清楚自己的位置，也老老实实地待着；反观国王，也会回以深情，但更多地透露的是一种屈尊俯就的神气："现在我们要工作了。弟弟，你自己去找点乐子吧。"国王总是称呼他"吾弟"，而王弟总是称呼国王为"王兄"。有时候，他们两个也会争吵，非常易怒的王弟时常表现得像一只波美拉尼亚犬，对着一只狮子狂吠不止，因此他们的争吵常常起因于他。有一件事十分典型：王弟家里有一位绅士弗拉马朗先生在某种程度上冒犯了他，于是他以微妙的托词将这位绅士辞退（圣克卢堡的小宫廷被当时的人称为"暴风地带"）。但不久后，弗拉马朗出现在国王的晚宴上。王弟气得发抖，来到国王面前，说道："王兄，弗拉马朗不尊重我。我的确没有禁止他出现在您的房子里，因为我知道不能因为我自己就这样做，但我禁止他出现在我面前，我觉得他出现在这里很奇怪也很无礼。""但是，弟弟，"国王说道，"这不是我的错啊！"国王说他们最好等他冷静一点再来谈论此事，这使得王弟更加怒火中烧。但这个话题再也不曾提起过，弗拉马朗继续在宫廷里露面。

王弟的第一个妻子是他的表妹，即英国的亨丽埃特，众人都很爱戴她，但王弟是个例外。她变成了波舒哀布道的主题，这布道在众人大声哭泣的宫廷中进行："夫人快离世了；夫人真的与世长辞了——。"（1670）英国民众毫无忌讳地谈论起夫人的死因，说她是被王弟的两个下属，即洛林骑士和埃菲亚侯爵毒害致死，而且还说她的丈夫正是事件主谋。只是但凡了解这个男人的人都不会相信这一点。很有可能她根本就不是被谋杀的。她的身体状况一直不佳。她一共有八个孩子，但有两个流产了，其中一个血肉模糊，很快就夭折了。她死后被解剖，人们发现她的肝脏上有个肿瘤。但不管怎

么说，王弟直到临死也一直被洛林骑士和埃菲亚侯爵掌控在手里。 38
就国王自身而言，他一向十分讨厌鸡奸，但却十分喜爱洛林骑士，他不但有一副绝佳的皮囊，还是个拥有风趣灵魂的恶棍。

王弟仅仅潇洒自由了一年，便再次结婚，对象是英国王室的近亲，即普法尔茨的伊丽莎白·夏洛特——利斯洛特公主。她是新教徒，但为了嫁给法国王公，她不得不皈依罗马天主教。结果她失去了英国王位的合法继承资格，原先她的排序还在乔治一世的前头。她丝毫不介意——如果可以的话，她对英国人的厌恶比起对法国人的厌恶更甚。她成为一名虔诚的天主教徒，尽管在她做祷告的时候，她经常保留一些新教仪式。她发现法国天主教徒并没有德意志的那么盲信固执！“无论谁想读圣经，都不必盲信那些胡说八道的部分和愚蠢的奇迹之类的。教皇在这里不受崇拜，朝圣以及诸如此类的事情在这里也不受重视。”

第二位夫人是个漂亮的金发日耳曼假小子，细嫩娇小的王弟反而看上去更像是他妻子的“老婆”。他第一次见她的时候，便绝望地告诉他的朋友们，他永远也搞不定。然而，由于在某个位置悬挂的圣章所显现出来的神奇力量，王弟非但没有妨碍夫人任何可能感受到乐趣的机会，相反他的的确确搞定了，而且他们有了三个孩子。在那之后，经由双方同意，他们分床睡了。但比起亨丽埃特，他更喜欢利斯洛特，因为他觉得亨丽埃特是个城府极深之人，而且很有可能有过情人。朝臣们似乎注意到国王也喜欢她。他们短暂的调情时光转瞬即逝，于是国王再也没有把心思放到亨丽埃特身上过。利斯洛特在她丈夫眼里最大的一个优势就是：她不在乎珠宝首饰，因此他可以用他拥有的所有珠宝装点他的衣服。有人问他们的儿子，即沙特尔公爵是否喜欢打扮，他答道：“我比母亲更喜欢打扮，但远没有父亲那么喜欢。”她从来不会因为衣物而烦心，她只
39 有成套的礼服以及骑马的爱好。

王弟夫人喜欢狩猎，她可以连续骑马八个小时，就像是个伟岸高大的警察，直到 60 岁骑不动了她才从马背上下来。她很喜欢动物，还养了很多宠物。她有很多小狗，还有一只温驯的鸭子。她希望它们都有不朽的灵魂，却怀疑是否真的有人有不朽的灵魂。她还收集奖章和地质标本。剩下的时间她都会静坐在挂着德意志王公肖像画的房间里写信件——每天至少 30 页的篇幅，然后寄给欧洲各地的王室姻亲，包括亨丽埃特的两个女儿，萨伏依公爵夫人和西班牙王后，她像关爱妹妹一样关爱她们。她是有关凡尔赛信息的最佳来源之一，虽然她的信件很有趣，但却并不十分可靠。就像比她晚二十三年才进宫的圣西蒙一样，她满是偏见，并且倾向于编造各种谎言来证明这些偏见的合理性。她对法国人怨声载道！“法国人只要结了婚，放声大笑的欲望便会离他们远去。”但她喜欢凡尔赛宫，她说将所有的东西都放置在一个屋檐下，就在门口打猎的感觉实在是太舒服了。她讨厌巴黎。

王弟夫人非常清楚，她的信件会被国王的侍卫拆开，他也会阅读它们——但她却常常用这种鲁莽的方式来发泄怒气，讲述一些她从不敢当着他的面说的令她不愉快的事情。她对他入了迷；也有可能爱上了他。王弟和夫人都非常喜欢蒙特斯潘夫人。她似乎并不嫉妒蒙特斯潘夫人，毕竟国王后来也迷恋上了她。在她到达法国之

前，蒙特斯潘夫人就已经确立了情妇的地位，况且阿泰纳伊斯和所有人都相处融洽。

王弟夫人将她一天的日程安排描述如下：她9点钟起床，如厕。然后是做祷告，阅读三章圣经，紧接着梳妆打扮，会见宾客。11点，读读写写一小时。这之后在礼堂用膳，大约下午2点钟结束。紧接着，如果当天不外出狩猎的话，到10点45分国王的晚宴开始之前，她会一直阅读写作。他经常11点半才会露面。12点半的时候，他就会顺道晚安了。如果有戏剧表演的话，一般会在7点 40
开幕（国王变得越来越不喜欢剧场，王弟和夫人非常享受其中的乐趣，所以到了后来，只有他们都在凡尔赛宫的时候，国王才会举行戏剧表演）。狩猎日的话，夫人8点就会起床，11点再去教堂。

蒙特斯潘夫人得宠初期，她和国王会在凡尔赛宫底层的一间宽敞又美丽的公寓里，即沐浴套房宴请群朋。这间套房里的浴室是土耳其或罗马风格的，不仅有盥洗室，还有卫生间，另外有一个大的大理石脸盆，里面装满热水，那些宾客在这里梳洗过后，便可以给自己找点乐子了。凡尔赛宫的居民绝不像人们常说的那样邋遢，不过当时和现在一样，他们中的有些人比其他人干净多了。国王和他的弟弟对身体洁净的追求已经到了癫狂的程度。每天清晨仪式性的“国王起床礼”之前，他们都会疯狂地擦拭自己，一天更换三次内衣裤。拉瓦利埃小姐和她的女儿亦是如此，对于净清洁的要求已经到了吹毛求疵的地步。相比而言，蒙特斯潘夫人却是个邋里邋遢的女人。而王后此生最主要的乐趣便是泡时间很长的热水澡。（他们使用的香皂是在马赛用橄榄油制作的。）大殿下夫人认为宫里面都特别脏乱，因为有如此多的人流来来往往，跑来跑去，完全不可能像一些德意志的小宫殿那样光彩照人。但是，说人们在楼梯上小便肯定是不对的，因为庭院里就有厕所（也就是现在所说的W.C.s）。有时候来自巴黎的拥挤的人群涌来参加酒会或者宴会，公共茅厕外面就排起长长的队伍，如果某个富有的资产阶级很着急，他便不得不向贵族的仆人支付高达四个金路易，以此来借用他们主人的私人卫生间。在使用便壶和便桶椅等一系列卫生设施方面，凡尔赛宫不
41 是个例。直到 20 世纪，大多数城堡和宫殿还保留这一传统。笔者很清楚地记得 1923 年抵达白金汉宫，在林荫路上经过了漫长而寒冷的等待，最后发现所提供的卫生间仅仅是在女士衣帽间的屏风后面放置了一个便壶。

蒙特斯潘夫人的房间位于国王套房的旁边，房子坐北朝南，正对着庭院。18 世纪，它们已经由后来的居住者进行了彻彻底底的翻新和改造，变成了阿代拉伊德夫人的镀金闺房和路易十六的书房。但窗户还是保留了原来的样子。如果宫廷里的人知道蒙特斯潘夫人和路易十四两个人正在这些窗户后面的话，他们宁愿做任何其他的事情，也不愿从他们底下经过——他们将这称为在行刑队跟前走过。她和国王都使人们感到惊恐害怕。她喜欢戏弄别人，是只嘲弄他人的小鸟，以她精彩绝伦的模仿而闻名，据说她是个冷酷无情的女人。这意味着她总是以乐观现实的态度来看待那些严肃的事情。她并不是个多愁善感的人。当她的马车撞死了人，其他在场的女人都哭得稀里哗啦——她们都会责备阿泰纳伊斯，因为她看上去无动于衷。但她却说，她们哭泣仅仅是因为看到了事情的经过，她们从

未想过每天都有很多人被撞倒。她收到曼特农夫人捎来的信件，说是她孩子的房子着火了。她人在圣日耳曼昂莱，而房子在巴黎，她对此无能为力——她表示，毫无疑问，上帝会为孩子们带来好运的，然后就又继续打牌了。

至于路易十四所引发的恐惧，再怎么夸张也不过分。他生性有冷酷无情的一面，尤其是在他年少时期。这一部分是因为他缺乏设想力，还有一部分是因为他认为有职责维护上帝在尘世的代表的尊严。有一次，一个可怜的女人曾发疯似的咒骂他。她的儿子在建造凡尔赛宫的过程中意外身亡，人们认为国王听完整个故事之后肯定会原谅她。但他却将她狠狠地鞭打了一顿。人们低声谈论着那个铁面囚犯[1]，那是个被关在监狱里的重点囚犯，没有人知道他的身份抑或是罪行。一些狩猎过程中迷路的朝臣受到一位神秘绅士的热 42
烈欢迎和热情款待，他的房子就在距离凡尔赛宫不到 20 公里的森林里，他们都是误打误撞来到这里。原来他是叛党余孽，但他自从叛乱以来，一直平静地生活在这里，这件事太过久远，对新一代来说就像历史一样。国王的朋友们想用这场冒险来逗他开心，令他们惊骇的是，尽管他们都提出抗议，但那个男人还是被逮捕并遭到处决。洛赞在国王一处狭窄、隐秘的住处被囚禁了十年，要么是因为他妄想迎娶国王的堂姐大郡主，要么是因为他开了什么过火的玩笑——简而言之，他得意忘形，忘记了自己的身份。

---

[1] 巴士底狱里名为“苏伦公爵”的神秘囚犯。相传他的真实身份是路易十四与腓力兄弟二人生父，路易十三因无后而令其与王后同眠，待得到二子后为保守秘密赐其铁面，不让任何人看到其面容。

路易十四完全没有顾虑到女性的脆弱。如果他的某个情妇怀孕，她也会得到命令，必须隐瞒事实。临盆期将至，她也最好迅速又安安静静地产下孩子，并在婴儿被偷偷带出视线之后立即回到宫廷的人群之中。“小姐，脸色为何如此苍白？”王后没好气地问路易丝·德·拉瓦利埃，事实上她很清楚个中缘由。“王后殿下，我房间里太多晚香玉和百合花了。”

他从某一处行宫赶赴另一处的时候，他的马车上只有女人同行——他的情妇，然后是他的女儿和最好的朋友们。他认为如果和一个男人单独待上几个小时，他肯定会要求一些恩赏，这会使国王尴尬不已。这些旅行，除了徒有虚名的声望之外，对国王的同伴来说实在是一种真正的折磨。即使在最冷的天气里，窗户也得开着，因为他无法忍受沉闷的空气。那些女士们则被期望表现得兴高采烈、大快朵颐（他讨厌人们拒绝食物），并且不会产生任何迫使她们离开马车的生理需求。如果她们生病、晕倒或者感到不舒服了，她们非但不会得到同情，相反，她们会招致厌恶。他最亲密的朋友之一，谢弗勒斯公爵夫人，科尔贝的女儿，单独和他一起从凡尔赛
43 前往枫丹白露，这趟旅程长达六个小时。他们刚离开凡尔赛，她就急切地需要休息，而这种需求似乎刻不容缓且不可抗拒。尽管每行进一公里就会增加她的痛苦恶心，但她知道她什么也做不了。大约行驶到半途的时候，国王命令停车用膳，她勉强吃了两口，但即便如此，她还是感觉更为难受。她向附近的农家投去渴望的眼神，可却不敢去。他们又继续上路。有好几次她都差点儿晕倒，但还好她坚持了下来，终于抵达终点。她的妹夫博维利耶公爵正在庭院里等

候迎接他们，她俯在他的耳畔，小声说明了她目前的状况，她现在无论如何也不能走回自己的房间。他急忙将她送到小教堂，让她在此处休息片刻，还在门口安置警卫。

鲜少有人能在路易十四面前不战栗害怕，即使还只是孩童时代聚在一起，他的弟妹兼表妹，即大殿下的第一任夫人见了他都要战战兢兢的——甚至是大名鼎鼎的孔代亲王也是如此。对于那些第一次进宫的人而言，在敢于同他讲话之前，最好先习惯看他的脸，第一次接触他往往会令人害怕得哑口无言。这可怕的一面也只是奖牌的反面而已。国王也是最人性化的人。与人交谈时，即使是面对那些令他不满的人，他也会认真并怀揣善意加以聆听，只会在想要领悟对方试图表达的重点时打断对方。他彬彬有礼——也许是历史上最有礼貌的国王。遇到女士，他总会脱帽致意（即便是一些默默无闻的女仆），尽管他也会根据她们的地位等级将帽子抬到不同的高度。至于男士，帽子就更是一门艺术。如果对方是公爵的话，他只需将帽子稍微抬一抬，如果是其他人的话，他就会将帽子倾斜一下或者在耳朵上方停留片刻。如果他在马车上看到神父带着临终圣餐，无论天气如何，他都会出来，屈膝跪地。究其漫长的一生，人们只有三次看到他大发雷霆，怒不可遏，一次是因为卢夫瓦，一次是因为洛赞，他愤怒到将手杖扔出窗外以免忍不住伤害其他绅士，44
还有一次是因为听闻儿子曼恩公爵的懦弱而感到无比沮丧，于是仅仅因为一名男仆在他桌上偷拿饼干就对他大打出手。“这位天子，”圣西蒙如是说道，“一向心平气和，善于控制自己的脾气，想不到在这件小事上出乖露丑。”旁人的惊讶不言而喻。

路易十四很喜欢笑话，无论多枯燥的方式，在他看来也可能妙趣横生。走出困境的最好方式便是令他开怀大笑。蒙特斯潘夫人能让他拜倒在她石榴裙下的原因也部分在于她的幽默诙谐。她从未害怕过他，只是害怕失去他。

1674 年，拉瓦利埃小姐终于接受了他已不再属于她的这个事实。她祈求离开宫廷，也获得了准许。大庭广众之下，她就那样跪倒在王后跟前苦苦哀求她的宽恕。此后，她便成为一名加尔默罗修女。许多宫廷里的朋友都会前往探望，而她也会揭开面纱，场面十分感人。她说她不后悔离开那个世界，虽然不是没有痛苦："我相信，也憧憬，也爱。"彼时她才 30 岁，然后用了另一个三十六年克制肉欲来赎罪。因此，这个曾经是凡尔赛宫灵魂的女人，偌大的宫殿却没有一套房间是属于她的，也未曾见证它的竣工。

凡尔赛宫依旧没有足够的房间来容纳所有国王想要留在自己身边的人，但至少他的宫廷现在可以驻足于此了。有七个接见室的精美华丽套房，即国王大套房已经准备妥当。墙壁和天花板都由勒布朗以及他的门徒装饰，这之后也保留了下来，只是家具、挂饰以及冬天用天鹅绒刺绣、夏天用丝绸制成的窗帘都没有了，银烛台和枝形吊灯也消失不见，过去成百上千的蜡烛灯火摇曳，整个宫殿就像着了火一样流光溢彩，辉煌耀眼。这里的画像现在也都被卢浮宫收藏。这其中有乔尔乔内的《音乐家们》，安东尼奥·莫罗的《一名男人的肖像》，卢浮宫所有的列奥纳多作品（包括《蒙娜丽莎的微笑》），安德烈·德尔·萨托的《托拜厄斯》，曼特尼亚的《圣母》，提香的《埋葬基督》《最后的晚餐》《基督与以马忤斯的朝圣

者》《圣母与圣艾格尼丝》《男子肖像》《安卓美达》，委罗内塞的 45
《以马忤斯的朝圣者》《圣母》《圣约翰与圣凯瑟琳》《朱迪斯与赫罗弗尼斯的头》《逃往埃及》《将儿子献给耶稣的女人》《大卫王与拔示巴》以及圭多·雷尼的《大力神的功绩》《逃往埃及》《好撒马利亚人》，圭尔奇诺的《圣母与圣彼得》，拉斐尔的《圣约翰》《美丽的女园丁》，卡拉奇的《圣塞巴斯蒂安》《埃涅阿斯背着他的父亲》，普桑的《圣母升天》《井边的丽贝卡》和其他七幅作品，还有鲁本斯的《托米丽司》《大力神的功绩》《玛丽·德·美第奇》，多梅尼基诺的《音乐家们》，巴萨诺的《诺亚方舟》。

这些画作很多来自弗朗索瓦一世的收藏，但路易十四也收集了不少。刚登上王位的时候，他只有两百幅——但他离世的时候已然超过了两千幅。他喜欢威尼斯画派和波伦亚画派——在他的卧室里，还悬挂着卡拉瓦乔的《施洗者圣约翰》，圭多·雷尼的《抹大拉的玛利亚》，凡·戴克的自画像（现在仍在那里），以及多梅尼基诺的《圣塞西莉亚》和委罗内塞的《圣凯瑟琳》。

国王大套房对于国王规划的宫廷日常生活是必不可少的，因为整个机构都可以在这里运转，每天早上在这里做弥撒。每周举行三次晚间娱乐活动，又称为“套房”活动。没有赌博是不可能维持群臣心情舒畅、开心愉快的，所以大套房里也经常聚赌。凡尔赛宫是众所周知的“赌场”，实际上类似于外面的赌室。贵族们玩得不亦乐乎，除非国王恰巧在房间里，他们才会或多或少地控制自己的行为举止，否则那些赌输的人定然要绝望地大声咆哮。他们嗥叫，谩骂，摆出可怖的面孔，乱抓头发，最后竟然嚎啕大哭起来。他们恬不知耻地作弊出老千，这样做也不会被责罚。那些能记住圣弗朗索瓦·德·萨勒的人会说他作弊的手法比当时任何人都要卑鄙，尽管在其他方面比起同伴他都是最优秀的。只有少数几个人能够在赌桌上保持安然自若，他们都是了不起的，包括马扎然的外甥女苏瓦松
46 伯爵夫人，威尼斯大使朱斯蒂尼亚尼，以及博蒙侯爵，他有一次在赌桌上输光了他所有的家产，神色却没有任何变化。还有当戈侯爵，多年来一直是全法国最厉害的桥牌玩家，他一般情况下都是稳赢不输，而且从未有人怀疑过他出老千。当戈是这一时期写作最冗长乏味却也是最可靠的日记作家。在他死后圣西蒙给他的书做了注解，圣西蒙还在自己的回忆录创作阶段参考过他的作品。伏尔泰却说这是由当戈的仆人写的，因为里面的字迹截然不同。

惠斯特牌此时还未发明出来，他们玩的游戏大概有 10—11 种，种类很简单，非常像 21 点牌戏。即使它并不需要太多的技能技巧，但还是需要一定的牌感。王后喜欢赌博，但她在玩牌这一方面并不开窍（不过她在其他所有方面都不开窍），所以她经常输得一塌糊涂。除了纸牌以外，还有一种名叫 Hocca 的轮盘赌也会让人输掉巨额钱财，而且一般手段都很卑劣，以至于有两位教皇在教宗国禁止这种轮盘赌，巴黎警察头子拉雷尼也颁布了相同的法令。但令他恼火的是，国王不仅听任它在宫廷泛滥，甚至他本人也玩。他最喜欢的纸牌游戏是反转牌（Reversi）[1]，拿破仑也很喜欢，但是相比于纸牌这种让他静止不动、久坐不安的游戏，他更喜欢打台球。于是

［1］ 一种老式纸牌游戏，以得分最少者为胜方。

大套房的一个房间——狄安娜厅摆放了台球桌。

除了赌博，这里还有戏剧、音乐会和舞会。国王对音乐很痴迷，大多数情况下只要在他耳朵听得见的地方，乐队或管弦乐队都会不停演奏。清晨他睁开眼睛，就能听到院子里飘来的音符。夏夜里，他和他的朋友会乘坐平底船在运河上航行，吕利和他的小提琴师也会陪同出席，站在漂浮的平台上。这些平底船和船夫是威尼斯共和国送给国王的礼物。他为他们在水上建造了一个小村庄，称作“小威尼斯”。

1679 年，路易十四和他的建筑师儒勒·芒萨尔开始建造玛力宫，这是一座伫立在凡尔赛附近的小宫殿，国王可以带上几个朋友在这里享受片刻的宁静祥和时光。对于他和他家人的居住而言，宫殿本身已经足够宽敞，这里有十二座楼阁，其中十一座都可住两对 47
已婚夫妇，剩下的一座用作浴室。这些楼阁彼此都是相连的，主楼则有凉亭和散发香甜味道的灌木丛围绕着。玛力宫的礼节同凡尔赛宫的截然不同，相对而言要简单得多。凡尔赛宫里除了王弟没有人可以坐下来和国王一起用膳，在玛力宫却不同：王太子，然后还有他的三个儿子，王弟以及他的儿子沙特尔都可以坐下来一起进餐，尽管大多数情况下，王太子都在另一张桌子上，而国王则陪同女眷们一起。男人们通常聚集在第三张餐桌上。在玛力宫的日子，国王会待在花园里观赏其改进之处，他将湖泊改造为森林，又将森林改造为湖泊，如此循环往复的操作占据了他的余生。这里鲜花遍地。晚上还有舞会、聚餐、音乐会、戏剧表演，当然也有赌博。

受邀住进玛力宫，和国王如此近距离地住在一起，一直是大家梦寐以求的事情。他喜欢别人来哀求他，这样在人们知晓了参观此地是令人希冀的事情之后，他会在从镜厅前往教堂的路上听到此起彼伏的声音："陛下，去玛力宫?"事实上，那些他觉得待在一起很轻松的人会一次又一次地受到邀请。和凡尔赛宫一样，玛力宫竣工之前，他会在门口的花园里举行聚会——1686 年，他第一次在这里寝息。

除了一两间房间和园丁的住处以外，玛力宫的所有其他建筑都在法国大革命之后被摧毁，但该遗址依然是法兰西岛最美丽的公园之一。

5

家庭教师

The Governess

她的陪伴令人神怿气愉。

——赛维涅夫人笔下的斯卡龙夫人

1674年，斯卡龙夫人开始了不一样的生活，她后来习惯称之为“一段与国王灵魂的持久斗争时期”。斗争期间，她最大的敌人便是蒙特斯潘夫人，不过她手里持有最强悍的武器，那便是小曼恩公爵。他是个极其令人着迷的小孩，完美地继承了他母亲的外貌和魅力。斯卡龙夫人抚养他成人，从小就教导他读书，从不惩罚他，也不吓唬他，所以他即使和成人待在一起也自信满满。相较于其他孩子，国王更喜欢他，自然而然，他也很爱他父王。极度令人遗憾的是，路易却从未如此看中过王太子，尽管他本是更好的可造之才，却被另一种截然不同的教养方式毁于一旦。他父亲在政治实践方面受到的教育是独一无二的，马扎然高明的行政手腕便是其样板，但很明显，他的书本学习仍有很多不足之处。因此，他极其渴望王太子能够接受良好的通识教育。他任命法国最伟大的散文家，即波舒哀大主教为他的导师。他的督导便是蒙托西耶公爵（Duc de Montausier）。毫无疑问，秉承严师出高徒的信念，这两个人每天都在课堂上严厉地鞭挞王太子。有一次，人们甚至传言他们打断了他的胳膊。蒙托西耶是个野蛮人，相比较之下，波舒哀应该要好得多。出现这种情况，大概是因为他对孩子一无所知。王太子并不愚钝——
49 相反，同时代的一些人甚至夸奖他是个聪明的小家伙——但这些惩罚，使他永远地远离了书本；在社会活动上，他总是变得胆怯懦弱，面对他父亲，也是害怕得战战兢兢。理所当然，国王对这一切都看在眼里。结果便是，他与生俱来的对孩子的喜爱都集中在了私生子身上，尤其是曼恩公爵。

蒙特斯潘夫人才华横溢，但是个糟糕的心理师。金色卷发，蓝色眼睛，以及高涨的情绪都无法再将情人牢牢地握在手里的时候，她竟以为法术还能将他带回自己的身边。她从未注意到有个小男孩的身影近在咫尺。但斯卡龙夫人明白孩子便是连接两个人再合适不过的纽带了——即使是最迟钝的女人也能捕获男人的心，尤其是如果他并不年轻的话，可以和他谈论其生命的延续，比如他的儿子。她为了实施这一行动，每天都要面见国王。他已经克服了过去对她的厌恶，她和他在一起的时候也很自在。不久，他们的谈话内容开始涉及诸如他的心理状况等话题。“陛下，您喜爱您的火枪手。现在假设他们其中某个人离开了他的妻子，和一个已婚女人住在一起，您会说些什么呢?”国王笑了。“我会以基督徒，也以蒙特斯潘夫人真正的朋友的身份来和他交谈。”

经年之后，她用下面的这些话语充当自己的辩词：

> 蒙特斯潘夫人和我是这世界上最要好的知己。她喜欢我的陪伴，而我生性率直，也一头扎进了这段友谊。她魅力无穷，风华绝代。她很信任我，也会和我分享所有的一切。即使在很恶劣的情况下，我们也没有萌生过断绝关系的念头。这当然不是我的过错，但如果任何人有和她一样的怨言，她大可以告知真相：“是我带她来到了这里，是我让国王喜欢上她。然后她变成最受欢迎的那一个， 50
> 而我则被打发走了。”但反过来说，难道我接受国王的友谊是错误的吗？给他更好的建议，利用我的影响力来让他过上更高尚的生活，这难道都是错的吗？我一如既往关爱着蒙特斯潘夫人，如果我出于某些邪恶的原因发动阴谋，如果关于上帝或者整个社稷民生方面，我给出了任何不好的建议，如果我没有敦促她与国王决裂，而是向她展示留住他的绝佳办法，那我的确是给了她弹药来摧毁我自己。我不但没有出错，而且总是以一种无可指摘的方式在和别人相处，没有什么比这更聪明的了，难道我说得不对吗?

国王开始转变思想，开始寻求与教会和解。波舒哀和当时其他一些伟大的布道者多年来一直通过布道坛对他加以告诫。他对这些批评都默默忍受了，但并不能因此就说他喜欢这些批评。他非常敬仰上帝，他将上帝视作他的封建领主，他想就他统治时期所取得的军事成就和庶民光辉对他表示感谢，他想表达他的感激之情。如果上帝真的动怒了，祂会收回祂所赏赐的一切。与斯卡龙夫人进行长时间而又有趣的谈话已经变成了每天的日程安排。

蒙特斯潘夫人逐渐感到惶恐不安了。她现在想要摆脱她的朋友，并不是说她把她当做对手，只是国王和斯卡龙夫人待在一起的时间原本是属于她的。只要一想到他们在一起深入谈话，她就烦躁不安，而且她一点都不希望他变得虔敬。然而，斯卡龙夫人并不是可以简单解雇的托儿所女仆，显然她付出这么多服务，理应得到一份可观的赏赐。阿泰纳伊斯认为她可能想要一个丈夫，她四处转悠，不久便找到了年老的维拉尔-布朗卡公爵，他为了和最近得到赏赐嫁妆的内韦尔公爵一样，于是准备再婚了。斯卡龙夫人断然拒绝了。蒙特斯潘夫人然后又提议送她到修道院，国王可以赏封她为某些修建得十分豪华的修道院的女院长。她毅然决然地再次拒绝了，国王很不高兴——他告诉蒙特斯潘夫人他并不希望斯卡龙夫人离宫。他有更好的主意：他可以给她一份财产和一个头衔。他在沙特尔附近购买了一栋又宽敞又漂亮的府邸，斯卡龙夫人为它取好了名字，从今以后她便被尊称为曼特农女侯爵了。

51 曼特农夫人不断向波舒哀通报国王的最新心境，主教现在可以把他所有的弹药都拿将出来了。1675 年正是教会的禧年，神父们迫切希望路易能仅此一次履行他的复活节职责。布尔达卢(Bourdaloue)[1]进宫宣讲四旬斋节布道，在所有的神职人员之中，

[1] 布尔达卢（1632—1704），法国耶稣会士，17 世纪最伟大的布道者。当时女性为了不错过布道而准备的随身小尿壶即被称为“布尔达卢”。

他对民众最具有影响力。他的布道以冗长而闻名（那些不确定能否坚持到最后时刻的妇女们通常会在裙子下面藏匿一个小瓷器，即被称为 Bourdalou 的尿壶），但这并没有使人们望而却步。这些布道措辞发人深省，篇章布局合理，于是以极快的速度传播，影响普罗大众，触发了剧烈的反响。格拉蒙元帅便是其中一员，他受到巨大的影响，突然爆发，大声嚎叫："见鬼，他说得很对啊。"王弟夫人为此狂笑不止，布尔达卢一下忘了词，一切变得混乱不堪。在布道期间他毫不掩饰自己的话语，也未曾委婉用词。他直截了当地说道，国王必须以身作则。他甚至大谈特谈道德败坏。百官朝臣无不战战兢兢，路易却表现得不为所动。

复活节来临之际，国王将蒙特斯潘夫人送回她的克拉尼别院。他们互诉衷肠，促膝长谈。他离开去往军队，未曾向阿泰纳伊斯道别，所以众人猜测这段情事也已宣告结束了。

蒙特斯潘夫人对整件事表现得从容不迫。她已不再为曼特农夫人的存在而烦恼生气了，这个女人现在正和曼恩公爵在南部的沼泽地生活。小男孩有一条腿处于半瘫痪状态，比另一条短一截，而且病情似乎越来越糟糕。他童年时期，医生折磨了他好几年，通过使用支架来拉伸短腿，使其跟另一条变得一样长，但这也使得这条腿变得很脆弱。他勇敢、耐心地接受这一切。曼特农夫人将全部身心投入他身上，她坚信他会治愈，最后，他也确实或多或少得到了好转，尽管他总是一瘸一拐。他们巡回途中，各省知名人士和平民百姓以极大的热情款待他，就好像他是法国合法的王子。

然而此时，他的母亲却在克拉尼别院玩得不亦乐乎，这里里里 52

外外多达一千两百名仆人，极大地满足了她的虚荣心。她经常去圣克卢堡和王弟打牌，然后在波旁疗养数日。王后曾到克拉尼别院来看望她：她环顾了整栋府邸，参观了花园，瞧了瞧育儿园，韦格赞伯爵就是在这里得了病（他身子骨虚弱不堪，12 岁便夭折了）。王后对所看到的一切都表现得极有兴趣，还与阿泰纳伊斯在她房间里单独相处了一个小时。不过她并不是唯一的客人，波舒哀经常拜访蒙特斯潘夫人。她以一种十分生动的方式来招待这位令人敬畏的男人，将争端引入敌人的阵营，并控诉他的自命不凡，甚至企图改造国王。他懒得为自己辩解，于是她便发起更加猛烈的进攻。然后，她又戴上魅力面具，以上天的奖赏为诱饵，试图对他行贿。当然，这一切并没有激起他内心丝毫的波澜。她不可能真的指望说服波舒哀。她必须找到其他办法来赢取她的事业。

拉瓦赞夫人经常出入克拉尼别院，并带来一些建设性的建议。她向诺曼底的加莱寄去大量的钱财，作为交换，对方则会寄来种类繁多的有趣药物，比如春药和“继承粉”（poudres à héritaye）[1]，后者通常用来处理陈旧的、不想持续的繁琐关系。加莱先生也处理恋爱中的情敌问题。但是蒙特斯潘夫人的问题相对而言比较棘手，因为并不存在竞争对手，这是关乎上帝和撒旦的问题。如果她真的举行过黑弥撒的仪式，那么就是从现在开始的。当然，她也尝试了更多的法术。好几种不同的春药，黑的、白的还有灰的，以粉末的形式送进了她的克拉尼别院。

[1] 通常使用这种粉末进行暗杀，以获取继承权。

最后，国王从前线撤回。波舒哀听闻到一些令人胆战心惊的谣言，触犯神圣宗教的悲恸遍布他的脸庞，国王还在路上，他就迎上去觐见，但却听到他亲口说蒙特斯潘夫人在凡尔赛宫的房间已经准
备妥当。当路易在基督教的节欲内容方面增加同居条款的时候，大 53
主教益发感到惴惴不安。事实上，归来战士的欲望受加莱神奇粉末的刺激愈发偾张，令曼特农夫人和所有神职人员的努力毁于一旦。国王召见阿泰纳伊斯的时候，特意安排两个宫廷里年长又受人尊敬的女士在场，这两个人便见证了他们的爱情转化为友情的过程。一开始，因为大家都在场，所以这对此前的恋人用几句陈词滥调的平常话充当开场白，但随后，他们便远离人群，走到了窗外。人们看到他们都潸然泪下。突然，他将她领到她的卧室门口，他们向众人鞠了一躬，然后就进去了。自打这之后，一切看上去都是那么完美无缺，尽管出于某种无法解释的原因，国王开始出现剧烈的头疼。

1676 年 7 月 29 日，赛维涅夫人在凡尔赛宫待了一整天，还给她的女儿格里尼昂夫人写了一封信来描述这里。她跟随维拉尔一家：她们起初在王后的梳妆间帮忙，然后做弥撒，参观王家宴会。3 点钟，所有人聚集在国王大套房。国王、王后，王弟及其夫人，还有王弟的大女儿，蒙特斯潘夫人和她的同行，全体朝臣以及所有的女士们——换句话说，法国宫廷的所有人都聚拢在这些富丽堂皇的房间里。待在里面一点也不热，你可以随心所欲地来回走动，并不会有拥挤的感觉。蒙特斯潘夫人在打牌，国王则在一旁陪着。另一边，王后这边的桌子上有王弟、苏比斯夫人、当戈和他的同伴，还有朗格勒及其同伴，他们都在赌金路易，不加任何筹码，桌子上

摆放着一千个金路易。当戈让赛维涅夫人坐在他的旁边，这样她便舒服多了，她看着他，也发现其他人与他相比较，玩得实在是太糟糕了。他绝不会在游戏期间抬起头来——他是如此全神贯注——他绝不会让任何人有机会出老千，也绝不会容忍哪怕是最小的机会从他眼皮子底下溜走，所以不管有没有运气，他总是一个劲儿地赢钱——书中有所记载，他十天之内赢得一万路易，以上便是实实在在的证据。

赛维涅夫人向国王行屈膝礼，正如格里尼昂夫人给她示范的那样——如果她年轻又漂亮的话，他便会更加和善地回应。王后问及
54 她生病之后的状况，表现得饶有兴趣，对此进行详细地询问，就好像在谈论分娩一样。事实上，每个人都对她有好感。

内韦尔公爵夫人貌美如花、谦虚有度——内韦尔公爵先生依旧是老样子，但他妻子就是疯狂地迷恋着他。她的妹妹另一位蒂昂热小姐更加如花似玉，只是不够友善。曼恩公爵是无与伦比的，他诙谐幽默，聪明睿智，总是能一语惊人，说出意想不到的话语。曼特农夫人和蒂昂热夫人在一起则像归尔甫党和吉伯林党一样。王弟夫人和蔼可亲。蒙特斯潘夫人提到在波旁做的治疗，还问及维希市的水疗。她说去波旁的时候她只有一条腿的膝盖有毛病，离开的时候另一边也出现了问题。她正襟危坐，风姿绰约，还有惊为天人的倾城美貌。她比过去苗条了不止一倍，但她依旧肤若凝脂，明眸皓齿。她的连衣裙是法国针刺蕾丝制成的，那一头卷曲的秀发饰以黑色的缎带。她戴着光芒四射的钻石，还有璀璨夺目的珍珠——简而言之，这是一种令大使们都眼花缭乱的胜利之美。她知道人们觉得

是她阻止他们觐见国王，所以她把国王还给他们——格里尼昂夫人无法想象这一切是多么快乐。这场奢华迷人、舒适而又有序的社交狂欢一直从下午3点持续到6点。中途邮差过来，国王便去读他的信件，但很快他再次出现。音乐一直环绕着整个房间。6点，众人停止了赌博——没有必要费心算账，虽然他们的赌注都是金币。然后，众人登上马车——国王、蒙特斯潘夫人、蒂昂热夫人还有王弟一辆车，王后和公主们在另外一辆，其他人也都在后面跟着。6点到10点，众人坐在平底船上游览整个运河的风光，伴随着乐队的奏乐。10点，戏剧开始了，午夜的时候，还有点心夜宵。就这样，凡尔赛又度过了一个星期六。

曼特农夫人牵着曼恩公爵的手重返宫廷。他感觉好多了，可以
自己独立行走，而且也长大了，块头大多了。国王很高兴又见到他
们两个，而且听到各地热情接待这个小男孩，不禁喜笑颜开，但阿 55
泰纳伊斯就不那么开心了，毕竟曼特农夫人再一次出现在她的眼皮
子底下。曼特农夫人也曾向她的告解神父戈布兰抱怨：“我不敢相
信上帝的旨意竟是让我和蒙特斯潘夫人和睦相处——她压根儿就不
是能建立友谊的那种人。”她还说道，无论她给孩子们制定什么规
矩，他们的母亲总是会随即打破。曼特农夫人也曾向国王埋怨，国
王自然也是站在她这边的——理所当然，阿泰纳伊斯察觉到这一
点，她对这一切肯定是无法忍受的，于是她开始疯狂地责备他们。
但她知道他们常常走到一边，在她背后议论她，于是她总是制造更
多的出场机会。她不像路易丝·德·拉瓦利埃那样可以默默忍受一
切，她唯一的反抗方式便是潸潸然落下泪来。

很快，无论是这两个女人的争吵还是和解，都成为外界茶余饭后的谈资。不过她们的争论不休和重归于好似乎也很频繁，因为实际情况是，夫人们都被对方迷住了。正当她们似乎已经濒临绝交的时候，曼特农夫人便会前往克拉尼别院待一会儿，又或者阿泰纳伊斯前往曼特农夫人的住处。这座古老的城堡正在走向新式化，国王派遣勒诺特设计花园样式。这两个女人参观完彼此房子的改造之后，显然应该是关系最好的时候，但她们返回宫廷之后，依旧拒绝与对方说话。有一次，即使经历无数令人愠怒的事件之后，她们还是不得不坐在同一辆马车里从凡尔赛驱车赶往枫丹白露。这场长途旅行之中，阿泰纳伊斯倒是尽量让自己舒适一点儿，她说道："让我们忘记过去一切的不愉快，像以前那样聊天——我们应该尽可能地享受在一起的时光"。她们全程都有说有笑，但到达之后，她们的关系又回到以前——更糟糕的是，国王让曼特农夫人转告阿泰纳伊斯，她最好开始想想自我解救的方案。她也的的确确告诉她了，得到的回应自然而然是一场风暴式的辱骂。蒙特斯潘夫人认为这是
56 不公平的；但阿泰纳伊斯理应心怀感激，毕竟她明明做了逾矩的事情，却免遭惩罚——她似乎不再喜欢她的老朋友了。说得温和些是她不喜欢她，但仅仅是看一眼曼特农夫人，就足以令阿泰纳伊斯咬牙切齿、怒不可遏。

1676 年底，她们都开始担忧起国王来，因为他似乎对她们两个都丧失了兴趣，变得滥交，令人瞠目结舌。他总是倾向于跟任何唾手可得的女人上床，他甚至在阿泰纳伊斯的接待室都这样做过，如果她让他等着的话，他就会和她的女仆石竹小姐（Mlle des Oeillets），

或者蒂昂热夫人亲热，但是可以说，这种短暂的欢愉在整个家族中并没有造成任何困扰，公众对此也一无所知。他将以往谨慎行事的态度弃置不顾，光天化日之下，就施行一系列激烈的、令人意想不到的行为，为风流韵事不惜挥霍无度：只要仗着一张漂亮的脸蛋，便可以肆无忌惮地对他做任何事。赛维涅夫人说，国王在蒙特斯潘夫人处找到了新人——她已如星沉，泪水混合着悲痛，其中还夹杂着一种假装的欢快。单有花容月貌，实则极其枯燥乏味的苏比斯亲王夫人爱着她的丈夫，即了不起的阿莫里坎·罗昂家族的首领。然而这样的一个人可谓是踵决肘见，她渴望能对他有一些实际帮助。因此，她鼓励他去积累财富，一旦他背过身离去，她便立刻戴上翡翠耳环，这便是一个提前商量好的暗号，向国王表明周围是安全的。结局可想而知，苏比斯变得雍容华贵，还建造了一栋美轮美奂的别院，这栋别院迄今仍然是巴黎的一大荣耀。国王和苏比斯夫人的婚外情一直持续了好几年，尽管相当地不温不火，因为她对他已心生厌倦。她掉了一颗门牙，她自己似乎并不介意，但结果却很奇怪，这之后，人们很少再讨论她和路易了。后来她得了瘰疬，但据说国王并没有对她施以触摸疗法，因为她不愿意。他们一直保持友好的关系，她的儿子，红衣主教罗昂很可能就是这段情爱的结晶。

与此同时，其他女人趁机而上，吕德尔夫人给她们带来了另一场不安，她是王弟夫人“苗圃”里的女侍，已经发过宗教誓愿，于是被称作夫人，而不是小姐。她可爱动人，曾是维沃纳的情妇。王 57
后注意到，当吕德尔夫人走进房间的时候，尽管她还是个未出阁的姑娘，在场的公爵夫人便会站起身来，但蒂昂热夫人却对她粗鲁至极。这一切的种种只能意味着一件事。

曼特农夫人只是暗暗生气，而蒙特斯潘夫人则付诸行动——她请来拉瓦赞夫人。她极有可能求助于黑弥撒——不管怎么说，拉瓦赞夫人正在殚精竭虑解决她的问题。侯爵夫人和女侯爵一起去曼特农安养休息。阿泰纳伊斯和往常一样又怀孕了，一直精神不振，曼特农夫人对她一点也不友好，她好像与生俱来便有一种冷酷流淌在骨子里，这在整个拜访期间表现得尤为明显。她和她的客人经常前往教堂，曼特农夫人告诉一名通信者，人们认为她想将阿泰纳伊斯带到上帝面前，做一名虔诚的教徒。“我很想这样做，但并不抱太大希望。我只是期待她能拥有一颗品质善良的心，这才是我最大的心愿。”在宫廷里，她却不再抱有这样的幻想，国王似乎在变成一个肮脏老人的路上走得越来越远。

阿泰纳伊斯在曼特农又产下一女，即未来的奥尔良公爵夫人，也被称作“禧年婴儿”。就在这期间，国王莅临军队去往了前线，这一次所有人都觉得她不会东山再起。她心心念念，以一种不同寻常的悲观情绪等待他的归来。她急切地想要曼特农夫人和小男孩离开——他们即将再次启程去比利牛斯山，曼恩公爵需要治疗——这样国王就可以和她单独相处，也不必再处于这个家庭女教师的监视之下。最不公平的是，她那套神圣的规范似乎只针对阿泰纳伊斯，而不对其他临时情妇产生任何影响。然而，曼特农夫人选择留下来。她表示在开始如此漫长的旅程之前，曼恩公爵必须和他的父亲来个拥抱。所以，她不得不眼睁睁地看着阿泰纳伊斯的胜利、快乐和荣耀，种种场景令她不快，而且，令人大吃一惊的是国王似乎变得比以前更爱她。拉瓦赞夫人的努力到底还是取得了非凡的效果。

“这在凡尔赛是多大的胜利啊！”赛维涅夫人写信给她的女儿，
如是说道。“这是多么地让人感到骄傲！这是多么扎实的一步！好 58
一个瓦伦蒂诺女公爵［狄安娜·德·普瓦捷］（Duchesse de Valentinois［Diane de Poitiers］）[1]……我在她房间里待了一个小时。她梳妆打扮完毕，躺在床上，等待晚宴的开始。我将你的话带给她了，她很贴心，而且大受赞扬。她的姐姐开心地嘲弄可怜的吕德尔夫人，讥笑她竟敢抱怨。试想一下，狂喜之下没有一点宽宏大量的洋洋自得是怎样的一幕，你便可以身临其境。”她还说道，接下来的几周，阿泰纳伊斯和国王就好像刚开始在一起一样。“前几天，蒙特斯潘夫人身上满是钻石，这是多么耀眼的神性，令人眼花缭乱。他们对彼此的依恋似乎比以往任何时候都要强烈，他们正处于无法将视线从对方身上抽离的阶段。尘世恐怕再也找不出像他们这样旧情复燃如此剧烈的例子了。”

阿泰纳伊斯总是被幸运女神眷顾。她每晚都赌博，而且下赌注从来都是大手笔，她从来没有输过。整个巴黎如同凡尔赛一样，这段婚外情令人咂舌的转变激起了人们如火如荼的议论，除此之外，再无其他谈资。

家庭女教师和她的儿子去了巴雷热。大家都很喜欢这个小男孩，无论是令人捧腹大笑的笑话，抑或是他高昂振奋的精神面貌，朝臣们也喜欢引用他的话。他得到禁令，不允许直呼路易十四“爸

[1] 瓦伦蒂诺女公爵（1500—1566），法国国王亨利二世的首席情妇，备受荣宠。

爸”。有一天晚上，整个王室都在平底船上进餐，他喝了太多红酒，直接让船夫将他带到国王面前，他用尽全身气力说道：“父王殿下万岁！”他一边尖叫，一边内疚地大笑，然后便整个人钻进了曼特农夫人的怀里。他们还在巴雷热的时候，她便收集了一些他写的文章和信件，将它们印刷出来，一共七册，全都收录在一本集子中，名为《七岁作者的作品》。标题一页并没有注明日期。这本书是献给蒙特斯潘夫人的，而这些信确实是写给她和国王的。

59 1677 年，巴雷热。“美丽的夫人”，当我知道您还没有忘记您的“小乖乖”的时候，您可知道我有多开心。您知道的，我喜欢收到信件，我很想在您那漂亮的字迹之中，有一封信是给我的，里面全是对我的亲吻。我准备给小罗什福尔写信，但决定先给您写，因为我心里有很多话想说给您听。求您了，夫人，别让国王忘记“小乖乖”。

1677 年，巴雷热。陛下，我快嫉妒得发狂了，您给曼特农夫人写信了，收到您的信笺是多么的荣耀。我多么渴望能得到与您建立友谊的信号，现在您却把这些信号给了别人，我无法接受。“美丽的夫人”来信督促我维持自己的声誉，因为在这个世界上，除了让陛下开心，我再也没有更想要的了。

1677 年，巴雷热。我收到了国王的信笺，我实在是开心极了，再也没有什么可以让我更快乐了。我不会像您在曼特农的时候［吕德尔夫人得意之时］那样，您背着他烧了……再见，夫人，我是如此爱您。

1677 年，巴雷热。说不出何等的感激，“美丽的夫人”，感谢您对我乳母的好，请继续这样好吗，我很爱这个女人。曼特农夫人告诉我您带她去枫丹白露了，我很高兴您带她去……我想请求您再帮我一个忙，不要再让他们给我穿裙子了，好吗？我现在走路平稳多了，求求您就答应我吧，“亲爱的夫人”。

1677 年，巴雷热。曼特农夫人一整天都在编织，只要没有人打断她，她可以一整个晚上纺织，要么就是写作。她每天都在努力让我变得更加睿智，她很希望我变聪明，也期盼“小乖乖”尽可能努力地学习，因为我特别希望您和国王能够开心。到这儿的路上我在读恺撒的生平，还有关于亚历山大大帝的书籍，昨天我开始读庞培。曼特农夫人偏头痛，除了起来做弥撒，一直躺着。昨天在小浴缸里，法贡先生［国王的医生］把我烫伤了。我真希望他下次可以温和点儿，不要让我再大声尖叫了。我们的教士还是那么伪善，等他回来，便会有一些消遣。我是世界上最爱您的人。

事实上，他的确崇拜过他的母亲，她曾向他写道：“我最亲爱 60
的宝贝，亲爱的孩子，你就像天使一样美丽”等等。但其实曼特农夫人才是为他奉献一切的那个人。他 10 岁才被带离她的身边，交给一个男管家，她对他的健康提出一系列建议，她对他的状况再清楚不过了。他不饿的时候不要让他吃东西，试着阻止他晚上过度进食。最好给他准备几种不同的汤，肉不要太多，多吃新鲜水果，两餐之间不要吃甜食。他的牙齿糟糕透了，所以不太喜欢吃干面包。他需要充足的新鲜空气，还有每天至少要有九个小时的睡眠。

1678 年，曼恩公爵从圣日耳曼写信给国王：

陛下，看到您这么快就离开，我很难过，我永远不会忘记陛下临走时赋予我的无上荣耀。因为您的离去，整个庭院里弥漫着郁郁寡欢的气息，我们的房间里更是如此。我恳切地期盼陛下的归来。“小乖乖”。

国王、王后、蒙特斯潘夫人（没有其他女人）亲临对根特的围攻。几周后，阿泰纳伊斯离开了，到克拉尼休养，诞下了图卢兹伯爵。曼特农夫人对于最后两个孩子，图卢兹和他姐姐的诞生非常不满意，所以国王也不敢要求她照顾他们，于是将他们交给了卢夫瓦夫人。

遗憾的是，这次生产之后，阿泰纳伊斯彻彻底底失去了她对国王的驾驭能力。她变得异常肥胖，尽管每天都要进行两到三个小时的按摩，但是她每次走下马车的时候，人们看到她的腿很粗，跟腰身瘦一点儿的男人不相上下。她总是邋里邋遢，所以用了很多香水来掩盖，而国王恰恰对此很反感。他已经习惯了生活中有她的存在，他为她感到骄傲，也总是被她逗乐。她是个好帮手，帮他打理
61 宫廷事务，也是宫廷生活中不可或缺的一部分，但如果她是个和蔼可亲的人，那这一切都不值一提。她的脾气越发骇人听闻。国王的寝宫旁边依旧保留着她的套房，他也仍然在这里和她一起度过很长时间，但现在，宫廷里的人可以从他们窗户下走过而免遭惩罚了。他们两个再也没有坐在窗边，观察谁从窗外经过，和谁一起，然后大笑，还可能嘲弄一番，那时的他们乐此不疲，也深爱着对方。而今，镀金的房间里，只有簌簌泪下，愤怒，争吵不休。他讨厌那些让他尴尬不安的场面——他往曼特农夫人那里跑得越来越勤，只是

为了寻求一丝丝的安宁。这两个女人的关系再次变得糟糕透顶，阿泰纳伊斯将她的烦恼归咎于她怀中养育的那条毒蛇。

人们现在开始讨论曼特农夫人了。他对这个女人的依恋实在是令人难以理解，她 40 岁了，比路易大 3 岁，同他以往的风流韵事大相径庭，朝臣们对这段恋情给出了各种各样的解释。有些人认为她正在帮助他撰写回忆录，有些人认为她是红颜知己，还有人认为她可以给他找来一些年轻女孩。从来没有人的脑海中闪过他可能爱上了她的念头，哪怕一秒钟也没有。

1678 年末到 1679 年初的冬天，王弟夫人的“苗圃”又冒出一朵精美绝伦的鲜花，即她的新女侍丰唐热小姐（Mlle de Fontanges）。这位外貌沉鱼落雁的女子实则有一颗可悲的心，她将自己幻想成一个浪漫故事的女主角，国王便是她的骑士，她也命中注定是他的爱人。鉴于她是宫廷有史以来最倾国倾城的美人，所以她在实现自己的野心方面并没有困难。国王几乎立刻沦陷，与之上床交欢，但将这场恋情视作秘密，对外密不透风，尤其是对曼特农夫人和蒙特斯潘夫人绝口不提。他怂恿阿泰纳伊斯花时间玩一款新型游戏，名叫巴赛特(Bassette)[1]，当然，花的是他的钱，这样她就不会注意到他的行踪。丰唐热小姐住在他寝宫旁边的一个小房间里，白天他假装不认识她。这种状况并没有持续下去。她和拉瓦利埃小姐在很多方面都很相像（她们都出生于相对贫穷的乡村家庭），她是拔尖的 62
骑手，她带着国王的猎狗外出狩猎，人们很快察觉国王未曾离开她半步。有一天，她的帽子被树枝刮掉了，于是她便用一条丝带系住

[1] 巴赛特，一种纸牌赌博，五人参加，由一人做庄家。

了她的金发，这在未来的几年一直是美发界的潮流。国王完完全全被虏获了。不久，她开始命令他，这在以往是其他女人从来不敢做的事情。她穿着和他外套一样的衣服去做弥撒，两个人都系着青绿色的丝带。教堂里，她和蒙特斯潘夫人坐在祭坛的两边，争着比较彼此的宗教热情，四只蓝色的大眼睛望着天上，骨碌骨碌地转个不停。丰唐热小姐受封为女公爵，成为公开的记载在册的情人。

一开始，阿泰纳伊斯将整件事看得很开，这样一个愚蠢的小女孩永远不会成为真正的对手。她甚至在参加宴会之前帮她梳妆打扮，她喜欢看到曼特农夫人对这段新恋情表现出来的厌恶。她写信给诺瓦耶元帅，说她需要一些绿色的天鹅绒来装饰她的马车。此外，她还漫不经心地说道，国王一天只来看她两次，但比起一见面就争吵不休，她宁愿他少来看望她几次，至少态度温柔多了。然而，丰唐热成为女公爵的时候，阿泰纳伊斯大发雷霆。因为她自己从未得到这种王室情妇的特殊待遇，她的丈夫为了报复她，断然拒绝接受公爵头衔。为了安抚她的情绪，国王任命她为后宫执事，这是宫廷中对于一个女人来说最好的工作。

1679 年 3 月 13 日，拉瓦赞夫人在巴黎，她刚从教堂里出来就被逮捕。阿泰纳伊斯·德·蒙特斯潘突然离开宫廷。

她只离开了一两天，似乎是为了去拜访菲拉特夫人（Mme Filastre）——这是个极其可怕的女巫，甚至亲手谋杀自己的孩子，献祭给魔鬼。菲拉特为阿泰纳伊斯采购了更多的加莱药粉，阿泰纳伊斯可能想要在供应被永久切断之前多囤积一些。

6

毒　药

Poison

恐怖的秘密已然暴露。

——伏尔泰

1682年，国王发布公告，凡尔赛从此正式成为政府所在地。但之前的几年，还发生了一系列影响路易统治地位的事情。即使他正在进行最后的纵情欢乐，曼特农夫人依然在缓慢地加强对他的操控。他开始“皈依”，换句话说就是迫害法国新教徒。法兰西土地上最高层统治阶级和最底层民众之间那种险恶的关系已昭然若揭。

毒药正弥漫于举国上下。王弟的第一任夫人亨丽埃特在极度痛苦中香消玉殒，因此很多人不管是对是错，便猜测她是被人投毒。后来，巴黎警察头子多布雷被他妻子毒害[1]，不久之后，另一位

[1] 此处原书有误，多布雷实则是被其女布兰维利耶侯爵夫人毒害的。

高层警官也离奇死亡。但彼时，因为没有分析检测的技术，很难鉴定是否施用了毒药。作为证物采集的药粉或者液体会喂给狗吃，并根据狗的死亡与否来判断有毒还是没毒。医生们一直致力于发明出可靠的解药。这些医生有时候会在死刑犯身上做实验，不过实验之前会先征求这些人的同意，如果他们能够幸存下来，他们便可以获得自由。但大多数情况下，他们都死于备受折磨的痛苦之中，就连医生都会心生怜悯。尽管后来证实这些解药并没有什么效果，但人们依然坚定地相信有用，而且这些解药经常看起来很有效的样
64 子——其实病人根本就没有被下毒的可能性更大。当时流行的毒药有砷和锑，医生通常开的灌肠药剂里便有这两种，灌肠通常是大快朵颐之后，用于清除肠道堆积食物的卫生方法。牢骚满腹的妻子们总是喜欢用砷浸渍丈夫的衣服，使得他们染上与梅毒相似的症状，有时候可能会致命，但并不总是如此。然而不管男人死亡与否，他都会名誉扫地。受害者只有在触摸了砷之后，又将手指放入口中的情况下才会丧命。

1676 年，布兰维利耶侯爵夫人，一个温文尔雅又瘦小如鼠的人物因为她干的“一系列好事”被绳之以法。由于社会上的人都认识她，所以这件事引起了巨大的轰动。她下毒害死她的父亲，并且是在折磨他长达八个月之后。在这段时间里，她假装一直尽心尽力地照顾她的父亲。后来，她又故伎重施害死她的两个兄弟，她也试图摆脱她的丈夫。然而，这位丈夫很幸运，夫人的情人兼帮凶不想娶她这样邪恶的人，所以每次侯爵夫人给他下毒，她的情人便会施予他一剂解药，结局是他幸存了下来，但消化系统严重受损。布兰维

利耶夫人还在医院杀害了好多人，她一开始总是很亲切地去拜访他们，然后便在这些人身上试验各种各样的毒药。她对所犯罪行供认不讳，并对此懊悔不已。在遭受了骇人听闻的折磨之后，她也算得到了一个不错的下场——可能并不比她曾经经历的那些更糟糕。整个上流社会都参与了对她的审判和处决，她被斩首然后焚尸。“所以，”赛维涅夫人说道，“现在我们呼吸的空气里弥漫的都是她的骨灰。”她的临终遗言便是，多数贵族只要认为合适，便会像她一样做，但她却是唯一一个受刑之人，这是极不公平的。

拉雷尼接替多布雷成为警察头子，他是个很合适的人选，出类拔萃，腰缠万贯，又彬彬有礼，他正好符合路易十四中意的管理人员的所有要求。国王绝对信任他，将其安排在新设的警察总监一职 65
上。他所处的职位可以令他在法兰西的上流社会左右逢源，而下等群众也完全处在他的掌控之中。他尽可能地不去伤害任何人，他不像大多数警察那样被人憎恨，相反他受人尊敬。在职三十年间，他创造了奇迹，无论是表面上还是道德方面，他将巴黎里里外外清扫得干干净净。他发现一个肮脏的中世纪小镇，一个罪恶的污水池，然后他便将它打理成最井井有条的城市。他袒护乞丐和流浪汉等可怜人，竭尽所能向他们伸出援手。他还给无数被丢弃在教堂和空地的孩子们安排住处，而到彼时为止，这些孩子经常被遗弃在露天环境中，继而死去。《南特敕令》撤销之前，他也保护新教徒免遭天主教邻居的迫害，即使在《南特敕令》撤销之后，他依旧敢于到处奔波将他们从最惨无人道的境遇中解救出来。他是个藏书爱好家，收集整理了希腊和拉丁文手稿。

布兰维利耶案件之前，圣母院的一位神父曾警告过拉雷尼，越来越多的人忏悔他们用毒药谋杀他人。尽管这位神父没有透露任何人的名字，他在揭露告解室的秘密之前依然犹豫不决。但这种状况令他忧心忡忡——这件事一直压在他的心头。拉雷尼试图扒出更多，但一切都徒劳无功。布兰维利耶的遗言似乎也证实了神父所告诉他的一切，他开始怀疑那些邪恶之事正在蔓延。他逮捕了一两个嫌疑犯，但依然没有取得任何进展，直到一位年轻的律师偶然与某位名叫维古勒的夫人共进晚宴。从未有人解释过为什么这样受人尊敬的男人会和这样的人在一起——即使是在蜻蜓点水的交情之下，也该知道这位维古勒夫人就是地球上的渣滓，这是再明显不过的。宴会上的一名女士博斯夫人喝醉了酒，端着她的杯子，突然说道：“这生意真不错！多大方的顾客！公爵夫人和王公们啊！只要再卖
66 三次毒药，我就发了——那样我就可以退休了。”如果律师没有看到女主人脸上惊恐的表情，他可能以为她在开玩笑。他带着这个有趣的故事去找拉雷尼：将信鸽送到博斯夫人那里，便可以轻易得到一瓶毒药来打发残忍的丈夫。博斯夫人、维古勒夫人，还有维古勒夫人的儿子和两个女儿都在睡觉时被捕——他们全在同一张床上，后被送往万塞讷的监狱。

潘多拉的盒子被打开。维古勒和博斯都是多嘴饶舌之人，她们急切地想尽一切可能帮助警察。她们说自己是算命师，巴黎大概有四百多人从事这类职业，或者潜伏在宫廷的阴影之下——他们与看守或洗衣女工住在一起，这样方便他们进入国王的各种住所。当问及这些人的姓名时，她们很轻易便罗列出一大堆，其中就有拉瓦赞

夫人。她们说她加入她们一起试验化学物质。她们有个客户普拉永夫人，她经常来找她们算命。这两个名字足以警告拉雷尼，他现在正在从事一项复杂而险恶的事业，这可能会让人陷入尴尬的境地。大家都认识拉瓦赞夫人，和她那一堆地位很高的客户。漂亮的普拉永夫人来自高贵的博尔德莱家族，她被年老却富有的丈夫关在修道院里，因为他怀疑她用好几种不同的方式谋杀他。

拉雷尼告诉了卢夫瓦他调查的来龙去脉，卢夫瓦即刻觐见国王。他们三个开了个商讨会。最后他们决定最好不要通过高等法院（最高司法会议）来解决这件事，原因有两点。第一点，越少人知
道越好。第二点，虽然高等法院准备以极其严谨的态度来对待全体 67
公民，但最近却表现出不愿惩罚人们，尤其是上层社会的妇女。如果下毒的手法真的如拉雷尼开始认为的那样，在巴黎如此普遍的话，那么它就必须被消灭掉，不管贵族需要付出多大的代价——无论是拥有大量土地的古老门第中的佩剑贵族，还是高等法院官员们所属的穿袍贵族（通常是法官）。自从法国人认为金钱比血统更重要起，这两个阶级也已经通婚——老派人物对此极不赞成，于是他们开始不可避免地融合。上流社会很小，极少人属于与高等法院没有任何联系的那一类。因此一个名叫火焰法庭的特殊法庭在未来的首席大法官，即受人尊敬的布舍拉先生的主持下成立了。他挑选出那些乐于帮助他的法官，其中包括大名鼎鼎的布勒特伊和多麦颂家族成员。

1679 年 4 月 10 日，火焰法庭官员们聚集在一起。他们决定秘密工作，以防歹毒的作案细节和毒药制作过程泄露出去。根据流

程，凡是拉雷尼认为有嫌疑的就立刻被逮捕起来，审问结果提交给检察长。将由他来决定他们是否需要与其他被告当面对质——如果需要的话，将会拟写详细的对质报告呈交给法庭的法官，然后由法官裁定释放或是继续审问嫌疑犯。如果是后者的话，审问结束之后，结果将会再次移交给法官，由他决定宣布无罪释放，或是继续观察。那些没有被宣布无罪的人将会在酷刑下再次受审，听审结束后，法官将会做出判决，并提出最终审判结果，再无任何上诉的机会。不难想象，高等法院对这项决定十分不满。然而，国王却对高等法院院长的抱怨置若罔闻。他可能是对的。实际情况是，正如我们所看到的那样，很少有罪犯受到审判，但这并不是火焰法庭的过错。

火焰法庭一刻不停便开始着手工作。官员们搜查了博斯的房
68 子，发现大量的砷、斑蝥粉、指甲屑，还有淡水螯虾粉以及一些其他的东西，实在是太过邪恶，不便在此赘述（应该是春药）。拉瓦赞夫人被捕入狱，随后开始受审。她说她自 9 岁发现自己有预测未来的能力开始，就是个人畜无害的算命师。她还建议警察把注意力集中在像博斯这样真正的罪犯身上。这两个女人当面对质的时候，博斯却说拉瓦赞毒杀亲夫，还毒害了德勒夫人和勒费隆夫人的丈夫。简直耸人听闻！德勒夫人正是法官多麦颂的表亲，而勒费隆夫人是一位高等法院庭长的遗孀，现在嫁给了曾经的情夫。据博斯说，德勒夫人疯狂地爱上了黎塞留侯爵，试图毒死德勒，还有黎塞留的妻子和他的一众情人。她、普拉永夫人还有勒费隆夫人都遭到逮捕，并被遣送到万塞讷监狱，与其他囚犯待在一起，这在巴黎资

Nancy Mitford
The Sun King
Louis XIV at Versailles

Nancy Mitford
The Sun King
Louis XIV at Versailles

产阶级之中引起了恐慌。

每天的审讯中出现了越来越多有趣的名字：鲁尔伯爵夫人，波利尼亚克子爵夫人，昂古莱姆公爵夫人，维特里公爵夫人，丹格里女亲王，格拉蒙伯爵夫人，塞萨克伯爵，克莱蒙伯爵。最令人瞠目结舌的是，女巫们居然提到蒙特斯潘夫人的女仆石竹小姐，据说她还为国王生下一个孩子。还提到维沃纳公爵夫人，即阿泰纳伊斯的嫂子，并且包括国王亲密圈子中的两名成员，马扎然的外甥女玛丽-安娜（即布永公爵夫人）和奥兰普（即苏瓦松伯爵夫人）。苏瓦松一家是法国（波旁—孔代）和萨伏依王室的成员——唯一还活 69
着的苏瓦松伯爵在战斗中被杀害，他的妹妹承袭爵位。她嫁入萨伏依家族，儿子娶了奥兰普·曼奇尼。这个家族的首领在宫廷里被称为伯爵先生。现在的伯爵夫人也曾是国王的旧情人。她是个知识分子，还举办过一个沙龙，在他年轻的时候，她不遗余力来开化他，鼓励他提高对艺术的品位，教会他礼貌。他们仍然保持着这种关系，类似于爱情的亲密，人们甚至怀疑这段恋情从未结束过。苏瓦松伯爵夫人有个年幼的儿子欧根亲王，他是个名副其实的大坏蛋。他从未进过宫，总是和一群年轻的无赖住在一起，他们有一半的时间都乔装打扮成女人。

尽管万塞讷监狱里的囚犯们提到的所有上层社会的成员都是国王的朋友，他依然坚定地告诉法庭继续进行调查。他说，必须阻止毒药的蔓延。拉瓦赞的审讯结束之后，拉雷尼觉得毛骨悚然，他说，他已经对人性失去所有信心。“人们的生命正在作为日常讨价还价的出售品。当一个家庭陷入困境时，谋杀是唯一的出路。令人极端厌恶的事情正在各地上演——无论是在巴黎，在郊区还是在外省。”无论是巴黎漫天飞舞的谣言，还是从法庭里的熟人那里听来的谣言，所有知道的人无不感到震惊。比西-拉比汀（Bussy-Rabutin）[1]的一位朋友写信给他：“尽管我过着世俗的生活，但我依旧无法克服您告诉我的那些事所带给我的恐惧。”

拉瓦赞的其他罪行中，似乎还包括施行过两千次堕胎手术，帮忙处理了许多不想要的婴儿。那些从贫穷落后的地方绑架而来的活生生的孩子被献祭给魔鬼（事实上，最近警察多次登记孩子失踪案件）。因为害怕发生些什么，拉瓦赞的女儿只得将孩子藏匿起来。拉瓦赞供认了很多名字，但即使是在酷刑的折磨下，她自始至终未曾说出蒙特斯潘夫人。这种遗漏有两种解释。蒙特斯潘夫人只不过卷入无伤大雅的法术，再无其他伤天害理之事，或者是因为那些甚至只是企图谋害国王的人都死得惨不忍睹，这一点令拉瓦赞诚惶诚恐，于是她并不想与任何和他如此亲近的人有丝毫牵连。

70 三个女巫，拉瓦赞、博斯和维古勒被判处死刑。维古勒死于酷刑，而另外两个熬过了酷刑，最后被活生生地烧死了。普拉永夫人、德勒和勒费隆逃过了一劫，但这并不是没有代价的，这些漂亮的女士被发往低地国家的修道院终生忏悔。事实证明，当涉及自己的手足和亲属时，火焰法庭只会像高等法院一样软弱无能。

拉雷尼的调查已经大约持续一年时间，当时（1680 年），一颗真正的重磅炸弹在宫里爆炸。令人难以相信的消息传出，苏瓦松伯

---

[1] 比西-拉比汀（1618—1693），法国传记作家，塞维涅夫人的堂亲。

爵夫人收到逮捕令，因谋杀其丈夫而锒铛入狱。布永公爵夫人则谋杀了一名随从，因为随从获悉她的婚外情，她甚至意欲毒死自己的丈夫。达吕伊侯爵夫人毒死了自己的公公。丹格里女亲王——王后的随侍之一，据说扼杀了自己的孩子。气场强大又极受欢迎的卢森堡元帅以及其他几个人都犯有类似的罪行。警察找上门来，苏瓦松伯爵夫人却无迹可寻。国王也鬼使神差地给她捎去口信，告诉她可以选择去巴士底狱受审，或者永生永世流亡国外。她毫不迟疑，带着达吕伊夫人一起逃往布鲁塞尔。她在国外的土地上是安全的，于是她开始讨价还价。她说，如果不需要在监狱里等待就可以立即进行审判，她便回来。国王说，她必须像其他人一样收监关押，他无法保证收押时间。她再也不曾在法国露面，毫无疑问她是因为做贼心虚。国王告诉她的婆婆，因为让她逍遥法外，他要向上帝和他的子民有所交代。拉雷尼名单上的另外两个人，塞萨克先生和波利尼亚克夫人也成功逃脱，而其他人则被逮捕。

审判极具戏剧性。布永公爵夫人到达法庭的时候，活泼可爱，面色红润，还露出微笑，被一堆崇拜的人簇拥着，她和她的丈夫还有情人旺多姆公爵——国王的堂亲——手牵手，据说她为了这个男 71
人，企图谋杀她的丈夫。布永公爵十分崇拜倾慕他的妻子。他的兄弟们总是规劝他将她关押起来，她的风流韵事已经是尽人皆知的丑闻。但他说只要她能分一点点爱给他，他便一点也不介意。她坦率地承认，她和旺多姆经常一起去拉瓦赞夫人那儿，“和女巫们碰面”。法官表明她企图谋杀布永的时候，她大笑并说道：“问他！”布舍拉问她是否见到魔鬼，如果见到了，他长什么样子。她回答道："矮小，黝黑，还奇丑无比，就像您一样。"法庭并没有搜集到对她不利的证据，于是她被无罪释放。后来，她又发明了很多俏皮话，她用这些话来诋毁法官，还将这些句子悄悄地印给她的朋友们。国王无法忍受这些胡言乱语，便以藐视法庭的罪行将她驱逐出境，她那些有趣的俏皮话着实令她在外省受了几年苦。

卢森堡元帅的审判长达十四个月。他并不是被指控下毒，而是使用法术，以此来摆脱他想娶的寡妇的监护人；引发他妻子的死亡；让他兄弟的妻子丹格里女亲王爱上他，并给他更多的土地。他不是个聪明的证人，总是喋喋不休，但最后，每一场指控中，他都被宣告无罪——他的秘书则被送进监狱。随后，卢森堡去乡村休养一个星期。他回宫之后，国王绝口不提审判之事。他给卢森堡元帅下达命令，必须为法国赢得巨大的战争胜利。

其他牵涉其中的上流人士也被无罪释放。他们都非常坦率地承认曾是拉瓦赞的顾客，但没有任何证据表明他们就是投毒犯——万
72 塞讷监狱里那些残忍的罪犯们并不能说就是完全可靠的证人。不受欢迎的火焰法庭总是受到社会上的奚落和嘲笑。

巴黎有一种传闻甚嚣尘上，那就是国王想要彻底整饬道德风尚，并禁止鸡奸，这是一种他极端憎恶的恶习，可以依法处以火刑。他统治期间，好几次濒临采取措施反对它，但是他的顾问曾指出这样做似乎有难度，因为不管怎样，最后的指向都是王弟。毕竟这个小个子男人，在宫廷和营地，还有巴黎最底层的世界里，用他的胭脂、香水以及送给男孩们的钻石胸针为其他与他一样的人提供了极好的保护。举国上下弥漫着一种提心吊胆的气氛，此时很多

人，不仅仅是变态分子，都辗转反侧，夜不能寐。伟大的拉辛也是嫌疑犯之一。他过去是拉瓦赞的顾客之一，而他的情人也突然暴毙（或许是流产）。有关他的逮捕令也只是一纸文书，未曾付诸实施。

突然，整个调查轰然坍塌。其中缘由便是那些一起在万塞讷监狱关押了好几个月的下等罪犯开始供出蒙特斯潘夫人的名字。拉瓦赞夫人死后，她的同谋，包括一百五十名算命师、绑架犯、炼金术士、假钞犯、解除了神职的神父、非法为他人堕胎者、贩卖毒品和春药的商人，以及其他下层社会的可憎罪犯都被捕了。其中有个名叫勒萨热的男人，被拉瓦赞的一位有权势的朋友从监狱中捞了出来。卢夫瓦的做法与拉雷尼的建议大相径庭：只要勒萨热坦白一切，他便给他自由，他也的确如实做了交代。他是第一个将蒙特斯潘夫人卷进来的人，他说他知道在圣日耳曼时，拉瓦赞给蒙特斯潘夫人送过药。第二次她的名字是从菲拉特夫人的嘴里说出来的，她在酷刑之下说出蒙特斯潘夫人过去经常购买春药和其他药丸，但是酷刑结束之后，她又开始反悔她之前所说内容。然后，似乎是得到心照不宣的许可，囚犯们对蒙特斯潘夫人的指控开始涌现。他们列举大量的事实来证实，在宫里或者在克拉尼，经常能够看见拉瓦赞 73
与阿泰纳伊斯碰面。这两个女人总是密谋各种阴暗歹毒的事情。多年来，阿泰纳伊斯一直给国王吃春药，做黑弥撒。拉瓦赞夫人还想再推荐两个好办法的时候，蒙特斯潘夫人应该是说了她实在是没时间了，这给指控增加了一丝逼真的效果，人们甚至可以听到她颤抖的尖嗓音。因此在她缺席的时候，有其他人代替她出席参加献祭婴儿的过程。指控变得愈发令人毛骨悚然。传言拉瓦赞被逮捕的那天，她还向国王递交了一份有毒的请愿书，据说她还赠送给丰唐热小姐一双有毒的手套。

拉雷尼陷入窘境，他不得不向国王禀报事态的发展，在这之后，由国王主持的大臣会议一直持续了好几天，试图想出一种权宜之计。蒙特斯潘夫人就像是路易的第二个妻子，她是他最疼爱的孩子的母亲，尽管她很讨人嫌，但他仍然喜欢她，她还住在他的房子里。让她上法庭受审是绝不可能的事情。如果她这样做了，即使她是无辜的，也会被永久地打上谋杀犯和黑魔法师的烙印。如果有关春药的故事在巴黎流传开来也不会是什么令人愉快的事情。因此，他说调查整个案件的官员必须停手，现存的档案也必须烧掉，这一决议得到大臣们的支持。只有拉雷尼一个人站出来反对这个决定，他的理由是，在法国，下毒必须被禁止，而且，现在这个节骨眼上停止法庭仲裁是不公平的。“相同的罪行却处以不同的惩罚将会玷污国王的声誉，也会损害他的公正形象。”此外，如果销毁档案，那其中可以宣告某些囚犯无罪的证词也会丢失。国王表示，只要与蒙特斯潘夫人有关的证据都被压制，那么审判就可以继续进行。但
74 这样的证据在档案中随处可见，这样的要求只会是对正义的嘲弄。拉雷尼随后表示在这种情况下，他们只有一条出路。可以用带有国王封印的密札——一封由国王盖上印章的信件，里面点到那些不需要审判的人的名字——来对付所有的囚犯。这意味着一百四十七名罪犯——他们中的大多数被指控犯下滔天大罪，或可能被判处有罪，将遭受酷刑，然后被烧死——将逃过所有的惩罚（监禁除外）。还有那些可能清白无辜的人，将没有办法证明，只能终身监禁。吉

堡，假冒是被解除了神职的神父，他曾帮蒙特斯潘夫人做黑弥撒，还用亵渎神物的祈祷来助她一臂之力；特里亚农，可恶的投毒犯；沙普兰，教会菲拉特她那可怕的手艺（堕胎）；还有加莱。他们这些人都从这令人意想不到的运气中受益匪浅。如果拉瓦赞、博斯和维古勒还没死，她们也将逃过一劫。不过，似乎也没有其他的解决办法。

火焰法庭于1682年关闭。判决的最终结果是：三十六人在刑讯逼供之后处以火刑；四人被收关监狱；三十六人被驱逐出境或者被释放（大多数是上流人士）；还有三十人宣告无罪。所有其他异常幸运，得益于密札的人被终生捆绑在法国各地的地牢里，孤独地囚禁起来了。如果他们与狱卒交谈，就会受到鞭打——蒙特斯潘夫人的名讳也绝对不能在法国监狱里胡乱散播。三十七年之后，其中一些人依然在世。

“毒药事件”导致了各种各样的后果，其中最为严重的便是国王对苏瓦松伯爵夫人奥兰普大发雷霆，拒绝让欧根亲王加入法国军队。在国王看来，这个正瞪着他的男孩对他毫无用处，就像是一只傲慢的公麻雀。他怀疑他是个鸡奸犯。无论如何，他声名狼藉这一点毫无疑问是公正的评价。但由于欧根是国王的亲戚，还是一位如
此亲密的朋友的孩子，如果苏瓦松夫人当面支持她的儿子，那国王 75
便很难拒绝。事实证明，将欧根扔到敌人的阵营里是路易十四这辈子最大的错误之一。科尔贝的威信也受到毒药事件的影响，所有牵涉其中的上流人士，包括蒙特斯潘夫人，都是他特别亲密的朋友。他过度劳累，疲惫不堪，还郁郁寡欢，1683年逝世。尽管采取了预

防措施，整个案件依然引发广泛的热议（实际上，法国人有一段时间不再谈论其他的任何问题），人们对毒药的怀疑比以往任何时候都要严重，所有的离奇死亡都归结到毒药。然而，好的结果是：从此（1682 年 8 月 31 日）以后，在法国，毒药的销售被严格地管控。禁止开设私人实验室，所有秘术和迷信的做法也被禁止。

至于蒙特斯潘夫人——她有罪吗？乔治·蒙格雷迪安先生撰写的有关毒药事件的书籍是迄今为止最好的（前文所描述的大部分事实，就像冰山可见的那一部分，都是笔者厚颜无耻地从他的书中挑选收集来的）。对于那些刑事指控，诸如试图毒害国王和丰唐热小姐，纵容黑弥撒期间献祭婴儿的做法，他认为她是无辜的。总体来说，拉雷尼似乎就是这样认为的，熟识她的国王和曼特农夫人当然也这样认为。针对她的那些证人都是最卑鄙的男人和女人，他们在万塞讷的时候曾被不明智地放在一起，极有可能结成同盟，一起控告她。他们觉得如果她也被控诉牵涉其中，那么他们就永远不会再受到审判了——事实也正是如此。蒙格雷迪安先生还指出，蒙特斯潘夫人从未获得机会为自己辩解。但毫无疑问，她确实玩过火了。所有吵着闹着指控她的囚犯和解除了神职的神父都表明他们和她的女仆石竹小姐有来往。在拉雷尼的审问下，石竹小姐否认见过他们，并要求与他们当面对质。然而，拉雷尼将她带到万塞讷之后，
76 他们所有人仓皇失措，认出她并叫出她的名字。尽管没有对她做出任何处决，她依然生活在受人怀疑的氤氲之下。阿泰纳伊斯肯定尝试过法术，显而易见，取得了不错的效果。国王至今仍然记得可怕的头疼，现在他明了她一直在喂加莱的药丸给他吃。

这一切都糟糕透顶，但还不至于构成犯罪。她很幸运，因为国王发现自己很容易原谅女人，即那些他认为迷人、不负责任又低劣的生物。蒙特斯潘夫人不仅仅是他孩子的母亲，也是他的宫廷装饰品。她令那些大使们眼花缭乱。她心情好的时候，就会逗他开心。他将所有与这件事有关的案宗都烧毁了，却未曾意识到拉雷尼的笔记一直保存在警察的档案中（直到现在，它们还保存在国家图书馆）。他将所有的事情都抛之脑后。他很可能已经想到，如果阿泰纳伊斯是个投毒者，她的竞争对手中至少有一个会离奇死亡或者得怪病。她可能早就毒死曼特农夫人了，她可是打心眼里憎恨她。的确如此，曼特农夫人给好友写信，开玩笑说：“我刚刚去了克拉尼，拿侬认为这危险至极。”国王相信阿泰纳伊斯的清白，证据就是他让她在凡尔赛宫又待了十年。没有什么能够比把她送到修道院更加容易，这是情妇们被抛弃后的一贯命运。历史学家们将他们爱情的终结归咎于她牵涉到毒药事件，但他们并没有可靠的证据。大约在拉瓦赞被逮捕的一年前，自图卢兹伯爵诞生之后，他便彻底心灰意冷。伏尔泰对人性了如指掌，他将整件事简而言之：“国王因为与已婚妇女纠缠不清而感到良心不安，当他不再爱她的时候，他的良心开始加倍地谴责自己。”

可怜的小丰唐热的日子很快就到头了，阿泰纳伊斯认为她太过 77
愚蠢，不可能在他对她身体的欲望消退之后，还能抓住一个只喜欢聪明人的男人的心，她是正确的。这发生得比想象中更快，因为她生了病。他们在一起一年之后，她生下一个孩子，但是不幸夭折。她被医生折腾不休，失血过多。她变得羸弱不堪，多愁善感，还一直哭哭啼啼。国王一向最受不了病人，于是将她送去修道院，任命她的姐妹担任这所修道院的院长。她并未带走任何东西，除了一点点威尼斯抽纱，用来纪念她过去数月的荣耀。国王在附近打猎的时候，顺便来看过她，当他看到了自己对她所做的一切，不禁潸然泪下。在那不久之后，1681 年 3 月，她黯然离世，临终她说她很高兴离去，因为她看到国王为她流泪。她年仅 20 岁。或许关于毒药的谣言也传到了修道院，因为她的姐妹要求必须验尸，尽管国王并不着急，但最后还是由七位医生进行尸体解剖。结果表明她是自然死亡：她的肝脏被感染，肺部情况也很恶劣，但肠胃和子宫都很健康。医生说她是死于失血过多引起的肺炎。她是最后一个出自王弟夫人“苗圃”的国王情妇。

7

富人城

A City of the Rich

这座富人城富丽堂皇，金碧辉煌，但它将没有力量，没有可靠的根基……这座浮华的城，无需外敌，就会被它的富裕所摧毁，以自己的方式轰然坍塌。

——波舒哀

虽然上一章节所描述的事情正在悄然发生，国王表面上依然冷静沉着，不慌不忙地乔迁新居。1682 年 5 月 6 日，他颁布官方通告，宣布从现在起，凡尔赛正式成为法国政府所在地，他到达这里的时候，随行的有他的家人、大臣以及宫廷全体成员，场面甚是壮观。法兰西宫廷一直都停留在这个乡村里。预料已久的打击已然袭来，整个上流社会倍感沮丧。然而，并不是所有的抨击都草率无用。显而易见是出于行政原因，数年来科尔贝一直劝谏国王停止这个项目。波舒哀曾说，这座富人城无需外敌——它正在孕育自我毁灭的萌芽。凡尔赛宫的确是一座城市，也是勒·柯布西耶日后设计独立单元时的参考模板。

房子还远远没有准备好，但是国王认为除非他先入住，否则他永远不会下令让工人们停工。由于他一直在扩建修葺，所以他大概一直未曾看到凡尔赛宫没有任何脚手架的模样。他也一直在给勒沃的外观设计规划增加新的要求。勒沃 1670 年逝世，此后几年，他的工作一直由下属打理，直到 1679 年，芒萨尔因建造克拉尼的府
79 邸名声大噪，成为国王的御用建筑师，并接替了凡尔赛宫的修建工作。现在他完成了镜厅，此前这里是勒沃建造的一楼露台——为了迎合国王想让接见室更加宽敞的要求，门面的比例也不得不有所牺牲。然而，失之东隅，收之桑榆，里面的设计为外观的牺牲做出了弥补，现在，这条走廊依旧是西方世界美景之一。竣工之后不久，人们在夜里观赏就会发现绘画和镀金焕然一新，成千上万支蜡烛在枝形吊灯和大枝形烛台上熠熠发光，里面随处摆放着纯银的支架，还有橘树盆栽，俊男靓女摩肩接踵，他们身着绸缎或蕾丝，上面有刺绣，有的还加绣，甚至有的刺绣用的是真的金线，他们戴着金银珠宝，这里看上去一定就像阿拉丁的洞穴或者是其他东方寓言故事的场景地。白天的镜厅却扮演着不一样的角色，它充当着富人城的主街道和集市所在地。房间里挤满了人，仆人们匆匆忙忙，跑前跑后传达信息，朝臣们互相勾搭闲聊，或者以最快的速度冲刺，从上一场宴会奔赴下一场。奶牛和驴子也备好，为小王子们提供鲜奶——有时候，所有这些都得靠边儿站，为王室轿辇让出路来，就

好像在现代化的首都里，人们得等部长的轿车先行通过。这里也可以看到外国游客和旅行者，很容易通过他们奇怪的服装、漫无目的的步态以及东张西望还充满惊奇的眼神将他们辨认出来。与现在相比，那时的凡尔赛宫对外开放的程度更高，任何人都可以随时漫步其中。外面等候的马车很少低于 200 辆，那块区域相当于现在的停车场。几乎没有任何房间禁止普通公民的出入，但如果有人意外迷路闯进了某个房间，就会有仆人悄悄地跟随他，假装去放下窗帘或添点儿柴火，并小声地指出他的错误，以免他感到羞辱。凡尔赛宫的国王们，几乎没有士兵防卫，他们永远生活在人群中。一百年里，只萌生过一次行刺企图，刺客还不是全心全意的。

勒沃所建宫殿正面的两翼也已竣工。通往南面的宫殿住着血亲 80
王子，国王的私生子女以及他们的家眷。里面有十五间套房，还有另外十四间在阁楼上，充当贮藏室和办公间。在这座王子偏殿和小镇之间坐落着一栋建筑（现在是军事医院），里面有厨房、食品储藏室以及一千五百名仆人的宿舍。马厩则正在修建之中，它完美地将宫殿嵌入小镇。这里面喂养着国王的马匹，御马监和男侍从也住在这里，这儿某种程度上还是贵族子弟的学校。这些侍从常常不受约束，一百年来一直困扰着凡尔赛的资产阶级们。马厩、狗舍以及狩猎的其他附属房屋所占场地比各部的住宿空间还要大。1701 年，凡尔赛有六群猎犬，总共五百对，它们有的是属于国王的，还有的属于他的儿子们（王太子、曼恩公爵、图卢兹伯爵）以及他的堂亲波旁公爵——他们狩猎成年牡鹿、野猪和狼。国王总是养几只猎犬在他自己房间里，亲自喂食给它们吃，这样它们就会知道：他才是它们的主人。他对喂养猎犬的工作更感兴趣，远远超过外出狩猎。

成百上千的朝臣挤满北翼的贵族宫殿。这里的走廊如同迷宫一般，陌生人时常因在这里迷路而倍感绝望。人们可以在这里生活数年，其他人甚至早已忘却他们的存在。王弟夫人曾经需要一名女侍，要求必须是单身的公爵夫人，要么是寡妇，要么是被丈夫抛弃了。似乎并不存在这样一位悲伤的公爵夫人符合要求，直到有人想起布朗卡夫人，与残暴不仁且挥霍无度的公爵分开后，她在贵族宫殿的阁楼里差点饿死过去。王弟夫人甚是喜爱她，委以重任，还以礼相待，朝臣们也纷纷效仿，此后，她便过上了幸福的生活。

将人们从宫殿的一个地方送往另一个位置的轿辇隶属于一家商号，就像计程车那样。除了王室以外，其他人都不允许有自己的轿
81 辇。它们除了可以进入卫兵室，严禁深入宫殿中国王居住的那一片，它们也不允许进入大理石庭院。它们在贵族北翼造成了严重的交通拥堵。其中有一条长廊名为诺瓦耶通道，整条长廊一直延伸到那间套房，里面住着强权在握却极不受欢迎的家庭。像他们一样的人生活得光鲜亮丽，但等级稍微低一点的人都绝不会说他们住的地方很好很舒适——很多情况下，他们的房间都被分割成小单元，有的甚至没有窗户，或者被拆分成为沉闷的格子间。尽管如此，在宫中的住处，无论多么肮脏，都比其他任何东西更受追捧，因为这是生活中成功的标志。那些家有余财之人在凡尔赛镇拥有别墅或者公寓，而那些非常富有之人则自己在凡尔赛宫周围建造住所。法兰西岛仍然四处散布着那些漂亮别墅，它们建于国王们在凡尔赛时，尽管很大一部分在法国大革命期间消失了，还有一部分则被德国人

摧毁。

贵族中那些较为贫穷的常常被凡尔赛宫的生活毁掉。这里的一切都贵不可言，但排场却不得不讲。国王喜欢看到他的朝臣们穿戴漂亮齐整再出场——那时，优雅的服饰常常要花费一大笔钱财，但所幸时尚变化缓慢，他们可以穿上好几年。在一些特殊的场合，例如王室婚礼，他会让大家都知晓，他希望每个人都穿上新衣服。于是，他们便会争相挑选裁缝、服装师和绣工，为了请到他们，朝臣们恬不知耻地贿赂他们。最好的刺绣是由男人完成的，而且工艺大师埃尔米诺先生和德洛贝尔兄弟在卢浮宫拥有优雅和舒适的住所。人们一旦觉得无法再支付宫里昂贵的开销的时候，他们便转而向国王寻求有利可图的闲职，甚至现金充当的礼物。这些好处通常是通过情妇来获得，而这些情妇反过来，又可以从中大捞一笔。国王一点也不介意臣子们以这种方式纠缠不休，因为这些人此后便在他的
掌控之中。无论如何，靠智慧生活的朝臣毕竟是少数。大部分都是 82
正派得体、野心勃勃的人，他们渴望参军，这样的欲望驱使他们来到凡尔赛，他们也想为他们的子女找到合适的配偶，当然还包含那份对上流社会本能的热爱。

有人认为聚集在凡尔赛宫的贵族只是数百名闲散人士，认为他们无所事事，只会八卦闲聊，参加聚会，外出狩猎，聚众赌博，时不时交媾，但这些人忘记了那里那些身强力壮的卫兵都是现役军人。的确，他们冬天过着极其惬意的生活，但只要白昼逐渐拉长，他们就又骑马奔赴前线，勇敢地战斗搏杀，拼命建立军功，那气势豪迈万千。女人、老人以及那些国王认为不合适上战场接受军队指

令的人则留在了凡尔赛宫。事实上，凡尔赛宫就是一个总指挥部，而且凡尔赛镇就跟其他任何驻兵城镇一样，军营随处可见。整个宫廷也是严格军事化运作，国王本人也是非常守时，作息极有规律，据说，无论在世界哪个角落，只要有手表，就能清楚地知道他在某一时刻正在做什么。铁打不动的纪律，虽然看上去有些荒唐，但如果想要两千人到五千人聚集在一起并和谐地生活在同一屋檐下，那便必不可少。作为总司令，他总是喜欢能看到官员的一举一动。他将国家的安全托付于这些人，他希望观察他们的行为，去了解他们，也让他们更了解自己。很多官员在战争中失去胳膊、腿或是眼睛，但所幸还能够活着，毕竟那时只要遭受严重的伤残，总是会引发败血症，在极度痛苦中死去。

比较确切的说法便是那时的战争都是以非常文明的方式进行的。首先，从未有人想过在冬天开炮。大多数的行动都是围攻：工程师沃邦，后来受封为法国元帅，就是他将修建堡垒、加强城镇防御能力的措施变成一种精细工艺。只要有新的城镇落入法国手中，
83 沃邦就会着手重新设计防御墙，竣工之后必然无懈可击。他的防御工事一向是所向无敌，又带有一丝恢宏气势。国王想要与波特兰勋爵交好的时候，就会让他前去查看“我们坐落于北方的美丽富强之地”。

1667 年，路易十四围攻里尔，敌方指挥官布鲁埃伯爵率军抵御，他听说法方没有冰块，所以他每天早上都会命人送一些给国王。不久，国王便要求呈送的官员前来觐见，并告诉他还可以多送一点（夏天的时候凡尔赛宫的官员每天需要五磅冰块）。布鲁埃写

信回去说道，围攻可能还要持续数月，因为他不愿意国王在没有冰块的情况下迎战，他自己也在节省用量。在场的沙罗特公爵大喊道：“是的，告诉布鲁埃不要像杜埃的军政长官那样轻易投降。”国王大笑着说道：“沙罗特公爵，您疯了吗?”“不，陛下，我只是在为家族荣誉考虑——布鲁埃是我的表亲。”

但是，即使有这些温和友好的一面，战争依然是残酷血腥的，无数的家庭在战争中被消灭摧毁。圣阿布先生和他的儿子躺在一起，两人都在战场上殒命，临终前他写信给国王：“陛下，我和我的儿子都在同一场战争中丧命。按照规则，这一切该结束了，我相信我们两个都会让陛下满意。”1672 年，孔代成功在敌人的炮火下穿越莱茵河的消息传达宫内，但超过半数的金色青年（jeunesse dorée）在那次战斗中溺死或被击毙。宫里的人们见证了令人悲痛欲绝的场景，没有人会忘却。

国王被人们视为全能的领袖。教堂里，他敬拜上帝，而宫里的人则背对祭坛敬拜他。他们敬奉他为神，为父，为情人——情人的成分更多。国王两天没看望某个人。这很糟糕，但也许是因为外部因素——如果两天延长到了八天，那一定是发生了可怕的事情。这个人可能会要求面圣，希望找出出错的原因（尽管这个人早已心知
肚明）。如果爆发了争吵，情人通常会懊悔不已，抱紧国王的膝盖。 84
国王每天都会用半睁半闭的眼睛打量成百上千的人，他对这些人了如指掌。他对他们的家谱也是一清二楚。缺席者总是能一眼被发现，逃席和未经允许就擅自离宫是最不明智的做法，获得许可对于那些想要回去看看自己庄园的人是轻而易举的，但对于那些想在巴

黎寻欢作乐两三天的人来说就不那么容易了。他讨厌朝臣百官去巴黎。为了让他们留在凡尔赛，他持续不断地安排娱乐活动，让他们自娱自乐，而缺席者通常会被判处社会性死亡[1]。遇上自己家中的事儿，包括产子、结婚甚至是喜丧，国王都会宴请群臣，在纪念这些时刻的宴会上，朝臣百官都会参与其中。日常宴会，国王的起床礼、就寝礼以及脱靴礼（通常在狩猎之后换下），他的晚餐（总是在公众场合），还有教堂祈祷行进（这会花费大量时间），然后是请愿，所有这些行程将大贵族们禁锢、束缚着，外面那些想要报答朝廷的人也会被允许在场。住在巴黎的外国大使每周都会前来觐见他，他们脚踩过的漂亮楼梯，后来被路易十五拆毁。

1682 年，国王在凡尔赛宫的一天日程如下：8 点到 9 点，起床，血亲王子和指定官员守候在旁边，然后举行一堆仪式。梳洗打扮之后，他径直走到卧室旁边的房间里和大臣们一起工作。他们人数极少，最多不超过三四个。这是为了防止信息的泄露，就连血亲王子也被排除在外。王弟只被允许参加每隔一周举行的不那么重要的会议。王太子则被排除在外。12 点 30 分，国王和王后还有整个宫廷一起去临时教堂做弥撒。这通常要花一个小时，结束之后他会
85 去看望阿泰纳伊斯，一直到下午两点吃饭之前都和她待在一起。他与王后一起共进午餐，餐桌上有四种不同口味的汤，一整只雏鸡，还有一整只鹧鸪或是母鸡、鸭子（根据当下时令野味或家禽决定），里面塞满菌菇，一大碟沙拉，另外有一些羊肉、两片火腿，一盘油

[1] 社会性死亡，指和社会脱节，被其他人排斥孤立。

酥面团，另外有新鲜水果、蜜饯和果酱。他的胃口总是令旁人大为震惊，也着实吓坏了医生。曼特农夫人说如果她吃他所吃的一半，一个星期后她就会升天（在他的尸检中，人们发现他的肠胃是常人的两倍大）。

要外出狩猎的日子，他要么会早早地听弥撒，然后再出去，要么午饭之后，再去打猎，一直打到日落的时候。他夏天狩猎的时间比冬天多得多，天气暖和，他便几乎整天待在户外。回来之后，他就去找曼特农夫人，随着日子的推移，他和她待在一起的时间越来越久。大约 10 点 30 分时，他和王后一起进餐，然后回到阿泰纳伊斯那里，待到午夜甚至更迟，不过图卢兹伯爵出生后，他就再也没有和她单独待在一起过。如果有“套房活动”，一般是 7 点开始，他会在那儿玩两个小时再去找曼特农夫人。受难节和复活节当天，王室成员会一整天待在教堂里。

描写路易十四一手打造的凡尔赛宫时，避而不谈那些巨大的破坏和改变似乎是不可能的。这地方原本应该挤满了优雅又喧闹的人群，现在却了无生气，这使得它看上去就像是一栋太大而租不出去的别墅，而那些游客和导游就好像是一个个潜在的买家。对这儿了如指掌的管家带人们参观一圈之后，他们就会发现历经岁月，这里面的物质破坏是无法估量的。我们如今看到的不过是它曾经的影子。例如，现在花园里只有三百柱喷泉，相比于路易十四时代的五百柱实在少得多。不久，国王为了支付国防费用，将自己的银制家具都熔化了。但这样做在经济上并不划算：最开始制造这批家具时 86
花费一千万里弗尔，结果只化得三块银子，很多人认为他卖钻石珠宝会更好一点。但他绝不会这样做，他喜欢看着家里的女人总是穿戴得珠光宝气，财政状况越是恶化，越希望她们戴得更多，这样就可以艳压外国旅客和大使。国王还拆除了忒提斯石窟，一个华而不实却鬼斧神工的建筑物，是他早年时期建造的，后来为了给北翼宫殿腾出空间被就地拆除。

尽管路易十五非常珍重他曾祖父的房子——但令那些很感兴趣的人惊讶的是——他并没有完全照原样保留。他为自己的女儿阿代拉伊德夫人设计了一间套房，这儿原本是大使使用的楼梯，他还毁掉了路易十四在大理石庭院的套房，然后按照他的品位重新为他和他的家人设计房间。这些小型套房倒也还算精致，所以他也可以得到原谅，但是他的建筑师加布里埃尔在东面的外观上做了惨不忍睹的增添，要不是资金短缺，必然会引起翻天覆地的变化。玛丽-安托瓦内特也未造成很大的损害，主要也是因为资金不足。但在法国大革命时期，所有的家具陈设都被出售，分散到欧洲的各个角落里，这场公开拍卖会持续了一年之久。更加糟糕透顶的事情悄然而至。路易-菲利普（Louis-Philippe）[1]将宫殿于拆迁的危险边缘中挽救回来，这是他的荣誉所在，但随后实施的行动才是真的惨不忍睹！大多数游客对这座小镇的第一观感便是迷惑，这从加布里埃尔的设计开始，到以下种种景致为止：王家庭院里树立着的那尊可怕的 19 世纪骑马雕像；大理石庭院降低的整体格调，使得路易十三行宫里的大理石柱悬挂在半空；同时，两个庭院之间的栅栏也被拆

[1] 路易-菲利普（1773—1850），法国七月王朝君主，登基时被称为“法国人的国王”，以区别于此前王朝的“法国国王”。

除了。至于宫殿内部，随处可见墨守成规的字母组合“LP”，再也
不是可爱的“Ls”了，这意味着“法国人的国王”结束了古老的
方式。他毁掉了王公和贵族们的套房，他们过去曾为了比较谁装饰
得更美而暗暗较劲。他还摧毁了王太子以及蓬帕杜夫人的房间，拆 87
掉了墙壁，重新修建了一间宽敞但乏味的画廊。另外，他打算在巴
黎建造一座博物馆，以供存放他拆下来的精致木作，但 1848 年革
命之后，很多都被售出。1871 年，在凡尔赛宫驻扎的德意志士兵也
将剩余的部分投掷到炉子里烧个精光。路易-菲利普还在过去的庭
院里放置了一段糟糕透顶的楼梯，使得原本可以凭栏远眺的窗户沦
为摆设。他试图凭借记忆恢复路易十四卧室里的陈设。路易十五和
路易十六满心虔诚地保留了这一切，未作任何改动，路易-菲利普
作为路易十六宫中的小王公，理应对这一切了然于心。但他就好像
没长眼睛一样，结果闹了个大笑话。

8

大太子

The Grand Dauphin

什么都不做是一种巨大的优势，但不应该被滥用。

——里瓦罗尔(Rivarol)[1]

国王开始永久定居凡尔赛宫时，已经四十出头，他也在改变他的生活方式，他很快就当上了爷爷。路易十四有合法继承权的孩子，也是第一个出生的儿子，就是众所周知的大太子（Grand Dauphin），被称为“殿下”。“大”这儿意味着高，和“大孔代”里的“大”并不一样。他看上去更像奥地利大公，而不是法国王子，皮肤白皙，长胖之前英俊潇洒，有一种与生俱来的气质。他的侍从都很崇拜他，但他面对上层阶级总是很害羞，因此并不怎么出名，也

---

[1] 里瓦罗尔（1753—1801），法国大革命时期保王派作家、翻译家。

很少受到他们的赞赏。熬过了可怕的童年时代，这位大太子过上了有史以来人类最惬意的生活。尽管，一逃脱他那可怕的老师们，他便没有再打开过书本，除了看看公报上刊登的诞生公告或讣告，也没有阅读过任何东西，但他并不愚钝，他能很快察觉包括他自己身上的那些荒谬可笑的东西。他达观的态度也是如此非凡卓绝，他完全配得上当路易十四的儿子。他很清楚他的父亲不会允许他就任何公共事务发表评论，所以他小心翼翼，不对任何事情表现出丝毫兴趣——他谨言慎行，以免失了身份。他热爱音乐，也经常听乐队表演，乐队有新曲目一定会先演奏给他听。他对艺术作品有极高的热情，会按照自己的品位和知识去收集它们。他会每周前往巴黎两三次，要么是去听歌剧，要么是为了去古玩店搜罗一番，当然古玩店
是后来才有的称呼。1681 年，国王送给他的 20 岁生日礼物是五万 89
埃居，用来给他购买画作。他收藏的小摆设、家具（尤其是布勒式家具）以及名画不久就变成了凡尔赛宫的一大看点，没有人可以假装已经看过所有的奇珍异宝，除非他参观过大太子的贮藏阁。事实上，它们变得极受欢迎，但他为了隐私，不得不给自己重新安排其他带有内部庭院的房间。其中有一个是他过去打牌的地方，又被称作他的“金库”。这间房屋可以直接通过路易十三在位时修建的一处秘密楼梯与他父亲的房间连接起来。

大太子套房坐南朝西，是宫里最令人向往的处所。他的屋前灯火辉煌，空气清新，只消看一眼就令人心情愉悦，还有装饰花瓶，橘子树，湛蓝的天空倒映在水面上，目光所及之处，四面八方都是森林。举止优雅的人们在他的窗前漫步，他们的闲聊声和笑声与小

镇的声音交织在一起：喷水池哗啦哗啦的声音，青蛙呱呱叫的声音，布谷鸟、猫头鹰、夜莺唱歌的声音，还有园丁们对他们的工作嘟嘟囔囔的抱怨声。套房里面的装饰简直不可思议，其中一间房全部都是用的布勒式家具，包括房间地板都是用的镶花木条，还被设计成了大太子的字母花体缩写。墙壁和天花板都是镜面玻璃，镶嵌在黑檀木和金框中。他的卧室主打色为金色、白色和蓝色，壁炉上面挂着普桑的《弗洛拉的胜利》。窗帘是蒙特斯潘夫人送给他的，上面有她喜欢的刺绣，是特地在圣约瑟夫修道院制作的。

大太子年轻的时候喜欢战场，士兵们也都爱戴他。他英勇果敢，慷慨大度，真心实意关注他们的健康状况。不管任何时候，只要他有能力便会给他们钱来改善他们的生活。众所周知，他写信给国王，对于那些历经长途跋涉后，陷入悲惨状况的士兵们表示深深的担忧，他也从不会忘记提及那些在行动中挺身而出、冲锋陷阵的英雄们。

90 最重要的是他喜欢带着猎狗骑马外出狩猎。每天弥撒一结束，多半是他的婶婶，即王弟夫人，就会陪着他外出狩猎，追赶恶狼。有时夜幕降临后，他依然待在外面很久，直到凌晨才会回家。他几乎狩猎完了法兰西岛的所有狼群，他离世的时候，该地的这一物种也宣告灭绝。有一次，他一天就打到了六只。然而，有一只出了名的老狼，对他而言实在是太狡猾了：至少有九次他追在它的后面，但还是让它逃走了。如此，他以这些令人愉悦又使人艳羡的方式度过每一天，同时，从容自若地等待着成为世上最伟大的国王。

大太子也有怪癖，其中一个便是独爱丑女。他的父亲希望他能尽快结婚，但明显没有合适的公主——他的后裔很幸运，幸好没有合适的西班牙女人，这也是国王所期望的：因为王室联姻基本不会考虑家族基因问题。西班牙王室现在已然完全衰颓，法国的玛丽亚-特蕾莎王后以及她的姐妹奥地利大公夫人可能真的是西班牙王室最后的心智健全的人。她们的父亲腓力四世并不完全正常。路易十四去圣让-德吕兹接走玛丽亚-特蕾莎的时候，西班牙国王只能消化母乳的消息不胫而走。法国那些吊儿郎当的臣子们故意跑到他的餐桌上，希望能发现他在努力吸乳母的奶。大太子的母亲和奶奶都是西班牙王室的人，结果大太子却安然无恙，这简直是个奇迹。

国王别无他法，只得在德意志找个儿媳。他与巴伐利亚选帝侯有过协定，而且他的女儿维克图瓦公主也到了适婚年龄。她的母亲来自萨伏依。公主是亨利四世的后裔，就像大太子一样。她似乎完全有资格。科尔贝·德·克鲁瓦西是一个聪明又世俗的人，曾担任过法国驻英国的大使，他还被派去看她的长相。因为路易十四需要继承人，所以太子妃不能排斥她的丈夫这一点很重要。他特意吩咐克鲁瓦西在描述这个女孩和她的外貌时必须实事求是。克鲁瓦西呈交的报告可谓是足智多谋的杰作。信的开头，他告诉国王她外貌上并无惊人之处。她皮肤灰白，前额上有棕色的污迹，但毫无疑问，91
她还不太擅长化妆。她的眼睛没有突出的特殊之处——不大也不小，不是炯炯有神，也不是黯淡无光。她的手红彤彤的，但她的嘴唇却不是红色的。她的牙齿还算整齐，但长了蛀虫。她的鼻子胖乎乎的，鼻尖呈球状，但并不算是畸形。一收到这封信，国王就派他的画家德·特鲁瓦前往慕尼黑为这位年轻女子画一幅真人画像。画像如期送到，整个王室聚集在一起观摩，最后得出结论是“正般配”。不幸的是，克鲁瓦西寄信来说，这幅肖像过于荒谬了，美化得太多。他还反复说道，鼻子很肥。

国王此时已经倾向于跳出这门婚事。但大太子对那些胖鼻子、棕污迹和红手掌越是听得多，就越是一发不可收拾，一门心思地想要迎娶维克图瓦公主。前一个月，王弟夫人还说他不想结婚，现在却是除了结婚什么也不想，这实在是咄咄怪事。可能他想要有所建树，想要逃离大人们的指导。最后，他打消了国王的疑虑，公主也正式送到（1680 年）。她到达的同时，也有消息传出说国王希望她能受到尊重，所以此后再也无人提及她的胖鼻子。她的确生得丑陋，这对她来说实在是太不幸了，毕竟现在她所在的宫廷可谓是美人云集，不过她也有一些令人钦佩的品质。她接受了很好的教育，能说一口完美的法语和意大利语，跳舞很棒，舞姿优雅，她吃饭时也很讲究卫生。国王指定曼特农夫人为她的陪侍——多么不幸的选择，因为德意志人一向在血统门第问题上坚定不可动摇，新的太子妃也不例外。她和她的堂亲（即王弟夫人）联合起来，使得那些门第不够显赫的朝臣们生活在水深火热之中。她们二人态度坚决，拒绝对曼特农夫人以礼相待。

92 起初，大太子非常喜欢他的丑八怪妻子。宫廷迁入凡尔赛之后不久，众人期盼的继承人也诞生了——事实上，这是乔迁之后第一件令人兴奋的事情。太子妃身体羸弱不堪，她已经至少流了两次产，因此这次安排了外科医生克莱芒来为她接生，而不是助产婆。国王亲自把控所有细节，甚至包括挑选孩子的乳母。他说，奶妈必须看上去皮肤黝黑，身体健康，还聪明，最重要的是，母乳必须闻上去香甜可口。最后也的确找到了一位人选。太子妃开始阵痛的时候，整座宫殿开始洋溢着聚会上的那种气氛。整个庭院灯火通明，信使整装待发，准备好将这个消息传遍全法国。那些不得进入太子妃房间的人，把外面围得水泄不通。当下正值8月，炙烤的热浪正在袭来。国王5点就醒了，但被告知无需着急，所以去看儿媳之前他还去听了弥撒。据说太子妃难产，医生表示进程会很缓慢。9点，国王又去参加会议。王后派人去取圣玛格丽特的遗物，它们就放在太子妃可以看见的地方。国王回来了，他觉得她看上去太过虚弱，就亲自喂她吃了点东西，喝了点酒。克莱芒镇定自若，告诉他不用担心。然后路易就去用膳。玛丽·德·美第奇和奥地利的安娜也在这张床上生过孩子——床上有特殊的铁杆，用来抓住使力或者用于搁脚。

现在，外面人山人海。大使和外国王公们也都火急火燎地赶往巴黎，他们自然可以获准待在床边。时钟继续往前走。太子妃忍受着剧痛，变得越来越虚弱。克莱芒实在令人钦佩。为了安全起见，国王又返回来，整晚守在她的房间里。她说，他对她实在太好，她无法忍受离开这样一位慈祥的公公。现在包括她自己在内，所有人都认为她活不过这一遭了。国王说只要太子妃的痛苦能够结束，就
算生的是个女孩，他也很开心。大太子双手掩面，沉浸在痛苦之 93
中。时间一分一秒地过去了。黎明破晓。所有人都变得异常疲惫（尤其是太子妃），除了克莱芒依旧像雏菊一样精神，保持着清醒。他时不时地给她止血，并鼓励她一切都会好起来。疼痛越来越严

重，但婴儿依然没有要出来的迹象。第二天早上 10 点半，疼痛转为剧痛。然后，就在她好像已是强弩之末，马上就要断气时，在旁人的喧嚣声中，国王清晰响亮的声音响起："勃艮第公爵诞生。"

整个宫殿，还包含外面的庭院，所有人都陷入狂喜状态。他们欢呼雀跃的叫喊声在小镇的另一端都可以听到。那些能够接近国王的人，都跑上去拥抱他，亲吻他，欢欣鼓舞，高兴地拍手。他们拆掉镜厅的脚手架，把到处可以看见的镶花木条都拉下来，只要是他们可以找到的木头，包括轿辇椅，也被他们推翻拆倒，还加上其他人的衣服，全都堆在庭院中间，被他们点燃，生起一大堆篝火。国王大笑，说道就随他们去吧。"我只希望他们别把房子给烧了！"他也欣喜若狂。大太子努力从人群中挤出来，然后就外出狩猎，那天再也不曾露面。

但是太子妃还依然处于剧痛之中。出色的克莱芒继续保持着清醒。他在她房间里从活羊身上扒下皮毛（肯定会令她的陪侍女士们惊恐万分——这要是过去，她可能还会有所顾虑），羊皮现在就裹在她的身上。当然，这很快缓解了她的症状。然后她就只想睡觉。但是克莱芒却不允许。在经历了如此漫长又紧张凶险的生产之后，睡觉是最危险的，于是她又被迫保持清醒了几个小时。在那之后，她的房间被锁起来，密不透风，她也只能就着热浪卧床休息，甚至连蜡烛也没有点。就这样她又躺了九天。

9

王后的楼梯

The Queen's Staircase

王并不失位，也不失节欲，却不明白自己当谦卑，当悔改，当爱神而不是畏惧神。

——曼特农夫人

据说曼特农女侯爵在王后的楼梯上与蒙特斯潘夫人打了个照面，以她那干巴巴的口吻说道："您要下去吗，夫人？我上去了。"国王给她在楼梯顶上分配了一间套房，正对着王后的房门。所以现在他把三个女人都放在了自己楼层里。现在的牛眼厅依然有两间房，国王悬挂巴萨诺家族所绘画作的巴萨厅和一间卫兵室。他想要看望曼特农夫人的时候，就不得不穿过这些房间，爬上楼梯的最顶端。他不能像去蒙特斯潘夫人那边一样不引人注意，但他和曼特农夫人的关系一向光明正大，并无逾矩之处。她的房间，此前一直是宫廷生活的中心，现在已被彻底拆除，重新打造，用作木材室。丰唐热小姐离开之后，路易与多雷小姐短暂勾搭过，这令阿泰纳伊斯火冒三丈，曼特农夫人也差点背过气去。这一切结束之后，他决心不再违反戒律，并将他的晚年奉献给上帝。

国王的宗教观就像一个聪明的孩子所拥有的那样。他在神学上十分有造诣，一直在关注外在的形式，并且努力不去违反戒律，但谦逊、自我批评、真正的悔改以及敬爱上帝则超出了他的知识范
95 围。福音书中的某些东西令他大为不快。例如，他觉得基督不应该为穷人讲话。他似乎对穷人并不友好，也不愿倾听他众多子民伤心绝望的境遇。许多人面带愁容前来，试图向他倾诉一切，曼特农夫人过去常说他们使他灰心丧气，并没有取得任何好处。也许他感到无能为力，无法为那些需要帮助的人做任何事情，因此他无法忍受这个令人痛苦的事实；也许他根本不在意。在这件事上，他和在其他事情上一样，把自己的看法埋在心里。如果他真的是漠不关心的话，我们也没有办法为他找到任何借口。17 世纪涌现了大量善人。例如，拉雷尼就真的是一位乐善好施之士。圣文森特·德·保罗立志要让所有人知道劳役犯的可怕生活。路易十四死后，并不特别虔诚又非万分敏感的王弟夫人恳求摄政王废除苦役牢房，因为牢房绝对是黑暗政治的象征。但国王曾允许科尔贝增加牢房的数量，并默许可以采用不公正手段来获得所需的奴隶。一个又一个礼拜日过去了，路易一次次坐在布尔达卢的布道坛下听讲。抛开其他事情，布尔达卢一直在试图对监狱进行改革。他在一次有名的布道中说道，囚犯们可能确实罪有应得，但他们就不能少遭点罪吗——事实上，

那些遭遇不公正定罪的无辜者反而比那些有罪之人开心得多：至少他们问心无愧。但是想想一个人日日夜夜等待审判，没有人可以交谈，在黑暗的恐惧中漫长地候着，这是何等的绝望——预料到耻辱又痛苦的死亡之后，他孤寂的想法又必然是什么呢？除了精神上的折磨，还有肉体的蹂躏：住在脏乱不堪的地牢里，睡在稻草床上，只有腐烂的面包果腹。布尔达卢敦促他的会众前往监狱，看看他们能够如何帮助那些基督托付给他们的人。国王仔细地听着这些劝谏，却未付诸任何实际行动。他似乎认为，比起他的同胞所遭遇的所有痛苦，一夜的通奸会更加令上帝恼怒。简而言之，基督教的精神对他而言只是一本合上的书籍。

他的告解神父拉谢兹似乎并没有试图开化他。他是一名耶稣会 96
士，国王认为耶稣会士是上帝在这世上最好的仆人，而其他所有教派似乎都有共和倾向。那个时代，掌控天主教国王良心的神职人员就像是编制外的大臣（詹姆斯二世曾任命彼得神父为枢密院顾问官），结果连拉谢兹神父的前厅也门庭若市，就好像他本人也受封了一样。国王采纳了他所有的宗教任职建议，从大主教到教士都是，所以神父非常有权势。他讨人喜欢，很绅士，温文尔雅，彬彬有礼，知书达理，而且天性纯良，根本严厉不起来。事实上，蒙特斯潘夫人过去常常称他为“便椅”。他和波舒哀都劝谏国王把上帝视为他唯一需要负责的对象。犹记著名的拉米伊战役，惨败之后，路易十四说“上帝似乎忘记了我为他所做的一切”。虽然不一定合理，但人们不得不怀疑，在国王已经到达了人生巅峰后（尽管他过着一种不圣洁的生活），他觉得自己只要真的改过自新，上帝不可能将他拒之门外。

路易十四放弃对肉欲的追求，转而投入王后的怀抱。他从未抛弃过她，也未曾离开过她的床，他一直睡在她的床上，尽管就她那西班牙脾性来说，这并不是她所喜欢的方式。然而，他至少一个月会和她同房两次。大家都会知道他们什么时候同了房，因为第二天她就会去参加圣餐仪式。她很享受大家用这件事来取笑她，她会揉搓自己的小手，眨巴眨巴蓝色的大眼睛。她没有魅力。在法国居住了二十二年之后，她仍然大部分时间都和西班牙女仆和西班牙神父待在一起，要么就是寻找西班牙信使的身影。一位真实可靠的证人，即普鲁士大使伊齐基尔·施潘海姆说道，宫廷从来就没有真正的快乐，因为不管是王后、王太子，或者王弟夫人（她只喜欢狩猎），甚至是曼特农夫人，他们都并没有兴致勃勃。

97 王后意识到她终于拥有自己的丈夫的时候，不禁喜上眉梢。她并不嫉妒曼特农夫人，相反，她很感激她，并把这一转变归功于她的影响。她赠送了她一幅镶着钻石的自画像。尽管曼特农夫人暂时隶属于太子妃，但据说宫廷按每年的定制去枫丹白露时，她也随行，当时她的女主人分娩之后依然没有恢复过来，还留在凡尔赛。王后的幸福仅仅持续了一年左右。1683 年 5 月，国王奔赴东方前线。法国此时处于和平时期，但他想要检阅他的军团，视察他的堡垒。太子妃又一次被抛下，曼特农夫人这次也依旧陪着王后。所有路易十四的女人都讨厌旅行（但有一件事情更令她们心生厌恶，那就是不能随行），因为军队出行的时候，住宿条件恶劣，还要在马车上度过漫长又令人精疲力竭的日子，更糟糕的是，还要骑马。这次出行一直从 5 月 26 日持续到 7 月 30 日。

王后似乎已经疲惫不堪。他们一回到凡尔赛，她的腋下就长了一个脓肿。国王的医生法贡一直坚持要给她放血，但外科医生一直恳求他不要这样做，最好碰都不要碰。然后，到了中午，法贡给了她一份大剂量的催吐剂。突然，那些碰巧在镜厅的官员们看到国王心烦意乱，还泪流满面，跑到临时的教堂去取临终的圣餐。这样的场景实在是不同寻常，那些在场的人都感到局促不安。大概一个小时之后，王后去世，走的时候就躺在曼特农夫人的怀里。她年仅四十五。“可怜的女人，”国王说道，“这是她唯一一次给我惹麻烦。”

有一条规定是王室不能待在死过人的房间里（也是出于这个原
因，普通百姓禁止死在王室住处）。枫丹白露准备好迎接圣驾之前， 98
国王直接去圣克卢堡找王弟，在那儿住了好几天。太子妃和曼特农夫人都在枫丹白露等他。曼特农夫人总是穿着朴素，要么是黑色，要么是深色，她为这一场合打扮得那么严肃夸张，又如此诚挚地哀悼着，国王一见到她就放声大笑，忍不住拿这件事来逗弄她。无论他感到多么悲痛难忍，他都已经完全恢复过来了，做了一个重大决定之后，他现在心情非常好。曼特农夫人发现国王给她安排了王后套房里的房间。

显而易见，如果国王真的想按照基督教的性爱道德准则来生活，换句话说，要么是在教堂得到公正的一夫一妻制，要么就禁欲，他很快就得再婚。他才 45 岁。他需要一个女人。他并没有多大的选择余地——他不想再让那些他没有见过的，也许还长着大鼻子的外国公主进入凡尔赛宫。王太子现在拥有两个健硕的儿子，未来的西班牙国王安茹公爵，他在勃艮第公爵出生不久之后就诞生了，法国似乎已经不需要更多的孩子了。如果国王娶了法国贵族中的成员，即使是娶一个地位卑贱的女人，也势必会引起可怕甚至是危险的嫉妒。如果再婚的妻子生了孩子，那么局面会更加纷繁复杂并且无穷无尽，这是婚姻的必然结果。他们也肯定会夺走讨喜的曼恩公爵的优先权。国王只有和熟悉的人待在一起才能真正地感到舒适。如果不是情势不同以往的话，蒙特斯潘夫人可能已经实现了自己的愿望。事实上，由于她最近卷入的丑闻，她的坏脾气，她发福的身材，她的丈夫以及国王不再爱她的这个真相，她已经出局了。他的其他女性朋友都已结婚。只有曼特农夫人除外。她国色天香，又颇有魅力。她目光如炬，年纪太大，已经生不了孩子了，但 48 岁，又还比较年轻。她经常把他逗乐，的确，如她信中所示，她也能十分风趣——她十分谨慎，这也是至关重要的一点。她是个寡
99 妇，几乎可以肯定是个处女。她还虔诚无比，也是宫廷里最正派、最淑女的人。她讲法语，所以每次她一开口，就能令人心生愉悦。最重要的一点是，他爱她。“他爱我，这是真的，”后来的岁月里，她这样说道，“但也只是爱到他所能爱的程度，因为除非一个男人被激情所感动，否则他是不会这么温柔的。”然而，随着时间的推移，他对她的爱越来越深，也许比她所知道的更深，当然也比她爱他的还要深。

没有人知道他们是何时结婚的。国王死后，曼特农夫人烧毁了所有的相关文件，她说希望为后代留下一个谜。见证过这场仪式的几个人也一直牢牢地保守着这个秘密，这场仪式一定是在凡尔赛宫

国王的房间里举行的，当时还举办了一场小演讲。据说当时有三个人在场，包括拉谢兹神父，还有迷人又邪恶的巴黎大主教阿尔莱，也是他主持了这场婚礼，另外一位是国王的贴身仆人邦当。所有的一切都表明这场婚礼是在 1683 年秋季举行的，也就是宫廷从枫丹白露回到凡尔赛不久之后。教皇向国王送去了他的祝福，还在 8 月将圣坎迪达的遗物分成几个不同的包裹寄给了曼特农夫人。9 月初，她写信给她那可怕的哥哥（她深爱着这个人，但这个人也是她心头的一根刺），告知他千万不要来枫丹白露找她。“我不能见您的个中缘由，”她说道，“您要是知道了一定会非常高兴，这一切是多么宝贵又神奇。”她从来没有给他写过一封通篇洋溢着快乐的信件，她这样结语：“您年纪大了［他此时 49 岁］，您没有孩子，您的身体状况还很糟糕。除了休息，自由自在，还有虔诚地信仰上帝，您还需要什么？”曼特农夫人的表亲凯吕斯夫人现在和她住在一起，她说在枫丹白露的时候，她头一次见她处于如此紧张的状态。9 月 20 日，曼特农写信给她的告解神父戈布兰，说她的焦虑不安已然平息。她盼望着将她新近获得的平静思绪还有幸福快乐倾诉给他听，同时还恳求他为她祈祷，希望她能把这些事都处理妥当。

当时的人从未确切地肯定国王和曼特农夫人结了婚，不过，对于那些能读懂他们的人来说，那些明确的迹象肯定错不了。国王称 100
呼子民的习惯就是在名字后面加上头衔，他以前都唤她“曼特农女侯爵夫人”，现在却像他过去称呼王后那样叫她“夫人”。她坐在教堂里为王后建造的防漏风的小隔间里，在国王乡间别墅举办的家宴上，她都坐在主宾席上，不过在凡尔赛宫，她都是独自进餐。结婚以后，她很少踏出自己的房间去参加社交，但一旦她想参加的时候，她又还是会恢复以前平庸的身份地位，比女公爵和公爵夫人可要逊色得多。在她房间里受到接待的人很少觉得他们自己就好像在王后面前一样。她在衣着方面依然保持一贯的谦逊，甚至谦逊得有点虚假。她那些过时的衣服上缀满了华丽的刺绣，她的内衬也是雍容华贵。她很自豪自己没有戴任何首饰，但她脖子上那条耀眼的珍珠项链，完美地配以十字架，这十字架便是用国王珍藏的最好的钻石打磨制成的。

自此以后，国王超过半数时间待在她的套房里，他也在这里度过他的闲暇时光，然后就是看看他的孩子们，或者和大臣们一起工作。考虑到他的天性以及他再也没有情妇这件事（这是众所周知的事实），每天和一个漂亮女人待在一起几个小时却不和她上床，这是根本不可能的。但证据表明确实如此，而且次数比曼特农夫人所期望的还要频繁。这种情况下，除非他们结了婚，否则人们难以相信他俩应该定期去参加圣餐会。王弟夫人知道他们结了婚，而且知道得清清楚楚："另一个世界里，她到底是属于国王，还是酩酊大醉的斯卡龙，一切自然会见分晓。一旦国王发现她的真面目，他肯定会把她还给斯卡龙，这一点毫无疑问。"王弟夫人评价国王总是变幻无常，鲜少有人了解他。他不再把她看作密友知己——鉴于她天天写信发往外国宫廷，造谣、诽谤他的妻子，这一点也不奇怪。

101 这位斯卡龙夫人十四年前才首次出现在凡尔赛宫，现在却成了舞台中心的主角，她到底是谁？弗朗索瓦丝·多比涅的人生已然充满了矛盾，没有人会觉得她是在幸运星的守护下诞生的——倒霉似乎是她与生俱来的权利。多比涅家族是外省一个古老的贵族门第，曼特农夫人的爷爷阿格里帕是个令人钦佩之人，他是亨利四世的朋友，也是一名新教徒。他的儿子，也就是曼特农的父亲，却是个地痞流氓，像块滚石（a rolling stone）[1]一样，因为债务几度入狱。她还年幼的时候，多比涅拖家带口，带着她的妈妈、她的哥哥还有她，穿过大西洋来到马提尼克岛，自己却客死异乡，留下他们不得不跋山涉水回到法国。后来她母亲也去世了。身无分文的弗朗索瓦丝，不得不寄人篱下，辗转于姑姑和表亲家里，成了他们眼中十足的穷亲戚。16 岁时，她皈依天主教，对于这个严肃、聪明，笃信宗教又精通神学的女孩来说，这并非易事。最后，两位神学专家当着她的面争论这个问题，他们的提议似乎是有效的，她最后还是同意改宗。虽然她变成了虔诚的罗马天主教徒，但她仍然保留了年轻时新教徒的某些偏见和做法。她一直不习惯诵读《玫瑰经》，从来不关心圣母玛利亚，也不曾提及圣徒。比起弥撒她更喜欢做晚祷。她长大了，如今亭亭玉立，如花似玉，还聪明伶俐，但不难想象，她前途黯淡，未来必然要经受风吹雨打。除了修道院，她似乎别无去处，她也下定决心。尽管她虔诚地信仰上帝，但她依然留恋这尘世。她外出，一头扎进巴黎，在这里她有众多青睐者，但碍于她的贫穷，并没有人敢追求她。最后斯卡龙（人们一直称呼他为斯卡龙诗人，尽管他和他的作品毫无诗意可言）向她求婚了。很长一段时间，他都是文学世界的翘楚。他年事已高（42 岁），瘫痪在床，身

[1] 此处取滚石不生财之意。

体弯曲得像字母“Z”。他还穷困潦倒，但门庭若市，人们大都因为他的俏皮机智而成群结队前往他家。

弗朗索瓦丝·多比涅会抓住任何一根救命稻草，只要能将她从修道院里解救出来，所以她接受了诗人的求婚。对他而言，她是个完美的妻子。她没有经历她后来所说的那些“痛苦时刻”，毕竟斯
102 卡龙阳痿无用。她把他的房子收拾得整整齐齐，他们款待巴黎社交圈里最有趣，即使并不能陶冶情操的那拨人。这个老人有一副动人的心肠，别人都深以为意，她却不这样认为。她从未爱过他，后来，凡提及他，她都说他就像她不得不肩负的重担。就像她的父亲和长兄一样，他在金钱面前手足无措，显然，她很在意这一点。她的灵魂深处也是那么的井然有序。他们结婚八年，她才 25 岁，他就撒手人寰。寡妇斯卡龙继承了一身债务，除此之外，别无他物。她不得不出售丈夫公寓里的所有家具来还债，包括米涅尔给她画的自画像，以及普桑的那幅《圣保罗的狂喜》，这幅画是特意为了保罗·斯卡龙而作，现在就收藏于卢浮宫，在她晚年时期，她每天都可以看到它。黎塞留公爵从她那儿买下这幅画之后，又转手卖给国王，它就悬挂在大套房的某个房间里。多亏奥地利的安娜给斯卡龙夫人施舍了一点儿津贴，才将她从饥饿中解救出来。她住在修道院里，依靠津贴勉强度日，直到蒙特斯潘夫人遇见她，才为她开辟了一片新天地。

她的哥哥比她父亲还要游手好闲。她刚被大家认可，算得上是国王随从中有权势的女侍，便着手为她哥哥物色妻子。许多有钱人家想要把女儿嫁给她哥哥，因为反过来，她也会通过国王和她的朋

友卢夫瓦为他们谋取更多的好处。但是她那可怜的哥哥总是和她闹别扭，最后，他娶了个穷医生的女儿，没钱没势，还没头脑，这似乎真的是为了激怒她。曼特农夫人很喜欢多比涅，他们在一起谈笑风生，直到她生命走到尽头的那一刻，她也无法抗拒他的任何笑话。但是她有多喜欢他，他就有多讨厌她。她每次见他或写信给他都要说教一番，她甚至认为这是她的职责所在，但他很讨厌这样。尽管他理所当然地接受了她为他所付出的一切，但他一生都在折磨她，嘲弄她。

她嫁给斯卡龙的时候，多比涅说她有一堆情夫。他还说有一次 103
撞见她一丝不挂，和维亚索侯爵躺在床上。当时漂亮的年轻姑娘大多都有情人，但是说到她的话，人们可能会怀疑。斯卡龙夫人非常在乎她的名誉，有时简直到了令人厌烦的程度，反复强调这点对她来说比其他任何事情都要重要：“无可指摘的行为便是最聪明的策略。”这也是她的座右铭。尽管她那一代，所有不贞洁的年老女人都因害怕下地狱而惨遭折磨，但她年轻时给她的心灵导师写的信件中，从未提到过她因任何肉欲犯下的罪过而悔恨自责。由于这种特殊的诱惑事实上是无法抵抗的，能为她的美德所正言的证据就是她似乎无法理解情话。丰唐热小姐曾气愤地说，斯卡龙夫人建议她抽离对国王的感情，就好像那是一件可以随意穿上或脱下的衣服。著名的交际花尼农·德·朗克洛对她非常友好，说她在爱情面前实在太笨拙了。与那些妻子或者情人相比，她似乎更有当母亲的天赋。她和孩子们相处十分愉快，尽管通常在他们长大后，她就会对他们失去兴趣。

曼特农夫人的信件并没有得到应有的广泛阅读。它们中最好的一些甚至可以和赛维涅夫人的文笔媲美。（某一年 5 月，她写信给诺瓦耶公爵：“青豌豆的篇章还在续写。过去的四天，唯一的话题就是盼望着能吃到它们，以及享受吃到它们的乐趣，还希望不久能吃到更多。那些和国王一起进餐的女士们，在她们睡觉之前，还要放一些青豌豆在房间里吃。”）她的信件为解锁她奇怪的性格提供了钥匙。她既世俗又笃信宗教，两者都达到不同寻常的程度。这种结合远非罕见，如果这不是伪善的话，那就需要充分理解。她自己也确实认为她憎恶这个世界。她从未说过重话来谴责批判凡尔赛和
104 宫廷生活，似乎已然忘却为了坐上现在的位子，她所经历的漫长、艰难又残酷的斗争。谈及自己和毫无疑问热爱宫廷生活的阿泰纳伊斯，她却说：“上帝做什么呢？他将某物和讨厌此物的人捆绑在一起，却送走了喜欢此物的人，如此一来，两人都得到了救赎。”然后又说：“一看到凡尔赛宫，我的内心就充满了悲戚和恐惧。这就是所谓的尘世，这就是发挥所有激情的地方：惜财如命，野心勃勃，妒火中烧，还有花天酒地。那些把尘世抛之脑后的人是如此开心。”

多比涅夫人很少离开育儿室，自然渴望奢华生活，但曼特农夫人总是跟她的嫂子说，她很幸运能够过着这样一种默默无闻的日子，可以一个人在房间里，安静地读几个小时的书。“我无论如何也不会在这里为您安排位置。爱您的丈夫。还有，不要结交新朋友。”

还有一个矛盾点。她外表上沉着、安静、自律而端庄，事实

上，国王曾经称呼她为“顽强夫人”，人们常常认为她性格上也坚强可靠。实际上，没有比这更离谱的事了。她很容易被人影响，看人不准，而且，不难发现，她远非忠实的朋友。她满怀热情地接纳好友，在合适的时候又无情地抛弃他们。她的内心深处隐藏着一缕忧伤，也许是由于天性里这种怪诞的冲突所引起的。她常说她宁愿死去。有一次，多比涅曾尖锐地评论道：“我希望你已经确定要嫁给上帝。”

曼特农夫人饱受偏头痛的折磨，当人们和具有独裁专制性格的人居住在一起也会患上这种疾病。阿泰纳伊斯也一样，为此遭受到前所未有的痛苦。1684 年 12 月，国王把她从他旁边的房间里赶往沐浴套房，连同她一起离去的还有她第一次住在凡尔赛宫的那些荏苒时光里刻骨铭心的记忆。她气急败坏，又心如刀割，一步一步走下王后的楼梯。

10

年轻一辈

The Young Generation

我将愉快地接受这一指责，因为我戳穿了历史的道貌岸然。

——麦考利勋爵

1685年，太子妃诞下第三个儿子贝里公爵。“啊，我的小贝里，我很爱你，可你几乎要了我的命”，她常常发出这样的感慨。的确，她身子骨再也不曾明朗过——王弟夫人告诉她的通信者，说是曼特农夫人让医生确保她再也好不起来。这是王弟夫人所擅长的狂野的说法。太子妃在宫廷里露面的次数越来越少，她把自己关在一间阴暗的小后屋里，和她待在一起的还有意大利女仆。她被抑郁症的魔爪所俘获。医生们说她的病是臆想出来的，所以国王连一点同情心也不曾施予她，他只想让她在公众场合扮演好自己的角色。她常说，只要能证明她的病不是假想出来的，她宁愿去死。1690

年，她离开人世，也的确得到正名。她不仅患有肺溃疡，胃坏疽，肠道上还长出好几个脓肿。王太子一开始很爱她，但她实在对他表现得太过冷淡，尽管曼特农夫人善意地警告过她。她去世的时候，他的心已经另有所属了。他先是爱上他妻子的一个女侍，然后又爱上另一个。她们却都仓促地结了婚，一个嫁给波利尼亚克，另一个嫁给了杜·鲁尔，从此再也没有出现在凡尔赛宫。这位公主的离世无疑使曼特农夫人松了一口气，因为公主与她格格不入。国王照常打猎，赌博，就好像什么事情也没有发生过。可能唯一悼念她的就只有王弟夫人，夫人过去常和她说德语，还称她是少数几个可以说 106
得上笑的人。她机智敏捷。有一天，国王的女儿，漂亮的玛丽-安娜·德·孔蒂看见她睡着了，就对一个侍女说，太子妃睡着的时候跟她醒着的时候一样丑。然后，太子妃睁开惺忪的睡眼，才发现自己压根儿不是一个惹人怜的孩子。葬礼上，王弟夫人哭得声嘶力竭，普法尔茨和巴伐利亚的盾徽几乎是一样的，这让她想起了其他已故的亲人，泪水不禁夺眶而出。但是经年之后，她才恍然发现，太子妃将那些和她一起谈论的有关曼特农夫人的各种令人不愉快的笑话都复述给了国王。国王接走了三个小男孩——王太子从未对他们表现出多大兴趣。他都是直呼他们的封号“勃艮第公爵”之类，而他们也称呼他为“殿下”。

太子妃从未出现在社交圈内，所以年轻时尚的新生代主要围绕 107
着王太子以及他同父异母的妹妹玛丽-安娜·德·孔蒂、她的丈夫，还有孔蒂的弟弟永河畔拉罗什亲王。现如今，路易丝·德·拉瓦利埃的女儿玛丽-安娜已然亭亭玉立，早已盖过了凡尔赛宫最漂亮的女人的风头。赛维涅夫人评价她已非人类，你会发现她是众神之女。她那香气扑鼻的卧室简直就像是维纳斯的神龛。她刚年满 13 岁，就嫁给了孔蒂亲王，是路易十四第一个嫁入王族的私生女。孔蒂兄弟就像他们的堂亲孔代一样，都是血亲王子，却不是法兰西子弟[1]，因为他们并不是波旁王朝国王的后裔，仅仅是亨利四世叔叔的子孙后代。他们是大孔代的侄子，红衣主教马扎然外甥女的儿子，摩德纳的玛丽的直系表亲。所以无论是父亲这边还是母亲那边，他们都和欧根亲王有着一样的血脉，而拉罗什亲王无论是天性还是天赋上都和欧根亲王十分相似。他们的父亲已经过世了，他过去曾是最风趣幽默的男人，还是莫里哀笔下唐璜的原型。小玛丽-安娜一听说自己订婚的消息就哭了起来。路易十四一直很疼爱她，问及她为何哭泣，但她太胆小了，不敢说她更倾心于弟弟。然而，事实上她并不怯懦，结婚几天之后，她便宣告她丈夫不擅房事——这些话竟然出自这样一个孩童之口，即使是凡尔赛宫那些老练的朝臣也大为震惊。国王派人召她觐见，好生斥责了她，还把她弄哭了。自此以后，这对年轻夫妇相处得一直很和睦，只是不见子嗣。

比起自己的丈夫，玛丽-安娜更喜欢小孔蒂，这也很正常，毕竟她的丈夫一直扮演着无足轻重的角色。他的弟弟却截然不同：智勇双全，还野心勃勃，凡是认识他的人无不钦佩他的为人、与生俱来的领导者的天赋和风范，经常有人将他比作日耳曼尼库斯。对于屠夫、糕点师和烛台制造工来说，他的魅力不亚于这片领土的最高

---

[1] 只有法国国王的孩子才能被授予此称号。

统治者。他可以像其他任何人一样轻浮草率，但他在知识圈结识的朋友也不比他在宫廷里认识的花花公子少。他可以和地方官员或科学家谈论各自领域特殊的问题。他博览群书，几乎是过目不忘，对找到信息的源头也了然于心，精通天文学和数学，所有贵族的家谱更是倒背如流（这在当时是上流人士必备的技能），而且他思维异常清晰。他天生就擅长交际，他会择益友交往，也会使他们的关系真正地具有价值。他彬彬有礼，从未伤害任何人的感情。他乐于房事，据说他和恺撒一样，不仅是众多女人的丈夫，还是众多男人的妻子。战场上，他是位英雄。他待士兵友爱和善，待军官们和蔼可亲，各级官兵都完全信任他。他在斯坦克尔克战役（battles of Steinkirk）和内尔温登战役中表现突出，整个欧洲都将他视为英勇强劲的对手。他和王太子一起长大，也是他最好的朋友。他们的老师波舒哀爱他胜过爱自己的儿子。甚至曼特农夫人也为他的魅力所折服。

但是这位优秀的亲王似乎生来就被扫把星盯上了。首先，他的 108
财产不足以维持他的地位。如果能取悦国王，这根本不是问题，但不幸的是，国王很快察觉到他抵得上一百个曼恩公爵，并为儿子感到愤愤不平。国王摧毁了这个年轻人的事业，尽管这个年轻人才华横溢，却依旧一无是处。现在他已经被人遗忘。然而，王公们还年轻的时候，人们理所当然地认为，无论王太子何时继位，他的堂亲都会辅佐他。生活似乎充满了希望。

1683 年，土耳其人涌入欧洲。法国国王的主要敌人一直是神圣罗马帝国皇帝，看到他陷入困境很高兴，即使教皇英诺森十一世提

出只要他愿意参加反异教徒联盟，就将君士坦丁堡献给他，他依然拒绝加入。凡尔赛宫里的孔蒂兄弟和其他一些年轻的贵族对国内的
109 和平感到厌倦无聊，请求国王准许他们出征去剿灭那些野蛮人。国王批准了，他们启程了，他转念一想，又命令他们回来，他们却充耳不闻。他们和堂亲兼表亲欧根联起手来，表现出了惊人的豪迈气概，毫无疑问，他们确实有过一段愉快的时光。不幸的是，他们要求凡尔赛宫的朋友们保持联系，信件来来去去。现在，国王喜欢读别人的信，这是知悉巨大的屋檐之下发生了什么的一种手段。邮寄的信函被审查了，最丰富的“美食”送入了他的口中。当他看到小孔蒂将他称作“舞台上的君主”，他显然大惊失色。在这之后，由凡尔赛宫寄给那些在匈牙利的法国志愿者的信件有整整一包，没有一封是他们称作君主的那个人所称赞喜欢的。其中有些人取笑他和曼特农夫人，抱怨说凡尔赛宫现在枯燥乏味得无法形容，还有几封是同性恋的情书。在这个不幸的包裹中，还有一封来自玛丽-安娜·德·孔蒂，信里提及她不得不日复一日地和曼特农夫人，还有一个头衔是达尔古亲王夫人的老怪物一起外出。“想象一下这对我来说是多么有趣。”国王派人叫来玛丽-安娜，用他那三寸不烂之舌将她狠狠责骂了一顿。有三个时尚的年轻人因为这个邮件包裹遭到流放。另一个写信之人是国王最好的朋友维勒鲁瓦元帅的孙子——元帅说幸运的是，这个男孩只在信中写了亵渎神灵的话，“请求上帝宽恕”。曼特农夫人却从未原谅过玛丽-安娜·德·孔蒂。

1685年，也就是废除《南特敕令》那年，朝臣们发现国王心情一度十分复杂。他突然将红衣主教布永，即法兰西的大施赈官，

还有他的兄弟布永公爵全部驱逐出境。有些人认为这是因为鸡奸丑闻，其他人则认为布永家族庞大，还自命不凡。他们怒不可遏，公爵说："国王只不过是宫里的一位老绅士，他只剩一颗牙齿了，他就是留着这颗牙齿来咬我的。"这对兄弟在宫廷里遭人憎恶，也就没人在意他们的离去了。后来国王出于某种原因，将苗条漂亮的克朗安小姐也送进了巴士底狱。

一天晚上，玛力宫举办了一场宴会。维勒鲁瓦元帅、罗克洛尔公爵、当坦侯爵，国王所有的密友都来了，他们请卢森堡公爵通报国王，他们已经在门口了。国王此时脾性刚刚转为乖戾暴躁，只说道："好吧——他们可以走了。"

这时，查理二世逝世的噩耗传来，阿伦大人（Milord Arran）[1]在镜厅陷入昏厥状态，这表明他要比大多数英国人更善良，毕竟人们普遍认为大多数英国人讨厌他们的国王。"现在，"赛维涅夫人说，"舞台已经搭建完成，奥兰治亲王、蒙茅斯先生和英国为数众多的路德教徒之间的大戏就要上演了。与其说查理离世时是一位基督教徒，还不如说是一位哲人和一位英国人。"政治上，他的逝世对路易十四而言则是一个沉痛的打击。

孔蒂兄弟从战场上回来的时候，玛丽-安娜突然患上天花。她 110
痊愈之后，却把天花传染给她的丈夫。之后他似乎有所好转，坐在床上和她讲笑话，再躺下的时候，却一蹶不振，与世长辞了，留下她，一个没有孩子的寡妇，年仅 19 岁。所以她的小叔子现在成为

[1] 阿伦大人（1658—1712），即阿伦伯爵詹姆斯·汉密尔顿，英王查理二世曾任命他为驻法国大使。

孔蒂亲王，变成一家之主。国王从来就没有喜欢过他，此后又发生著名的信笺事件，国王愈加不待见他，于是将他从凡尔赛宫驱逐出去。他便前往尚蒂伊，投靠他的伯父大孔代，大孔代喜欢他胜过喜欢自己的孩子，还把自己的孙女许配给他。

这位遗孀——人们常常为了将她和她的妯娌区分开来，就叫她漂亮的孔蒂亲王夫人——尽管她确实很漂亮，但似乎在爱情上一直运气不太好，也一直没有再婚。摩洛哥国王向她求婚，而且她也可以嫁给王弟的儿子沙特尔公爵，但她更愿意保留自由之身。她心地善良，对她的母亲路易丝·德·拉瓦利埃最亲近，也最殷勤，她会定时去修道院看望她。像她母亲一样，她也很迟钝。她总是举止得体，施潘海姆说，凡尔赛宫的风尚和美德是由已故王后的虔诚、太子妃的善良、王弟夫人（对男人）的冷漠以及可爱的孔蒂亲王夫人的出色举止所决定的。现在，她和王太子形影不离——他简直无法忍受她离开他的视线——他们本可以营造一个令人愉悦的社交圈，但他们却未这样做。王太子没有社交天赋，他太过害羞。狩猎结束后，他要么带妹妹去巴黎看歌剧，要么和她还有几个密友打牌。人们认为，一旦他登上王位，他肯定会遗弃凡尔赛宫，迁回巴黎。而且他永远不会参战，因为他太懒了，也没有丝毫野心可言。

妻子离世不久，王太子就爱上了孔蒂亲王夫人的女侍舒安小姐。与他历任女人同出一辙，她丑陋无比，是个肥胖的熟女，有个翘鼻子，那一张大嘴简直可以气吞山河。她的乳房十分丰满，他会用手指在上面刺出文身来。她陷入了他身边的种种阴谋之中，因为
111 谁也不会忘记他某一天可能会成为法国的国王。这时，玛丽-安

娜·德·孔蒂爱上了卢森堡公爵身边一位英俊的手下，名叫克莱蒙。卢森堡一向诡计多端，他向克莱蒙建议说，如果他娶了舒安小姐，他们就可以将王太子操控于股掌之间了。于是克莱蒙在法国古典戏剧的最佳传统之下，着手向情人和女侍发起进攻。在这期间，他开拔去往前线。信件一事爆发之后，玛丽-安娜很显然并不走运，克莱蒙的信被拆开交给国王，这中间便装着有关这桩三角恋的情书。国王派人召亲王夫人入宫，和他其他孩子（除了曼恩公爵）在被召唤觐见的时候都会异常害怕一样，她战战兢兢地前来。然后，他把克莱蒙写给舒安小姐的信件读给她听。玛丽-安娜当场晕倒。他又让她苏醒过来，还让她大声朗读她自己写给克莱蒙的信。这之后，他又将她从另一场昏厥之中拯救过来，还没好好地跟她说上几句话，就怒气冲冲地将她打发走。她将舒安小姐解雇，但是王太子依然往她那儿跑，最终还是把她娶进了门。他这么做的理由和他父亲娶曼特农夫人的理由完全一样。和他们的情况相同，王太子对外一切保密，无人知晓婚礼的细节，但他写给曼特农夫人的一封信（1694 年 7 月 19 日）表明这场婚礼显然已经发生了。“您对我提及我的妻子，这太让我惊讶了——不仅吃了一惊，还吓了一跳。我很高兴得到您的支持。我唯一的想法就是如何取悦国王。”舒安小姐一直举止得体，在默东过着非常宁静的生活，也从不主动提出任何要求。多年之后，克莱蒙娶了英国驻巴黎大使泽西伯爵的遗孀。

阿泰纳伊斯·德·蒙特斯潘的女儿们则比孔蒂亲王夫人有趣得多。轻浮的莫特玛尔家族气场强大，这也遗传到了她孩子身上。1685 年，她的大女儿嫁给了大孔代的孙子，也是他的继承人，即公

爵先生（德·波旁）。此后，她在凡尔赛宫被尊称为公爵夫人。有
112 钱有势又大名鼎鼎的孔代竟然让他的继承人娶一个私生女，有些人认为这太奇怪了。但其实，孔代的人生早已因为他在投石党运动中扮演的角色变得纷繁复杂，他曾与太后和马扎然作对。现在，他为自己的行为感到羞愧难当，也一直在试图弥补他的堂亲，也就是国王，这个他又爱又害怕的一国之尊。新娘才 12 岁，蒙特斯潘夫人见此情境，带着复仇的心态，显现出她那副硬心肠，坚持认为她女儿应该即刻就与 17 岁的丈夫睡在一张床上，她担心他可能会反悔，会认为这场婚姻无效。国王则更加仁慈，他不允许这样做。公爵先生聪慧过人，受过良好的教育，但最致命的缺点是毫无吸引力。他的身材对侏儒来说算是高大，但对正常人来说却又算矮小，他那张亮黄色的脸长在相对他的身子而言太大的头上。他生就这副容貌据说是因为他母亲怀孕的时候，被她门下的侏儒色眯眯地偷窥了一眼。但是他的姐妹们都像黑色的小甲虫，孔代家族好几代在生理和心理上都是奇奇怪怪。

公爵夫人是个宠儿。她那圆鼓鼓的小身板在美貌方面自然比不过天鹅似的孔蒂亲王夫人，但她长着一张真正惹人爱的娃娃脸。王弟夫人评价她（夫人讨厌私生子女）：“她总是用一种滑稽可笑的方式嘲弄一切，使人忍不住发笑……她终其一生，从未发过一次脾气。”这可能是鉴于她吃到的总是法国最上乘的食物这一事实。大孔代也为她所折服，她也很敬佩他，这对令人感动的忘年交从未分开过。婚后一年，她患上天花，此时宫廷还在枫丹白露。别人都离开前往凡尔赛宫的时候，大孔代依旧陪在她身边，悉心照顾她。她

恢复了健康，但是他却精疲力竭。这位伟大的统帅突然撒手人寰，享年 65 岁，原因竟然是他喜爱一位 13 岁的小女孩。临终前，他写信给国王，请求他重新垂爱孔蒂亲王。

由于孔代亲王功勋卓著，国王也别无他法，只得让孔蒂在凡尔
赛宫重新露面。他和公爵夫人坠入爱河，不过这并不妨碍他和自己
的骑士侍从也爱得死去活来。他和公爵夫人的关系一直是无忧无
虑，幸福快乐，还很浪漫，这段关系持续了好多年，直到死亡将他 113
们分开。这段爱情一直是极其谨慎地发展的：他们唯一敢吐露秘密的知己和中间人就只有王太子和玛丽-安娜·德·孔蒂。整整二十年，孔蒂从未到公爵夫人的公寓去看望过她，当他生病抑或是不在时，她也绝不会打听关于他的消息。公爵殿下嫉妒得快要发狂，不仅仅是他妻子对孔蒂的爱，还有他眼前这个姐夫那不可抗拒的魅力，当然还有大孔代曾经如此疼爱他这个事实。然而，公爵夫人和她丈夫一直关系很好，孔蒂和他妻子也一样。公爵殿下和他的姐姐小孔蒂亲王夫人，就这样被控制住了。

年复一年，孔蒂变得越来越受欢迎。他深受巴黎人和军队的爱戴——他的连栋府邸就是现在的巴黎铸币厂[1]。越来越显而易见的是，一旦王太子登基，他势必会扮演一个重要的角色。与此同时，曼恩公爵越来越显现出他处于劣势地位。路易十四越来越不喜欢他的堂亲。1696 年，他看见了摆脱他的千载难逢的机会，他急切地将这次机会握在了手里。波兰的王位空缺了。波兰一部分贵族将

[1] 作者写作本书时尚为铸币厂，现已变为巴黎铸币博物馆。

这次机会提供给孔蒂，国王欣然接受。从未有即将继位的君主像这样不情愿过。像多数法国人一样，孔蒂厌恶在法国以外的任何地方居住，尽管国王现在待他并不友好，可他最终的前途还是光明的。最重要的是，离开了公爵夫人只会让他心碎。然而，国王不愿听他的拒绝，孔蒂不得不按照命令行事。他恳求国王在他到达波兰了解那里的情况之前，不要公布这一消息，也不要将孔蒂亲王夫人当做王后对待。但这一切都无济于事。“欢迎我们的波兰国王！”

路易十四很享受表面上施予他堂亲这滑稽的恩惠。他亲爱的堂亲被迫参与这场游戏。离别的场景总是令人伤心欲绝——那心碎的
114 人群中便有公爵夫人，这对恋人很可能再也不会见面了，他们无法掩饰自己的悲恸绝望。孔蒂和让·巴尔一同出海，巴尔是一位著名的水手，人们认为只有他才能绕过英国和荷兰的海盗，将孔蒂安全地送达他的新王国。这个故事有一个圆满的结局。在但泽，唯一登上孔蒂的甲板向他表示敬意的重要贵族就只有萨皮耶哈亲王，萨克森的选帝侯在一支强大军队的支持下，已经抢在法国人前面，占得先机。孔蒂兴高采烈地回到凡尔赛宫，也回到了公爵夫人的怀抱里。但国王对他的态度丝毫不见好转。他是唯一一位没有外省的统治权，在宫廷里也没有职位，甚至没有自己军团的王家亲王。结果，随着岁月毫无意义地流逝，他充满希望的青春被幻想破灭的中年所取代。孔蒂亲王变得更加怨天尤人，沉溺于放荡。

曼恩公爵是孔蒂的连襟，他迎娶了公爵先生的一位妹妹。他给国王的生活带来的欢乐超过了他所有其他的孩子，一部分原因是，他是唯一一个不害怕国王的人。他带着宫廷里所有的闲言碎语和笑

话，轻快地进进出出他父亲的房间。他以出色的模仿功力而闻名（国王临终之时，曼恩公爵还在隔壁房间模仿老法贡医生）。因为其他人对他而言并没有更多的用处，他一生都在致力于讨好他的父亲和曼特农夫人，他的这份勤勉自然也收获了回报。大郡主被她的堂亲国王敲诈，将整个省都留给曼恩：他被任命为朗格多克省的军政长官。他结婚的时候，他的父亲还从科尔贝的孩子手中为他买下了索堡。曼恩在军队中拥有孔蒂所没有的最高指挥权。但在这里，他不仅证明了自己的无能，而且证明了自己的懦弱，这也许是法国贵族永远无法原谅的一个过错，唯一的一个过错。

国王偶然发现了这一切。他暴跳如雷，还把脾气发泄到仆人身 115
上。但他不能没有曼恩，这个他深爱着的儿子，虽然他对儿子的缺点再清楚不过了，但也只是睁一只眼闭一只眼。

曼恩公爵从前线写给曼特农夫人的信件就像他 7 岁写给她的信一样，文采飞扬却也令人惋惜。他夸耀自己的勇气，说她不需要把他的功绩只留给自己知晓——她可以把它们传给国王，他恳求她对任何说他坏话的人都要表现出最严厉的态度。“我是您养大的，怎么能被人看出有什么欠缺呢?”他狡猾地加上一句，签了个“可怜的瘸子”。“美丽的夫人”已经失去了对国王的控制，那就对他没有任何作用了（唯一在阿泰纳伊斯人生黯淡之时还能对她忠心耿耿的孩子是她和蒙特斯潘的儿子，即当坦公爵）。

凡尔赛宫另一位年轻的成员便是沙特尔公爵，法国未来的摄政王。他是王弟和那位德意志夫人唯一活着的儿子。尽管没有孔蒂过人的头脑，但他有扎实的天赋，不仅是一名一流的士兵，还是科学和所有艺术的爱好者。和孔蒂一样，国王对他怀有偏见，从未给过他施展拳脚的机会，他也不得不通过饮酒或寻欢作乐来获取慰藉。他被迫娶阿泰纳伊斯·德·蒙特斯潘最小的女儿为妻（1692 年）。王弟并不愿意他的继承人和一位私生女联姻，但却收受贿赂，在得到承诺会收到大笔嫁妆，还可以让洛林骑士得到圣灵勋章后，他也就同意了这桩婚事。王弟夫人却因为德意志的家谱观念而变得歇斯底里。据圣西蒙说，当她听到沙特尔同意了这门亲事（这孩子被他的伯父吓得慌了神，不敢不从），她便在宫廷里当场给他一记耳光。无论是夫人本人，还是当戈，或是任意一位回忆录作者都不曾提及这记出名的耳光。毫无疑问，她对这桩不匹配的婚姻感到异常愤怒和痛苦。

红衣主教布永整整流亡七年之久，此时他早已悔过自新，在他的见证下沙特尔公爵和公爵夫人结为夫妻，国王举行了一系列令人
116 惊叹的宴会和娱乐活动来庆祝婚礼。沙特尔在这些宴会上穿的衣服都是由贝兰设计的。他的结婚礼服上镶嵌着珍珠和钻石，包括他的外套这些都是按照西班牙刺绣花边的样式来装饰的。新娘的婚纱是金色和银色的，上面织着黑色的小花，用金线描边。这条裙子镶着银色的条纹，边上缀着金色的西班牙刺绣褶皱花边，花了好几个月才做好。她秀丽的头发点缀着钻石和红宝石。他们的婚姻并不算太坏。公爵夫人像所有莫特玛尔家族里的人一样，又滑稽又漂亮。她经常把丈夫逗乐，也没有因为他的情妇而责备他。她太懒惰，没有情人，所以从未成为丑闻的对象。但他们很多孩子的下场都很悲惨。

曼特农夫人对这些和她生活在同一屋檐下的令人着迷的年轻人不感兴趣，而且几乎所有的人她都不喜欢，这是她的性格瑕疵。她喜欢，或者说假装喜欢王太子，对他的再婚也一直表现出和蔼可亲、善解人意的态度。他每天都去拜访她，向她讲述打猎的经过，当然不包括她认为很残忍的杀害过程。她对曼恩公爵的感情从未改变过，他是她最爱的人。但她对其他任何人都没有好感，甚至是她养育的公爵夫人。孔蒂亲王夫人从未忘记那封倒霉透顶的信件。曼特农夫人对当时的青年作过一些愚蠢的评论，这些评论过去一直存在，将来也会永远被听到。她最大的抱怨是，那些住在凡尔赛宫的年轻人只想着寻欢作乐——撒旦仍然在捣蛋等等之类——尽管，考虑到国王会强制要求他们参加活动，很难想象他们除此之外还能怎样打发时间。的确，多年后，当玛丽-安娜·德·孔蒂转向宗教时，曼特农夫人最不公平的抱怨便是，她变得邋遢、沉默寡言，在宫廷里也不能发挥自己的作用了。

11

新体制

The New Régime

如果被罕见的东西深深打动是正常的，为什么我们的美德却如此之少呢？

——拉布吕耶尔

毫无疑问，在曼特农夫人的影响下，由国王实施的新体制在凡尔赛宫的上空笼罩了一层阴霾。一系列恐怖的新规则开始运行。大斋节期间不允许上演戏剧或歌剧，甚至关于是否要把所有的剧院关闭的问题也提上了桌面。拉谢兹神父却明智地说道，如果真的关闭了，那些需要娱乐活动的年轻人势必要找一些别的乐子，甚至一些更加模棱两可的活动。弥撒期间谈论或者说笑都会被严格地监视——国王从教众头顶上的小包间里俯瞰底下，并不忙于自己的祈祷，因为看不清仪式究竟发生了什么。但凡他注意到一些人不参加复活节活动，他就会召见他们，找他们谈话。他派遣拉谢兹神父去告诉王弟夫人，她说话肆无忌惮——有人听见她对王太子大声喊道：即使他一丝不挂，她也不会动心——陪侍们最好对她严加管教！虔诚已经成为一种时尚，尽管人们注意到一些人在凡尔赛宫是圣贤模样，到了巴黎却变成罪人嘴脸。国王自己也试图树立神圣又自我节制的榜样。一些主教去觐见国王，就会说国王变得越来越像亨利八世，声称自己是法国教会的领袖，而不是像他们预想的那样态度冷淡。他只是回答："这些我听到的值得考虑。"所有这些都凸 118
显出国王和他同时代的人已步入中年。他们第一次在他父亲那栋小房子里的树丛还有花园里举办宴会、载歌载舞后，二十多年已经悄悄从指缝中溜走了。这群特别亲密的朋友现已分散四处。王弟的第一任夫人亨丽埃特去世也已经有十五年了。宫廷里的人依然对她记忆犹新，有一次，王太子还撞见过她的鬼魂。他正坐在床边的便桶椅上，这时，门开了，她穿着漂亮的黄裙子，还系着蓝丝带，缓缓走进来。他大惊失色，一脚跳回床上，叫醒太子妃，吓得把头埋在被子里，直到那可怜的鬼魂消失，他才敢露出头来。

宫廷里确实出现过一个真正的幽灵，即瓦尔代侯爵，国王年轻时的一位朋友，流亡在外二十余年。卢夫瓦在法国南部遇见他，就向国王禀告此事，于是国王召见他。瓦尔代现身，穿着他离开时的那身衣服，显得奇怪至极，他说道："对一个人来说，最悲惨的事情莫过于远离陛下，不仅不快乐，还会变得滑稽可笑。"国王将王太子引到他面前，假装王太子只是臣子，但是瓦尔代并没有上当。他鞠了一躬。"您在干什么，瓦尔代侯爵，只要我在场，人们不能向其他人鞠躬，您应该很清楚这一点！”“陛下，我什么都不知道了——我全忘了。”国王原谅了他流放之前施弄的宫廷阴谋，于是他便在凡尔赛宫度过残年。

路易丝·德·拉瓦利埃在修道院里也逐渐上了年纪，丑得无法辨认，国王也从未想起过这个女人。唯一一次想起她还是因为他们的儿子韦尔芒杜瓦年仅16岁（1683年）便死在一个驻防小镇。当这位王子还是个小男孩的时候，就卷进一桩同性恋丑闻，这使得他的父亲大为恼火，在这之后便对他失去了兴趣。国王并没有前去慰问路易丝，他说他很想去，但是觉得自己罪孽深重，不便去打扰这样一位神圣修女的祈祷。她说，当她发现自己为儿子的出生而哭泣
119 时，事实上是在为儿子的离世而哭泣。其他年轻时的朋友早已去世，还有一些人，例如苏瓦松伯爵夫人和她的妹妹早已名誉扫地。至于洛赞，他从监狱出来引起的轰动可比他进去的时候要小得多。

从此以后，国王身边的人便大不相同了。曼特农夫人毫不留情地清除了她哥哥和他那不体面的妻子。她还拐走了他们的孩子，把她当做自己的女儿抚养成人——最后将她嫁给了诺瓦耶公爵的继承人。她强迫多比涅夫人进入修女院，又把多比涅先生送去圣叙尔皮斯的一个虔诚绅士之家。她听说他有时会出逃，跑去妓院，更糟糕的是，他会坐在杜乐丽花园的长凳上，跟那些愿意驻足听他讲话的人大谈特谈他的“妹夫”。于是，她花钱雇用了一位庶务修士，他走到哪儿就跟到哪儿。尽管她真的很喜欢他，但她实在不能放任他在凡尔赛宫的私室进进出出，令国王尴尬难堪不说，他那糟糕透顶的笑话还令她为数不多的一群朋友心烦意乱。

这个小圈子以科尔贝的两个女儿为中心，即博维利耶公爵夫人和谢弗勒斯公爵夫人以及她们的丈夫。这四个人分开的时候都是郁郁寡欢，所以他们一直住在一起。施潘海姆评价谢弗勒斯的时候，说他是一位虔诚的绅士，但软弱无能，一直被女人掌控着，也不会有人注意到他。但是博维利耶却大相径庭，不仅大有作为，还成了国王身边不可或缺的人物。他的父亲圣艾尼昂公爵是个逍遥快活、善于处世的人，也是赛维涅夫人那个圈子里的成员，年轻时曾是路易十四的密友。莫里哀在《愤世嫉俗》里将他刻画成奥隆特，拉辛将他的第一部戏剧《德巴依特》献给他。他还是法兰西学院的成员、优雅的仲裁者、国王宴会的执事以及宫廷所有闲言碎语的收集者。国王过去常常找他了解情况。他发了一笔大财。他第二个儿子博维利耶却与他截然不同，他生来就是为教会而活。他的父母对他毫无兴趣，七岁之前，他一直被关在门房小屋里。后来，他被送去 120
一位贫穷的教士那里接受教育——教士家里没有可供他居住的房间，他只好和女仆睡同一张床。他 14 岁的时候，时来运转。他的哥哥去世，他变成父亲的继承人。他再也不用睡在女仆床上，还获得一个军团的指挥权，此后好几年一直过着放荡不羁的生活。23 岁时，他迎娶年方 14 岁的科尔贝的三女儿，一位拥有大笔钱财的女继承人。不久，她就说服他皈依宗教，他们还共同劝服路易丝·德·拉瓦利埃皈依。博维利耶这样做单纯是为了弥补他父亲怂恿国王通奸一事。博维利耶有十三个孩子，其中九个都是女儿。圣西蒙想迎娶她们其中的一位为妻，他不介意具体娶哪一个，只是想让博维利耶做自己的岳父。他比宫廷里的其他任何人都要更加钦佩他。

但是她们都是驼背，还都蒙召了，只有一个例外，不过很不凑巧，她嫁给了蒙特斯潘夫人浪荡不羁的侄子莫特玛尔公爵。其他人都成了修女。

博维利耶也被称为“善良的公爵”。他总是站在穷人这边，也是为数不多的可以向国王倾诉他们的境况而免遭惩罚的人。他本人谦逊有礼——如果他让自己的车夫等了几分钟，他还会向他道歉。随着年龄的增长，他变得越来越虔诚，隐隐中还透露出一种糊涂的感觉，他 60 岁写给上帝的一封信就很好地展现了这一点。“我老了……我的日子不多了，我即将踏入死亡的黑暗之中。”然后他开始着手进行自我分析。他希望凡尔赛宫更像伯利恒，他还责备自己喜欢开玩笑和闲聊，谈论了太多关于自己祖先的内容，不能做到时时将上帝放在心上，吃得比身体所需的要多得多，过分讲究清洁卫生，还祈祷成为国家大臣。他的祈祷得到了回应（1692 年）。整个国家上上下下，他是唯一一位得以应允进入御前会议的老贵族。国王不在凡尔赛时，博维利耶便可以发号施令。

121 博维利耶将费奈隆神父引入曼特农夫人的小圈子里。这位野心勃勃、高贵虚荣，却又极有吸引力的教会人士，还是波舒哀的追随者，他就像博维利耶的兄弟一样，他们似乎灵魂融为了一体，在任何问题上两人意见都完全一致。费奈隆为博维利耶夫人写了一篇有关女孩教育的文章来帮助她抚养九个女儿。曼特农夫人很快和费奈隆成为朋友，并且经常和他见面。她和费奈隆，还有博维利耶夫妇经常在他们的凡尔赛宫套房里见面。或者去巴黎的圣艾尼昂府邸，在这里，为了避免被仆人打扰，他们吃饭的时候都是自己上菜，吃完之后，费奈隆站在壁炉旁边，一只白皙漂亮的手掌撑在壁炉架上，谈论上帝。

曼特农夫人的朋友还有如花似玉、虔诚无比的当戈侯爵夫人，她出生在勒文施泰因。还有诺瓦耶主教，后来成为红衣主教，国王任命他为巴黎的大主教只是为了取悦曼特农夫人（1695 年）。还有蒙谢弗勒伊夫人，一位可怕的老妇人，长着黄色的长牙，漂亮的女士们都很惧怕她，因为她经常向国王打小报告，透露她们的行踪。当然还有沙米亚尔，几乎是唯一一位可以和国王打一场像样的台球比赛的臣子。他是一位绅士，魅力四射，但升为大臣之后，不久就失败了。这些善良的人们却不是能够吸引路易十四的伙伴，因为他比较喜欢有趣的灵魂。事实上，他刚刚将最有趣、最重要的一群人聚拢到了自己的屋檐下，就和他那上了年纪的妻子，还有她那一群才华横溢却无趣的人一道隐退，过起了私人生活。

1685 年，国王犯下一个错误：他废除了《南特敕令》，他的祖父亨利四世曾通过该敕令确保法国少数新教徒的信仰自由。数年来，路易十四一直在悄无声息地折磨着他们。他们不得担任任何政府官员职位，也被排除在自由职业之外；禁止不同宗教通婚，并宣布现有通婚者的子女为私生后代；新教徒妇女不能雇用罗马天主教产婆；当新教徒生病之际，他们就会被强行从家里拖走，带到国家 122
设立的医院，以便教士能够监管他们的临终时刻。还有一个极其令人烦恼的小问题就是他们不允许雇用罗马天主教仆人（新教徒几乎都是富裕的资产阶级，在他们中间很难找到仆人）。新教在法国南部富裕的城镇蓬勃发展，最后这些城镇都被龙骑兵控制。军队进驻这些城镇，士兵们就住在新教徒家里，他们可以随心所欲地制造混乱。即使当局没有怂恿士兵强奸和抢劫，但他们这么做了，也不会受到惩罚。

所有这些措施都导致了许多真实的抑或是表面上的皈依。但是，那些虔诚的男男女女始终初心不变，形成了一个坚硬的核，而国王则决心要破开这颗核。不得不说，他这样做实际上是受到了全国上下所有可靠的人的鼓舞，不仅包括所有大名鼎鼎的传教士和主教、大臣、巴黎和外省高等法院的全部成员，还有像赛维涅夫人这样的上流社会人士。也许比起其他任何人，国王更加重视波舒哀的观点，当波舒哀听到废除敕令的时候，称呼他为：“这位君士坦丁大帝，这位狄奥多西大帝，这位查理大帝。”特拉普派创始人，即神圣而受人尊敬的朗塞说：“国王所做的一切是多么伟大。”施潘海姆说，拉谢兹神父需要负很大的责任，对这样一个和蔼可亲的人来说，这似乎有些奇怪，但当时他的确是一名天主教耶稣会士。而施潘海姆本人是新教徒——此时勃兰登堡公国领导着信奉新教的德意志各邦国，人们一度认为他积极参与了将自己的宗教同伴私自运送到普鲁士的行动。他的女儿嫁给了一名法国逃难者。

无论在法国哪个地方，新教徒就像过街老鼠一样，不受人待见——这和犹太人在战前的德国受排挤如出一辙。他们腰缠万贯，德才超众，形成了自己的小集团。国王从未过度偏执狭隘或固执己
123 见。事实上，当谈到天主教在暹罗的使命时，他曾说过，上帝把树上的叶子涂上了不同深浅的绿色，也许上帝想被世界上不同的人以不同的方式崇拜。废除敕令与罗马的影响毫无关系，路易十四与教

皇英诺森十一世几乎在所有事情上都存在分歧，包括这次废除令，教皇就认为只不过是愚蠢的无用之举。国王对新教徒的态度最重要的考量来自政治方面，他将他们视为建立真正意义上的统一国家这一夙愿的障碍，他们的宗教信仰与他的宿敌荷兰人的宗教信仰一样，这一事实使得这些新教徒看上去更加危险。不幸的是，卢夫瓦的权势系于军队，所以他选择将“皈依”视为军事行动。龙骑兵的名字变得越来越令人毛骨悚然，不久，士兵们也受到怂恿，用尽各种方法虐待那些不幸的房主，谋杀和酷刑已然变成家常便饭。那些企图移居的人都被关进了监狱。

因为废除敕令，曼特农夫人受到广泛谴责，但负责任的作家从未谴责过她。伏尔泰早在收到她写的关于这件事的信件之前，就意识到这与她并无半点关系，还在《路易十四时代》中为她澄清。信件到达他手中的时候，他迫不及待打开来读，因为如果这些信件证明她的确需要负责，那他对她的评价自然会土崩瓦解，还好恰恰相反，这些信件证明他是多么明智。信的开头，她就谴责卢夫瓦的过分行为，只是她过于胆小，不敢向国王禀告。事实上这很可能是真的，正如许多法国历史学家所说，路易对这些外省所发生的事情一无所知。他认为成千上万的新教徒正在皈依天主教，而少数极有可能是罪犯的恶棍则在遭受惩罚。曼特农夫人告诉费奈隆，她只要一想到新教徒正在忍受折磨，她就心痛不已，但是，一旦她就这个问题开了口，她的敌人们就会说她内心深处依然是一个新教徒，她能做的善事就是什么都不做。事实正是如此，国王认为她太过温柔，不知道她是否依然留恋自己过去的宗教信仰。她自己劝服了太多人

124 改宗，所以她根本就不相信武力或贿赂就能使人“皈依”。曼特农夫人是一位真正的虔信妇女，在这类问题上她能分清是非。说来也奇怪，在她自己的家里，有几个未改宗的新教徒，但他们从来没有受到过干涉，在整场迫害运动期间，他们一直平平静静地和她生活在一起。

而凡尔赛宫里面，国王则打算以身作则。大多数新教徒属于中产阶级（事实上，查理二世从未全心全意接受宗教信仰的原因之一便是，他年轻在巴黎的时候，上流社会普遍认为宗教过于沉闷陈腐，还难以言表）。但有一位声名显赫的贵族，即 57 岁的拉福斯老公爵，他也是新教徒。国王召见了他，和他促膝长谈，公爵承诺一定会尽最大努力改宗。于是他被送进一家神学院，但是当他在那里待了一段时间之后，有关他的进展报告依然停留在摇摆不定的消极状态，国王担心他的精神状况，就将他送入巴士底狱（他入狱那天的日期很奇怪，正是 1689 年 7 月 14 日），还给他提供大量的天主教书籍，要求他把它们全部读完。老人哭得稀里哗啦，还因缺乏运动患上水肿。他给国王写了一封请愿书，恳请能够让他去奥拉托利会，或者更好的便是能够回到凡尔赛宫。有人在这份文件的页边空白处写道：既不能去奥拉托利会的神父那儿，也不能回凡尔赛宫。然后，他回心转意，并告诉一位来访者，他的妻子是个比他更加固执的新教徒。因此，精神萎靡的公爵夫人也被捕了，送进了一座堡垒。四年之后，拉福斯夫妇得到准许回家，前提是必须有一位教士和他们住在一起。“只要博尔德神父认为公爵不应该和公爵夫人见面，这位夫人就会得到命令，不许踏出自己房间半步，而且不是按小时计算，一待就是好几天。”1699 年，公爵去世，公爵夫人设法到达伦敦，暂住在英国大使妻子泽西夫人的套房里。国王威廉在圣詹姆斯宫给了她一间套房，但她的麻烦还没有结束。当她靠随身携 125
带的珠宝生活了一段时间之后，她的钱花光了。因此，她写信给路易十四，询问他法国的公爵夫人在国外却沦为乞丐，这是否可耻。这是个聪明的主意，国王赠送她四千里弗尔。她再也没有回过法国。路易十四死后，生性随和的摄政王将她赦免，允许她拥有自己的财产。她去世之后，将财产留给格林威治医院，遗嘱里有一项条款：如果任何拉福斯家族的新教徒流放到英国，那他们必须得到赡养。这种情况并未出现。法国大革命期间，的确有一位拉福斯公爵移民到英国，但他并不是新教徒。

废除敕令的结果正如可以预见的那样，是一场大灾难。成千上万的新教徒设法逃到英国、荷兰和德意志，他们都是法国无法饶恕却又十分具有价值的公民——在博因河战役中，奥兰治的威廉的军队里有一千多名法国军官，但也许最大的危害是他们所散播的言论。他们将法国人描绘成食人魔，说法国人会给所有进行过宗教改革的国家带来危险。瑞典、荷兰和德意志各邦国联合起来，并在1686 年成立奥格斯堡同盟来对抗路易十四，很快西班牙和他的宿敌信奉天主教的神圣罗马帝国也加入进来。

詹森主义者得到众多的关注，不得不说的是，正是如此才导致整个法国暗流涌动、纠缠不清的宗教生活持续了一百五十余年。这个由荷兰人詹森所创立的阴郁教派的教义便是回归早期基督徒的简朴和纪律。而詹森主义因为女修道院院长安热莉克·阿尔诺在法国得以流行起来，它的总部设在两个修道院内，一个是巴黎的王港修道院，另一个则是王港田园修道院，坐落在离凡尔赛宫不远的浪漫山谷里。那些在王港田园修道院有亲戚的朝臣们过去常去探望，两
126 个团体之间便有了许多来往。严厉的詹森主义者总是设法使自己看起来比耶稣会士更加神圣，而机敏老练的耶稣会士正是这个世界上掌管着国王良知的人，两个教派之间几乎没什么友爱可言。和往常一样，政治因素在这件事上也起了作用。许多詹森主义者都是投石党人，国王对他们的憎恨程度在新教徒之上，更甚于无神论者。他的侄子沙特尔想要带一位他队伍里的朋友前来。国王不同意，因为他得到消息称这位朋友正是一名詹森主义者。“丰佩尔蒂是詹森主义者？”公爵惊讶地问道。“我非常怀疑他是否信仰上帝！”国王这样说了，他也就不再反驳。尽管国王非常厌恶王港修道院，而且它离凡尔赛宫是如此之近，但在拉谢兹神父在世期间，它一直得以完好无损。

宫廷现在由圣西蒙公爵的手笔来记录，他于1691年进宫，这时他刚好用笔记下国王因卢夫瓦的逝世而如释重负。自此之后，小公爵将舞台上的角色描述得绘声绘色、有血有肉，如果他们突然变成活生生的人站到我们面前，我们不仅应该能够辨认每一个朝臣，还应该知道，在圣西蒙的观点里，他们脑袋里正在想什么。圣西蒙的偏见是极端的。他不由自主地崇拜国王，但同时又厌恶他的政策：他通过资产阶级大臣来管理国家，并且贬低古老的贵族世家。但是，尽管他才华横溢，也未能完全理解国王是一位什么样的神秘男人，或者说国王的能力给他的真情实感罩上了一层烟云。圣西蒙

太过看重他的面子。他讨厌曼特农夫人和她的一切。他将曼恩公爵视为撒旦，因此这个微不足道的家伙才得到如此多的荣誉，他诅咒那些王室私生子，他们优先于公爵们这一点就是最好的理由。他最鄙视的是人的本质，他认为人性没有任何的美感。他厌恶凡尔赛宫。伊齐基尔·施潘海姆说过："圣西蒙，没人注意他。"他作为一位公爵，却很少给同时代的人留下什么印象——直到他死后，人们才开始注意到他。

12

夺命医师

The Faculty

几乎所有的人都死于他们服下的药物，而不是他们患上的疾病。

——莫里哀

在凡尔赛宫，疾病和死亡都会使得人心惶惶。一旦最后一口气离开了王室成员的身体，那么他或者她那镀金的卧室就会变成屠夫的店铺。那些陪伴死者一辈子的贵族或侍女往往会处于一种悲痛欲绝的状态，但在尸体被割成碎片的时候，他们又不得不站在床边目睹这一切。不仅会锯开头颅检查，一旁有灯光照射，肝脏也被取出来放在边上，心脏放在一个银托盘里，交给一位公爵夫人，内脏放在另一个大银托盘里，交给另一位公爵夫人。七八个医生把他们可怕的发现记录在案，然后宣布死因。他们必然忽略的一个原因便是他们的无能。

再过二百五十年，在我们的后裔看来，现在的医生可能就像法贡和他的同事在我们眼里一样野蛮，这一说法并不那么令人安心。当时那些受欢迎的医生不同于普通医生——就像王家神父和乡村教士有着天壤之别一样。他们也和现在有名望的医生一样站在那里，无比钦佩自己的科学。就像现在的医生一样，他们谈起话来仿佛已然对疾病和死亡得心应手了。莫里哀将这种医生描绘得淋漓尽致，大人物之间的磋商从来就是他戏剧的经典场景之一。那些充满学术意味和神奇魔力却毫无意义的辞藻，那些望向彼此的严肃面孔，在两种同样都毫无价值的方案之间犹豫不决，是那么具有艺术性—— 128
所有的这一切都形容尽致。过去，他们穿着黑长袍，戴着帽子，给病人放血。现在，他们穿着令人心生恐惧的白大褂，戴着口罩，给患者输血。结果却是相同，那些顽强的生命，那些虚弱的人在灵魂饱受折磨和钱包掏空之后，最终还是咽了气。当时流行的凶残放血方式有两种会致死——一种是因为缺血而筋疲力尽，还有一种就是因为血液中毒。天花患者经常要遭遇放血，他们大部分都救不活。有位医生对这种状况已经习以为常，他大呼道："又是天花，我想让您习惯流血。"病人放血之后，总是感觉更糟糕，但一般认为这是很好的迹象。图卢兹伯爵勇敢地忍受了结石手术，24 小时之内放了四次血。他年轻又强壮，于是便恢复了健康。二十六年之后，他出于同样的病因接受相同的治疗，最终还是撒手人寰。

门外汉对医生的看法都有分歧，那些相信医生的人看不惯那些不信他们的人——他们认为，正如莫里哀所说，他们"对医学不虔诚”。但是，唉，当时和现在一样，最不虔诚的人在痛苦和恐惧之中，往往会改变主意，把自己交给那些自诩为专家的人，然后按部就班地死去。曼特农夫人和国王对医学非常虔诚，并且坚持认为他们权力范围之内的人也应该秉持一颗虔诚之心。如果朝臣在生病的时候，没有完全听从法贡的嘱咐，国王会觉得非常不妥。而王弟夫人则非常不虔诚。

至于17世纪的病理描述，我们读起来会非常奇怪。拉辛12岁的女儿芳淑头痛，就上床躺着。拉辛很疼爱他的孩子们，于是过了一会儿，他便去看看她有没有好点。他发现她的头倒在地上，喉咙里满是水，似乎快要被呛死。他把她抱起来，她就像个湿答答的布袋子。他和他的妻子往她的喉咙里猛灌盐，还用烈酒给她擦拭身体，但是她看上去还是窒息的样子。他们匆匆忙忙地派人去请医
129 生，但是医生都不在家。最后，她吐出大量的水，数量令人瞠目结舌，这些水似乎都是从她的脑袋里涌进她的胸腔，然后她就完全没事了。外科医生马雷沙尔到达之后，给她放了血。法贡也赶到，诊断她患上窒息性黏膜炎，他说是因为她擤鼻子不够。从那以后，她整天大声擤鼻涕，把大家都气得发疯。

过去那些时日，危及生命的除了女人分娩，男人上战场，还有婴儿时期容易夭折以及人们患上天花。相反，高龄并不是特别危险或令人畏惧，人们总是可以活到很大年纪，而且一点也没有老态龙钟的感觉。洛赞89岁时，还每天带着一群猎犬外出。旺塔社尔90岁时还能跳小步舞。曼特农夫人70多岁还向神父痛苦地抱怨，国王依然每天坚持行使夫妻权利，甚至有时候还要两次。她享年84

岁，死于百无聊赖。克莱朗博夫人 90 岁还是最好的外出伙伴。勒诺特 88 岁了，身子还是硬朗得很。国王的秘书之一伊萨克·巴尔泰去世时享年 105 岁，还有西班牙的曼塞拉侯爵 107 岁才离世，事实上，他多年来一直以巧克力为生。回忆录作家的书页里比比皆是 80 多岁的耄耋老者，他们就像百灵鸟一样，灵动如斯。

婴儿死亡率一直居高不下，令人震惊，医生需要负责任。孩子生了病，他们首先给他放血，然后给他清洗一下，再然后就是让他服用呕吐剂——这种药通常都会起作用。他们从未注意到这种治疗方式并没有什么可取之处，尽管孩子的母亲还有保姆都知道，但她们却无能为力，因为一旦她们不让医生治疗，虔诚的公众舆论会指控她们谋杀。夺命医师一进来，母亲们能做的就只有祈祷了，她们只能在心里安慰自己，小宝贝不久就能与上帝在一起了。国王和他的妻子还有主要的情妇生了十七个孩子，其中十个夭折了——这对于富人家庭来说是非常正常的比例。穷人的生活在诸多方面都异常悲惨，但至少他们可以逃过诸如法贡这类人的注意。如果他的方法 130
在乡村地区盛行，那法国人口肯定不会有两千万。

外科医生比内科医生要稍强一些。他们用亚麻布带子将患者绑在一块木板上，不去理会他们的尖叫声，但事实上，他们已经尽量不去伤害他们了。当时外科医生这一职业比不上医药师，医生们总喜欢将自己视为知识分子，而锯骨的外科医生就只是工匠。这种态度源自中世纪，那时，医生们都是神职人员，他们被禁止给病人放血。当患者必须锯骨或放血的时候，工作就会移交给理发师。外科医生的地位在 17 世纪得到提升。宫廷外科医生费利克斯以及他的弟子马雷沙尔·德·比耶夫尔都是卓越非凡的人物。国王很喜欢他们，他们在巴黎医学院的影响力都非同寻常。两人取得一些令人惊叹的成果，尤其是对结石的治疗。结石在当时是一种非常普遍的病症，大多数患者都是10岁以内的小男孩。由他们主治做的手术已经够可怕了（波舒哀宁愿在痛苦中死去，也不愿意接受手术），但在巴黎有个受欢迎的庸医，名叫雅克·德·博利厄，他施加给患者的折磨比他们还要有过之而无不及。在巴黎访问的马丁·利斯特（Martin Lister）[1]曾去观看他的手术，他被眼前的景象吓呆了。他的病人几乎无一幸免，但这并不妨碍上流社会趋之若鹜。最后，他在惨不忍睹的屠杀中害死洛尔热元帅，于是他的病人数量骤减，最终他也一败涂地。费利克斯和马雷沙尔医死的病人比当时大多数外科医生少得多——也许是因为他们的手术工具更加干净。

国王的第一位御前医师是洛尔姆先生，生于1584年，卒于1678年，他还曾照顾过路易十三，而且五十年来，一直是一位受欢迎的医生。洛尔姆发下誓言，说个人卫生极其重要，并把他的理论应用到自己身上，结果他活到了94岁。“为什么鱼可以存活这么
131 久？因为，”他说道，“它们从来不受气流的影响。”于是他整日坐在轿辇里面，盖着毛毯，还以兔毛为内衬，以确保空气不能渗进体内。不得不出门的时候，他便披着摩洛哥长袍，戴着面具和好几顶裘皮帽子，还要穿上六双长筒袜。他总是嘴里含着一点大蒜，耳朵里放点儿香，两个鼻孔都插着芸香。他睡在砖砌的烤炉里，四周都

[1] 马丁·利斯特（1639—1712），英国著名内科医师，留有大量信件。

是暖瓶，他只吃绵羊舌头和青梅糖浆——他绝不会碰蔬菜、新鲜水果、果酱或者馅饼。87 岁时，他迎娶了一位年轻老婆，结果把她累坏了，不到一年，她就去世了。洛尔姆先生发现波旁某地水质绝佳，于是他将该地改成了温泉池，颇受欢迎。

路易十四身边最著名的医生要数居伊-克雷桑·法贡，短短二
十年时间，他便设法将王室成员的大多数送进坟墓。人们第一次听
说他还是在他照顾曼特农夫人养育的几个孩子的时候，那时他们还
住在沃吉拉尔街道，他后来将他的事业起色归功于她。她帮他获得
王后御用医生这一职位。他几乎立刻就杀死了玛丽亚-特蕾莎，但
他依然得以留在凡尔赛宫。1693 年的万灵之日，他被任命为首席御
医，这在宫廷是重要职位之一。首席御医在宫里拥有一间套房，在
凡尔赛镇拥有一栋别墅，收入可观。他是御前会议成员，还被册封
为贵族。他很想让国王活着，因为他是唯一一位会在国王死后自动
结束任命的人。法贡的名声传遍整个欧洲。威廉三世在临终之际，
假装成普通的教区教士，将自己的症状告诉他并征询他的意见。法
贡传话给他，说他最好与上帝和睦相处，因为他已经时日无多——
在这之后，威廉卸任，然后辞世。许多同时代的人评价法贡，都说
他是一位善良、诚实之人。他魅力四射，才华横溢，对待病人态度
友好，学富五车，还精通与他专业相关的所有学科，比如植物学和
化学。如果他喜欢某人，就会对对方非常友好。例如，他总是对摩 132
德纳的玛丽非常好。但有些人，尤其是王弟夫人，对他可谓是深恶
痛绝，还指责他谋杀病人。他俩水火不容，法贡毫不讳言地宣称：
正是她的儿子将几乎所有的王位继承人一一毒杀。法贡奇丑无比，

人们甚至都不敢看他，他的腿又细又长，像鸟一样，一头乌黑的头发，牙齿糜烂，嘴唇也耷拉着。他患有哮喘，从来不上床睡觉，总是睡在椅子上。

国王身子骨很好。但像大部分人一样，他深受牙齿毛病的折磨。他有一部分上颌骨被切除，其中一根直接被拔除，所以他咀嚼食物一直不太方便，食物的碎屑有时会从他的鼻腔里掉落。他每个月按时服药一次，进行一次彻彻底底的排泻，效果是平时的六七倍。在这期间，他绝不会踏出房门半步。他还患有痛风。但是众人都不知道他患有这些疾病。所以1686年11月18日早上，朝臣们得知国王7点时动了一次大手术之后，大吃一惊。在公众不知道的情况下，他好几个月一直忍受着肛门瘘管破裂的痛苦（这也就解释了过去的一年时间里，他一直脾气暴躁），最后，他终于下定决心让外科医生为他诊治。这种病一直困扰着医生，红衣主教黎塞留就死于他们的治疗。时任国王外科医生的费利克斯遇到了好几个患有这种病痛的穷人，他打发他们前去巴雷热找水，据说那里的水可以治愈这种疾病。但是无人治愈，于是他开始在巴黎各个医院为瘘管患者做手术，他还完善了一种可以减轻痛苦的仪器。

除了曼特农夫人、卢夫瓦、拉谢兹神父还有医生，谁也不知道国王将要接受手术——他们保守这个秘密长达六周。国王英勇地接受了治疗。如果他对别人严苛，那么他也不会放纵自己，他的自制
133 力非同寻常。前一天，他还心情特别好，不仅在凡尔赛宫的花园里散步，还去视察了水库。手术台上，他被剪刀剪开八次，还被手术刀割开两次——他不仅没有发出任何声音，就连呼吸的节奏也没有

被打乱。所有这一切都结束之后，消息才公布出去。王太子自然是外出狩猎去了，一个信使被派去找他。他快马加鞭，淌着泪疾驰回家，心烦意乱地跑到父亲的房间里，却难过得一句话也说不出来。消息在巴黎散布才一刻钟，教堂里就挤满了人。尽管国王从未到过那里，也并不是很受欢迎，但巴黎人依然以他为荣。他们告诉彼此，不管大家对路易十四有什么看法，是他让法国的名字凌驾于其他所有国家之上。

大孔代和蒙特斯潘夫人此时正在枫丹白露照顾公爵夫人，她患上天花，正在慢慢恢复。一位信使被派去告知他们无论如何也不用赶回凡尔赛。阿泰纳伊斯冲进了国王的卧室，却发现曼特农夫人正坐在他的床边做针线活，于是她又冲了回去，在自己的房间里歇斯底里，大喊大叫，这个说法似乎不是那么真实。孔代遵照国王的命令没有来，因为他怕将传染病带到凡尔赛，而且他自己也感觉不舒服。于是他派自己的儿子和最疼爱的侄子孔蒂去往凡尔赛，还苦苦哀求国王来看他。国王冷冷地说，又没有禁止他进入宫廷，他对他说话已经算相当友善了。

尽管费利克斯恳求国王先休息，但他却坚持当晚召开会议，他非常痛苦，汗流满面。第二天，他依然接待大使，因为他想让他们知道他身体还很好，疼痛使他面目狰狞，都认不出来了。随着时间的流逝，他似乎恢复得越来越好，尽管依然忍受着痛风，他还哼着小曲儿，人们认为这是很不错的迹象。他只能喝汤，所以总是饥肠辘辘。宫里的人开始讨论其他的事情，比如大孔代，他似乎病得很严重。但此时的话题是王太子剪掉了自己的头发，因为外出狩猎不 134

方便。在这之前，他一直留着一头美丽的金色长卷发，在此以后，他顶着的那一头假发就不那么好看了。

这时国王的身体每况愈下，12 月 6 日，费利克斯认为有必要再给他来几针，防止伤口愈合得不均匀。8 日，情况似乎不太好，他的身体又被切割一次。10 日，又一次漫长而重大的手术，曼特农夫人说国王遭受六个小时的折磨，就好像经历了一场轮刑。这比第一次可怕得多。但第二天，情况有所好转，尽管听到孔代离世的噩耗，他很难过。接下来的一个星期左右，他忍受着极大的疼痛，在那之后，他便完全康复了。

13

圣西尔学校

Saint-Cyr, the School

年轻而温柔的花骨朵，在动荡的命运之中，像我一样处在这陌生的天穹之下；在一个远离世人的地方，我开始照顾她们生活并引导她们学习。

——拉辛

几年之前，曼特农夫人还未嫁给路易十四的时候，和她的一位好朋友布里农夫人合伙开办了一家女子学校。她自己也曾熬过这样困难重重的青春时期，所以她总是为乡绅子女感到难过——她自己也属于小地方的贵族阶层。至于农民，他们则是国王战争中最惨烈的受害者。费奈隆曾说，整个法国很难找到出身良好却未曾参加过几次战役的二十岁的青年。征募本应该是自愿的，的确也有许多年轻人秉承着冒险和热爱战斗的精神奔赴战场，但事实上大部分并没有选择的余地。贵族们除了在军队服役，或在教堂任职，不允许从事其他任何职业。而农民们，则被似是而非的话语收买了，如果这些话不能引诱他们，他们就会遭受压迫。更富有或更足智多谋的市民只要愿意，往往可以选择退出服役。而乡绅们大都不会奢望在地位上有所提升，高级指挥权都交给了国王那些凡尔赛宫的朋友们；“一个我从未见过的人”的前景只能是黯然无光。路易统治末期，那些名声大噪的统帅都逝世了，而他们的继任者却懦弱无能，有人
136 便向国王建议，可以在各省挑选更好的士兵。“很有可能他们更好，”他回答道，“可是我怎么才能找到他们呢？这也意味着要带走别人的门生——我宁愿任用我认识的人。”

乡下绅士们的女儿都过着非常悲惨的生活。她们大多没有受过教育。那些不结婚的人往往成为嫂嫂或弟媳的仆人，或者没有职业就进入修女院。曼特农夫人自己也是好不容易死里逃生出来的，所以她认为如果能将她们其中的一些人从现有命运中拯救出来，也将会是一件不错的事情。

布里农夫人品德高尚、智慧超群，她还是乌苏拉会的修女，但是她的修道院因缺乏经费而被迫关闭。她的学校一开始修建在吕埃尔。曼特农夫人引起了国王对该校的兴趣，她们便决定扩建学校并将其搬到凡尔赛附近，以便曼特农夫人可以密切注视它。宫里停车区域的尽头有一所小村庄，取名圣西尔，簇拥着一所古老的本笃会修道院。国王召见修道院长，询问她和她的修女是否愿意搬到巴黎去。但她恭敬地恳求国王让她们留在贤王达戈贝尔特安置她们的地方。国王告诉曼特农夫人，只消一封密札便可驱逐她们，但她认为

这对于她的计划而言，并不是一个好的开端。如此一来，就不得不建造新的房屋，芒萨尔在军队的协助之下开始这项工作，至于军队，他们在和平时期大多数都充当国王的建筑工。曼特农夫人要求芒萨尔为她设计一所像兵营一样简朴的大房子，既不需要奢华也不需要秀美。她自己也跟进室内装修的所有细节，家具简单但必须精致——她买的亚麻布质量极佳，用了五十年。这里可供 6 岁至 19 岁的二百五十多个女孩居住。三十六名女教员（被称为“修女”）与这些女孩们隶属同一阶层，比她们也大不了几岁，还有二十四位俗人修女。这些修女被冠以姓氏称呼。她们也住在这里。 137

整个计划的重点便是，圣西尔学校绝不能变成一所修道院。曼特农夫人嫁给 Z 形身材的斯卡龙之后不久就进入一所修道院，国王反对宗教机构，尤其是专为女性设立的宗教机构，他认为这会使得那些女性变得又阴沉又愚蠢。他的愿望是改善战斗民族的妇女教育，而不是把她们关起来，让她们生不如死。拉谢兹神父也同意这一点，他还说，这世上有很多优秀的修女，却没有很多优秀的母亲，所以这些修女和俗人修女不会发永恒的誓言，只会简单地宣誓，女孩们成长的过程中也应该秉承着一种出世的态度，而且学校里应该弥漫着一种文明的虔诚氛围。圣西尔将会提供良好的通识教育。年轻的女士们必须能够用流利的法语交谈、写作，赋予每个词语恰当的意思，并能熟练使用成语。她们还会背诵诗歌，做大量的针线活（她们最早的成果之一便是为法国刚刚拿下的征地，即斯特拉斯堡的大教堂织就一块祭坛布）。女孩们和修女们之间也应该是一种友好的关系，上课尽可能以一种轻松、愉快、自然的方式进行，没有严苛或者痛苦的贞洁要求，也没有不必要的规则条款。

圣西尔的章程由曼特农夫人、布里农夫人和国王一起起草，还须获得拉谢兹神父和曼特农夫人的告解神父的同意，而语言则由拉辛和布瓦洛校正，最后文件会呈交给教皇。他们要求英诺森十一世同意从富裕的圣德尼修道院转移资金，但他与国王关系不和，便在背地里做了一些手脚，这一问题直到他死后才得以解决。在学校布里农夫人将会终身担任校长，而曼特农夫人将拥有卓越地位和荣誉特权以及至高无上的权力。她还会有一间专属套房（费用由学校承担），只要她愿意，她随时都可以在这里下榻。许多朝臣认为她建
138 立这所机构主要是为了逃离凡尔赛的新鲜空气。只要国王一踏进她的房间，第一件事就是猛地打开窗户，只有在他离开后才能关窗。曼特农夫人坐在一张桶椅或者带帽椅上，身上盖着毯子和披肩，还在瑟瑟发抖，但国王丝毫没有领会这些暗示。至于在圣西尔，她一到就钻进暖和的被窝里，常常一待就是一整天。

这些女孩先由国王的系谱学家道齐耶看过家谱（父亲一方至少需要是四等贵族），然后才交由国王挑选。浏览她们的名字和出生地对于任何熟知法国的人来说都是很有趣的。她们永远也不能忘记自己是勇士之女。国王和他的将军们在奔赴战场之前，会在这群洁白无瑕的灵魂的簇拥之下敬拜战神。学校要求女孩们为了和平而不是胜利祈祷，但两者在法国处于霸权地位时是一样的。

国王对学生制服非常感兴趣，他说一定不能像一般修女的那样，全是白纱和丝带。曼特农夫人的女侍向他展示了琳琅满目的样品。国王最后选定冬天用一种浅棕色的毛织品，毛皮做衬里，夏天

则用条纹棉。围裙配上了丝带，以示穿着者的身份。他还要求女孩们注意打扮自己的外表，毕竟美丽是上天赐予的礼物，头发也必须梳妆整齐，发型得时髦，还要用比一般修女的更漂亮的面纱盖住。学校的修女们也身着同样的衣服，但不系围裙。她们佩戴金十字架，上面雕刻着拉辛的隽语：

她是我们忠实的向导，
我们的幸福源自她。

至于“她”指向的是十字架还是曼特农夫人，这就很难说了。

房屋于 1686 年竣工，女士们乘坐王室马车跟在圣坎迪达的遗 139
物后面。凡尔赛和附近的人群站在路边看着她们经过。曼特农夫人则站在门口，对她们说：“这里的一砖一墙便是我的底线，这里也将是我的坟墓。愿这所学校像法国一样永存于世，也愿法国像世界一样永恒不朽！”第一批客人中便有阿泰纳伊斯·德·蒙特斯潘，她还带着年仅 10 岁的小女儿布卢瓦小姐。于是，大部分王子和公主都过来了，大多数朝臣也过来了。圣西尔一时门庭若市。

这段时间国王正在做手术，他是好几个星期之后才抵达此地的。三百名年轻活泼、朝气蓬勃的孩子引吭高歌迎接他的莅临，这首歌由布里农夫人作词、吕利作曲：

伟大的上帝拯救国王
伟大的上帝拯救国王

国王万岁

永远无上光荣

百战百胜的路易

他的敌人总是弃甲投戈

国王万岁

布里农夫人便是《上帝拯救国王》的词作者，但是吕利的曲谱已然失传。

国王里里外外都参观了一遍。他与女孩们交谈，给修女们做演讲，出席弥撒，最后，他还对曼特农夫人表示感激，感谢她带给他的快乐。自此以后，圣西尔将会变成他和她生命中的重头戏。撤销《南特敕令》所带来的麻烦开始困扰他，他喜欢和他妻子那些玲珑可爱的学生们待上一两个钟头，以此获得短暂的忘却。他在这里也状态最佳。他摆脱那可怕的威严，摇身一变成为和蔼可亲的大叔，把小女孩们抱在膝上，与她们闲聊，听她们背诵功课。他在自己家
140 里却从未这样怡然自得过。像往常一样，他那敏锐的目光看透一切，他总结孩子们的性格，知道谁开心，谁哭过，谁不服管教。至于曼特农夫人，刚开始的时候，三天里她起码有两天在这里，早上6点就到了，十个小时甚至十二个小时之后才离开。从梳头到一日三餐，她不会放过每一个细节。夏天傍晚时分，国王会去那里找她，一起去礼拜堂参加晚祷，然后和她散步回家。此时，还丝毫无法预见圣西尔将会成为一个多么令人担忧的地方。

因为课程有一部分内容是学习和背诵诗歌，布里农夫人认为让

女孩们表演戏剧将是个不错的选择，曼特农夫人也颔首同意。于是布里农夫人开始自己动手写剧本，内容很可笑，而曼特农夫人又不得不全程坐在观众席观看，她觉得自己再也无法忍受了。她说道，必须给孩子们一些更好的剧本，于是安排她们排演《安德洛玛克》。这部戏剧里交织的爱恨情仇被演绎得淋漓尽致，连曼特农夫人都吓了一跳。她写信给拉辛说，除非他专门为女孩们写一部宗教题材的戏剧，否则她再也不会让她们排演他的剧本。这他还不答应？

拉辛在宫廷里可谓是众星捧月。在国王眼里，他是谦谦君子，国王还说他的脸不仅英俊潇洒、容光焕发，还慈眉善目，他是他最喜欢看到的人士之一。国王失眠时，拉辛便会为他大声朗读，这是谁也无法替代的，他可以一边读拉丁文，一边把它翻译成优美的法文。他和他那形影不离的朋友布瓦洛被任命为国王的史料编纂者，他们过去也常常因此而奔赴前线，类似于现代的战地记者（尽管士兵们大都觉得他们是十足的麻烦精），但他们又与现代记者大不相同：他们十分胆小，害怕随时会有生命危险。拉辛告诉国王，士兵们英勇顽强，这一点也不令人惊讶——他们的生活是如此恐怖，他 141
们只能渴望结束生命；而他自己，对生活有所期待，所以害怕炮弹让他的生命戛然而止。事实上，他热爱凡尔赛宫的生活，无比崇拜国王，还被上流社会的魅力所虏获。他还说，完美融入社交圈的诀窍在于不要谈论自己的工作，让别人觉得自己是了不起的大人物。国王看见拉辛和魅力四射的卡瓦侯爵一起散步，便说道：“我想我知道他俩为什么经常在一起。卡瓦总喜欢认为自己是智者，而拉辛则把自己想象成朝臣。”

拉辛本质上是一名詹森主义者，他小时候曾在王港待过一段时间，他的姑妈就是那儿的修女。在差点卷入毒药事件之后，他心有余悸，便转向了宗教。他娶了一位虔诚的信徒，生育的五个女儿中四个都做了修女。拉辛太太对诗歌一窍不通，她从未读过，更别说看她丈夫的剧本，对她和当时的众多普通人而言，剧院以及与之相关的一切都极其可憎。拉辛越来越迷恋詹森主义，便放弃写剧本，只为路易十四写些小东西，抑或为颁奖题词，为挂毯写说明等等。他将他的时间划分为凡尔赛宫时间、王港时间以及幸福的家庭生活时间，他的家就在巴黎的一条街上，即现在的维斯孔蒂街。

当曼特农夫人要求拉辛为她的女孩们写宗教题材戏剧的时候，拉辛便去找布瓦洛磋商，布瓦洛认为整个想法简直可笑至极。拉辛也同意。但后来，就像作家们经常做的那样，他在脑海里想了想这个提议，最终，构思出《以斯帖记》。这部戏剧以凡尔赛宫当时的情况和人物为蓝本，外面披着圣经的装束。曼特农夫人被描绘成圣女以斯帖，完胜蒙特斯潘夫人（“我代替了无礼的瓦实提”）。她自然对这部剧十分满意，年轻的女演员、唱诗班以及其他人都进入
142 了紧锣密鼓的筹备工作中。她说，她们手里有事忙是件好事，华丽的辞藻填满她们的脑袋，便省得她们去说一些闲言碎语。

可她们有充足的理由闲聊八卦，毕竟学校出现了危机。如果牵涉其中的那些女孩们、修女们以及布里农夫人仍能镇定自若、毫无怨言的话，那她们简直就不能被视为凡人了。她们开始摆出一种旁人无法忍受的自命不凡的神气。大多数女孩来自沉闷的乡村，很快，她们便幻想着迷人的王子会把她们带进宫去，从此过上纸醉金

迷的生活。尽管曼特农夫人一直对凡尔赛宫生活的无聊之处喋喋不休，但也只是白费力气，很难指望她们会相信她的话。最后，她们结婚的希冀也很少实现，曼特农夫人总是抱怨所谓的女婿太少了。“唉，我的孩子们，很少有男人喜欢你们的美德胜过喜欢别人的嫁妆的。”她安慰她们说道，婚姻使得四分之三的人类痛苦不已（这是她最喜欢的经验之谈），这个女人自己却屈服于这可怕的事情。“当年轻的女士们面对婚姻的严峻考验时，她们就会明白这不是儿戏。”然而一开始，圣西尔风靡一时，在此期间就已经成就了几对佳偶，特别是未来的博林布鲁克子爵夫人，她头婚嫁给上了年纪但家境殷实的维莱特先生。

布里农夫人被曼特农夫人宠坏了，她开始自命不凡，觉得自己是整个王国的关键人物，是国王的红颜知己，还是女大臣。她让人们明白，她可以帮助他们在凡尔赛宫获得利益。在学校里，她的周围都是她喜爱的人，还有她自己的小宫廷。她的房间极尽奢华，装饰过度。她到波旁接受治疗的时候，像一个当权的贵妇，行为实在过火，还要当地的权贵之士组成代表团前来迎候。当她回到圣西尔的时候，她极力批评甚至取消了曼特农夫人在她外出时所做的一些改变。曼特农夫人看着这一切，心里的厌恶越发加深。她突然开始 143
对布里农夫人摆出一副盛气凌人的架势，对她抱怨说，圣西尔的所有人，不管是修女们、女孩们，还是作为校长的布里农夫人，都变得不可理喻了。她提议剥夺她朋友的一些特权来对她加以惩罚。布里农夫人也毫不示弱，她反驳道，根据圣西尔校规，她终身属于这里。女孩和修女们都站在她这边，好让曼特农夫人感受到这一点，到处都是暴动的面孔。

曼特农夫人独自坐在房间里，斟酌着下一步的行动。国王亲笔签名的一纸密札足以清理掉布里农夫人，密札命令她即刻前往修女院。她一大清早就不辞而别，早有一辆出租马车在花园门口等候她。修女和女孩们知道她的离去之后，不禁大吃一惊，伤心欲绝。曼特农夫人把她们全都召集起来，告诉她们，尽管她欠布里农夫人很多，但她们在政策问题上分歧太大，所以，最好的办法就是两个人分开。事实上，这两位女士一直保持着友好的关系，多年来也一直有信件来往。布里农夫人扮演着波舒哀和莱布尼茨的中间人，对于这一点，她也很满意，他们通过她写信给对方，商讨着可能会统一天主教和路德教会的事宜。她是个聪明人，但太过于专横，所以无法与曼特农夫人长期共事。

1689 年，圣西尔的《以斯帖记》大获成功。曼特农夫人原本一直打算只向少数亲密的观众上演这部戏剧，但国王带着王太子去看了彩排，认为这出戏太棒了，他想让全世界都能看到。他拟写了一份邀请名单。演出头一个晚上他早早地便打猎回来了，和朝臣、大臣还有巴黎高等法院的成员们一起出席。他在被改造成剧院的房间门口放置了一根棍子，只对那些真正被邀请的人放行。自此之
144 后，凡是有点名头的人都想来看《以斯帖记》。第二晚，王太子带着王室成员和他的朋友们去了。第三晚是拉谢兹神父和众多神职人员。但最后一晚才是最精彩的，国王又来了，带着他的表亲，即刚刚到法国的被驱逐的英国国王詹姆斯和王后玛丽。三顶王冠啊！赛维涅夫人和曼特农夫人的其他朋友一起从巴黎过来。为他们保留的

座位恰好在各位公爵夫人后面。赛维涅夫人认为这部戏庄严神圣，却也打动人心。而国王，则摆出主人架势，使自己看上去和蔼可亲，他对她说道：

“夫人，您似乎很满意。”

“陛下，我为之折服。”

“拉辛真是个多才多艺的人。”

“陛下，他的确是多才多艺，不过年轻小姐们也的确应该受到赞扬。”

“啊！确实没错！”

然后他便转身离去，使得她成为大家羡慕的对象。她跟曼特农夫人聊了一会儿，后者很快跟着国王像闪电一样离开。她接着又和波舒哀聊上几句。那天晚上，在巴黎的晚宴上，她向朋友们夸耀了自己“小小的成功”。

拉辛一时被荣耀所包围，他不得不去教堂祈祷，请求上帝拿走他的所有骄傲。当然也有很多关于《以斯帖记》的无礼玩笑，法国人就是这样。伏尔泰的情人夏特莱夫人的父亲布勒特伊先生曾写过一些讽刺性的诗句，指出众人都察觉到的有关“亚哈随鲁”和其他人的特征的一些内容。拉法耶特夫人认为这部剧实在是悲哀至极，仅仅是为了迎合曼特农夫人，诋毁阿泰纳伊斯。此外，她认为把所有这些漂亮的女孩都安排在离凡尔赛宫只有一步之遥的地方是愚蠢的。不过总的来说，公众们对那些舞台上天真无邪又出身高贵的女孩们大为赞叹。尽管凡尔赛宫的神父埃贝尔拒绝去观看这部戏，但 145
波舒哀、费奈隆和耶稣会士们都非常喜欢。荷兰的八卦作家说道，老以斯帖在圣西尔为亚哈随鲁建立了一个后宫。

国王回到凡尔赛宫的时候，一个特别令人心碎的噩耗传来，西班牙王后，即王弟和第一位夫人所生的倾国倾城、楚楚动人的女儿，在不停地呕吐了两天之后便香消玉殒。几乎可以肯定她是被人毒死的，罪犯很有可能就是苏瓦松伯爵夫人，她为了奥地利的利益，想要消弭法国在马德里的影响。小王后曾非常渴望嫁给王太子。当国王告诉她，她将成为西班牙王后的时候，他补充道“我为自己的女儿也做不到这一步”。“可是您本来可以为您的侄女做到那一步”，她悲伤地说道。1679 年，她泪流满面地离开法国，从此再也没有获得片刻的幸福。她的信件令所有人都忧心忡忡，但却又无能为力。她被禁锢在西班牙宫廷可怕的礼仪之中，甚至不允许与她年迈的法国马夫说话，所以她孤苦伶仃，又总是担惊受怕。她已经适时地把自己受托的一项国家机密告知了法国国王，那就是西班牙国王查理二世患有性功能障碍。尽管如此，她还是给那个可怜人的生活带来了一线幸福。整个宫廷陷入深深的哀恸，再也没有了《以斯帖记》的表演。

14

圣西尔修道院

Saint-Cyr, the Convent

女人何苦为难女人。

——丁尼生勋爵

《以斯帖记》的圆满落幕令那些圣西尔学校里替曼特农夫人做事的手下也开始抬头挺胸。一接触到这个缤纷多彩的世界，她们便不再是单纯烂漫的小女孩，而是摇身一变成了矫揉造作又野心勃勃的女人，她们无时无刻不在提醒曼特农夫人回想在凡尔赛宫所憎恨的一切。她责怪自己当初对这个地方抱有的错误幻想，她只能在一个全新的基础上重新开始。她曾把圣西尔设想成一座精修学校，她预想在这里培养这些热情洋溢的年轻姑娘们，这样她们便可以把法兰西文明带到各省的每个角落。一旦遇到主要是她自己所造成的困难的时候，她便放弃了原来的立场。她开始禁止上文学课，也不再有诗歌朗诵，最重要的是，不再有乐趣无穷的谈话，这对年轻女人来说危险无比，毕竟她们回到枯燥乏味的房间里会无聊透顶。相反，让她们开始热爱沉默，适应性别。然后她决定，最好的办法就是不去教育她们，女人太过肤浅，她们总是学不好东西，一点无用的知识就足以让她们忘乎所以。所以，她们的书本被拿走，智力学习被家务劳动所取代。她告诉她们，她们已经变得异乎寻常的卖弄风情，追求干净也到了吹毛求疵的地步，但一点污垢并不会有任何的坏处。当然，她们对这一变化都暴跳如雷，痛不欲生，甚至有两个女孩企图毒死一位扔掉她们化妆品的夫人，这些化妆品是她在她
147 们的梳妆台上发现的。她们遭到逮捕并受到严厉惩罚——其他人都吓得战栗不已（我们不知道具体是什么惩罚）——最后被驱逐。

国王尽可能地站在女孩们这一边。他很同情她们，于是派遣他的乐队去她们的院子里演奏，希望可以让她们开心起来。课程改变之后，他坚持她们应该继续上她们的音乐课，他甚至违背曼特农夫人的意愿，强迫她允许她们表演《阿达莉》，这部戏剧是拉辛继《以斯帖记》的成功之后创作的另外一部。她们照做了，但这对她们而言并没有太多的乐趣（如果这样的说法可以用来形容令人害怕的《阿达莉》的话），因为她们没有了服装，没有了布景，没有了观众，唯余路易和詹姆斯两个老国王。

这一切仅仅是刚开始，更加糟糕可怕的事情还在后面。曼特农夫人就她的问题和费奈隆讨论了许久，于是他给年轻的小姐们定下一些条例。除了憧憬永恒的极乐之外，别无其他的喜悦幸福；除了聚众听闻布道之外，别无其他的集会；除了羔羊筵之外，别无其他

筵席；除了高诵赞美诗，别无其他乐趣。费奈隆已然取代布里农夫人的位置，成为曼特农夫人的知心朋友，在她眼里，这再完美不过了。但事实上，这是个糟糕透顶的选择，费奈隆并不是她要找的人。尽管他看着出世（他魅力四射，俊美非常，彬彬有礼，这一切都使得他看上去像一位宫廷神父），但他的宗旨从来没有偏离过基督教义，所以理所当然，他很快就与世俗权力产生冲突，换句话说就是与国王产生了矛盾，最后，甚至在某种程度上与教皇本人也产生了分歧。但是在国王还没有认清他天性中的固执己见之前，他就被曼特农夫人说服了，任命这位神父成为他的宝贝孙子，即勃艮第公爵及其弟弟们的家庭教师。

曼特农夫人正在寻找一位精神导师。她觉得费奈隆会喜欢这个职位的，她也渴望他担任此职，但是她决定让他用过多的鲜花去铺 148
满通往天堂的道路这一点，充分佐证了她对人类知之甚少（从来没有人比她更不了解人类）。她向布尔达卢示好，但是他却开始实践他所宣扬的一切，献身于那些穷苦和囚禁之人。他并没有时间分配给曼特农夫人。而就在这时，费奈隆给曼特农夫人写了一封信件，总结她的个性特征。他说她干巴巴的，还冷冰冰的，而且常常不够老练。她总容易刚开始对一些人太过投入感情，但是当他们展示出自己的不完美之后，她就变得残忍无比。更大程度上的信服上帝将会使她更能理解他人。尽管天性善良率真，但是她太骄傲自大，以自我为中心。至于国王，让他一次次回到战场冲锋陷阵，之后变得疲惫不堪，绝非明智之举。她必须感动他，教导他，打开他的心扉。她应该让他渴盼和平，解救他的万千子民，并且让他厌恶专制独裁，但至关重要的是，她必须选择最佳时机来灌输这些真理。

接着，费奈隆又给国王写了一封类似的信件，通篇充斥着令人不快的言论——每天都有人告知我们，您是您子民的快乐源泉，但是一场不义的战争令这个国家轰然坍塌；那些本应该受惩罚的人却受到了您的奖励；比起正义，您认为那些使您的心愈发坚硬的荣耀更加宝贵；您不了解上帝，更不热爱他——于是，曼特农夫人反过来指责他缺乏智慧，没有选择最佳时机来讲授这些真理，这只会激怒国王，使他灰心丧气。这两封信便是费奈隆朝臣生涯走向尽头的开始。

曼特农夫人最终选择了沙特尔的大主教，即戈代·德·马雷作为她的告解神父。他循规蹈矩，名义上是红衣主教，但却更像个修道士。他接手了这位女士的职责和她的学校，很快，学校就转变成一所修道院。圣文森·德·保罗修会的六个教士，以他们的谦虚和缄默而闻名遐迩。他们被安插在圣西尔，担任正式的告解神父。接着，沙特尔主教一个一个召见那些修女们，私下和她们面谈。他告
149 知她们，她们可以自由选择离开圣西尔，可以还俗，也可以到别的修道院去，但是如果她们选择留在这里的话，那她们就必须变成一般的修女。法国有一句谚语："山羊被拴在哪里，它就必须在哪里吃草。"这便是她们的处境。她们中的大多数人都已经在学校待了好多年，要么在吕埃尔，要么在圣西尔。她们的家相距太远，缥缈如梦，而且一般也不会再保留她们的容身之处。再辗转去往一个不熟悉的修道院自然也毫无意义。她们中间只有一个人因为出嫁而离开，其他人尽管内心充满鄙夷，但还是决定服从大主教。他让她们

都签订一份协议，同意接受他的指示，他还恳求她们让自己的灵魂镇静安稳下来，然后他就离开了。

圣奥古斯丁教区的新进修女们对于她们所有的恐怖遭遇几乎是一头雾水。她们发现自己隶属于一个特别严厉的教区，再也没有踏出圣西尔半步，甚至得了重病都没有离开（花园里有一座专门为天花病人搭建的小棚屋，在那里，一个星期就有十二个女孩和修女离世）。除却王室成员之外，她们再也不会收到任何信件或者接受任何来访。因为已经发誓要过贫穷简朴的生活，所以她们不得不过着艰辛的日子，冬天里寒风刺骨，天黑了还得不眠不休守夜，她们完全失去了自己的自由时间。缺乏食物的时候，孩子们只能有什么吃什么，她们还被告知，斋戒对人没有任何坏处，她们可以依靠蔬菜果腹，而且规定中还附加了一份“美味”清单。国王对这种新境遇感到很遗憾，但是曼特农夫人和波舒哀劝服他接受了这一切。1692年，当时的教皇授予曼特农夫人一项重要的荣誉，那就是享有对法国所有的修道院的探访权。

圣西尔的一切看上去井井有条，但是另一场风暴正在酝酿之中。目前为止，这些修女中最有魅力的是埃莉斯·德·拉梅森福尔，曼特农夫人评价她虔诚无比，但又有些许的心不在焉，伶俐可爱，却又很轻浮。她才华横溢，聪明绝顶。埃莉斯带她妹妹来这里上学，曼特农夫人觉得她魅力四射，因此同她进行了一番交谈，并让她以修女的身份留在这里。她从她的故乡贝里来到巴黎，憧憬着能够成为某位公主的女侍。但不久，她就变成了曼特农夫人的女门 150
徒。国王也很喜欢她，找她作伴，还赏赐她一小笔财产和生活津贴。大多数女孩都很喜欢她。她常说道：“受人喜爱是我的命运。”但是她并没有蒙召，而且是在极不情愿的情况下许下了简单的誓言。她饱受困扰，这种困扰只有在她经历宗教狂喜的时刻才能消除。但更糟糕的是，她仍然迷恋尘世（或者说她自认为是这样，毕竟她从未尝试过）。她畏惧百无聊赖。曼特农夫人曾有一封著名的信件就是写给她的：

我怎样才能使你认识到，是无聊吞噬这个世界的伟大之处，是它们占据了你的时间？你难道还看不出来，尽管我的命运令人难以置信，但我依旧悲伤至极？你看不出来只有上帝的爱才使得我免于堕落？我曾年轻气盛，也曾貌美如花。我品尝了生活的乐趣，每个人都疼爱我。后来，我好几年穿梭于上流社会，再后来，我便获得了恩宠。我向你发誓，我亲爱的女儿，所有的这一切只不过衍生出可怕的空虚渺茫，提心吊胆，还有疲惫不堪，因为所有的这一切都不尽人意，于是我转而开始向往截然不同的人生。只有与上帝在一起的时候，人们才会安息……

拉梅森福尔却不相信。毫无疑问，23 岁芳龄的她认为到了曼特农夫人那个年纪，成了一位老太太，觉得与上帝同在才会安息，这是完全没有问题的，只不过现在的她心中依然对体验生活的乐趣充满着强烈的欲望。曼特农夫人、沙特尔大主教以及费奈隆都费尽心思想要说服她立下永久的誓言。最后，他们几乎是将她拖拽到圣坛之上（1692 年）。曼特农夫人对这一结果心满意足，因为她计划最后将圣西尔交到拉梅森福尔的手里。她还告诉她，她是如此幸运，因为她只属于她自己，所以她才有权利将自己奉献出去。费奈隆就修道院生活的乐趣作了一次感人的布道。但是这位新进修女却一副 151
半死不活的模样。

当时，拉梅森福尔有一个表亲，即盖恩夫人——说来也怪，这个人与费奈隆和王港的阿尔诺也有亲戚关系。这位寡妇也很虔诚，听说拉梅森福尔有所疑虑的时候，她便即刻起身前往圣西尔，帮助她解开心结。拉梅森福尔一心渴望宗教刺激，所以她很容易便会沦为寂静主义的牺牲品，这是盖恩夫人宣扬的一种诗意的神秘主义。在她看来，对上帝的纯粹的爱戴，不会因为害怕下地狱，也不会因为渴望上天堂而有所动摇：功绩并不重要，只有爱才是至关重要的。玛利亚比玛尔达强多了。

随着盖恩夫人的教义愈来愈具有感召力，拉梅森福尔无法想象为什么当初会犹豫要不要当修女。不单单是她，大多数修女也一扫之前的不满情绪，变得满面春风。曼特农夫人也为盖恩夫人无可置疑的魅力所折服，她感激她在圣西尔所做的一切，因为这一切为实现曼特农夫人所有的希望做好了充足的准备。她还单独挑选出盖恩夫人来帮忙，甚至在修道院给她腾出一间属于她的屋子。不久，以盖恩夫人和拉梅森福尔为首的小团体就形成了。那些没有被接纳的少数修女们觉得遭到冷落，于是她们通过嘲笑盖恩夫人的教义和大开领来安慰自己——对于这样一个圣洁的人来说，领口开得未免太低。她的信徒们装腔作势，矫揉造作，例如她们从来不去听布道，她们说布道会打乱她们对上帝的思念。曼特农夫人不相信世俗之爱，她同意了这一做法，人们应该毫无保留地热爱上帝。尽管盖恩夫人会向其他修女谈及幻想和狂喜，但她很机智，在曼特农夫人面前从来就是缄口不言。她认为这些话题太危险了，可能不会被接受。在凡尔赛宫和圣艾尼昂府邸时，她经常和“圣徒信众”在一
152 起，这是朝臣对博维利耶、谢弗勒斯还有曼特农夫人的称呼，她就是和他们在一起的时候遇到了费奈隆。用圣西蒙的话来说就是：“他们的结合神圣而又庄严”。盖恩夫人说道：“看来是上帝将我们紧密地联合在了一起，比其他任何人都要更加亲密。”费奈隆自己也说道：“我和您的关系异常紧密，我说不清，也道不明。”费奈隆很聪明，他意识到，人类爱自己到了盲目崇拜的地步，他一直在寻找一种办法可以将这种爱转变成对上帝的热爱，而盖恩夫人的教义里有很多东西吸引着他。

盖恩夫人似乎真的是一个令人敬畏的女人，但自从她引发费奈隆和波舒哀的决裂之后，人们对她的评价一直存在分歧。而在我们的时代，诺克斯神父反对她，布雷蒙神父却又支持她。她是那种完全没有诙谐气质又行为过度的人，所以她很容易成为那些不虔诚灵魂的攻击对象。描绘自己神秘的经历时，她就把自己描述成一个储水池，她的优雅魅力就是通过它流向她身边的每一位朋友——她的储水池溢满了，有时她甚至不得不要求某位公爵夫人打开她的出水口。她喜欢迎难而上，还喜欢做吮吸穷人伤口之类的善事。她在一次心荡神怡的狂欢中与基督耶稣结合，于是她便不再骚扰其余的圣人，这位女主人不用寻求受雇于神者的任何帮助。她对许多极受欢迎的同代人产生了影响：无用的拙劣模仿不合时宜，尽管有些人可

能很庆幸从未遇到过像她这样的人。奇怪的是，所有对神学感兴趣的那些人并没有即刻意识到她的教义即使算不上异端，但也很可疑。阅读她书籍的人们很可能会认为，只要爱戴上帝，任何罪行都是允许的。曼特农夫人天赋异禀，见识广博，她本应该看到前方的险情，但是她发现盖恩夫人拥有令人无法阻挡的魅力。她喜欢新朋友。

如果盖恩夫人从未执笔，那一切也就安然无事。然而不幸的是，她恰巧就属于那类千方百计吸引别人注意的人。人们开始广泛 153
阅读她的书籍《湍流》和《简易祈祷法》。波舒哀嗅到了错误的气息，而罗马嗅到了莫林那主义。沙特尔主教要求圣西尔的教士查明这一情况，不久还亲自前来进行调查。他告诉曼特农夫人，她的房子里弥漫着一种危险的气息，她必须赶走盖恩夫人。曼特农夫人并未试图替她朋友说话。她把手伸进围裙兜里，掏出一本《湍流》，将它扔进火焰中，然后走了出去，并且禁止盖恩夫人再踏进圣西尔。布雷蒙神父认为她只不过是嫉妒盖恩夫人和费奈隆的亲密关系。也许的确是这样，她也预见到离凡尔赛宫这么近的一场宗教争论会给国王带来烦恼，所以她想在暴风雨来临之前安全地躲起来。如果她和朋友的关系可能使她和国王的关系变得不好的话，她从来不会忠于她的朋友。

1693 年，沙特尔主教将修女们聚拢在一起，揭露了寂静主义的错误，并且恳请她们忘记这些岌岌可危的教义。其实他只是将这些活动驱赶到了地下。拉梅森福尔变成了盖恩夫人的使徒，将她的信件偷偷带进修道院，并抄送分发给大家。曼特农夫人要求她的所有书籍都要销毁，但是有一些书的誊写复印本被藏匿起来，修女们在本该很忙碌的时间里也会偶尔拿出来阅读。

费奈隆不愿意承认盖恩夫人的错误，他狠狠谴责曼特农夫人没有叫他来圣西尔就擅自盖棺定论，解决了这件事情。曼特农夫人自从收到了那封他写给她的信件之后，就不再像之前那样喜欢他了，她准备把他打发到宫外去。她说服国王任命费奈隆为康布雷的大主教，当时这一职位正好是空缺的。此时凡尔赛宫里只有国王对正在
154 发生的事情一无所知。国王当时正因为收到费奈隆的信件恼怒不已，他认为（她也这么想）此举正好可以少在宫廷里见到他，便欣然同意了。波舒哀在圣西尔（1695 年）当着费奈隆的学生（即国王的孙子）以及曼特农夫人的面向他祝圣。盖恩夫人不在现场，就连修女们也都不在。

沙特尔主教有一种感觉，那就是圣西尔依然存在问题。他重新回到那里，亲自搜查了修女们的小房间还有图书馆，结果发现大量非法书籍。他没收了所有书籍，甚至包括费奈隆撰写的小册子。修道院的气氛已经相当紧张，曼特农夫人不得不恳请波舒哀过来和修女们谈话。他作了两次布道，然后分别与这些年轻修女们面谈。拉梅森福尔是唯一一个有勇气反驳他的人。波舒哀觉得她楚楚动人，更惊讶于她在神学方面的造诣。有时他甚至无法找出她的错误，不得不转而依靠此句："人们对一切事务都应保持怀疑的态度。"对于是否应该将寂静主义幻想般的理论带到现实中也有待考证。

盖恩夫人去往莫城接受波舒哀的检查。他一点也不喜欢她，他在她的作品中发现三十四篇他认为会危及教会纪律的文章。费奈隆

却积极地支持她的学说，即使不是她的全部教义，至少也是她纯洁的生活和意图，而这些在当时都遭到了质疑。他自己的著作现在也遭受了猛烈的抨击，他和波舒哀之间的巨大争论拉开了帷幕，不得不说，曼特农夫人正是这一切的助推者。如果她发现任何争论火花熄灭的迹象，她便会写信给巴黎大主教，或在国王耳边窃窃私语，以确保他们不会失去兴趣。1698 年，这件事传到了罗马，而且情况对费奈隆很不利，他被迫在自己的大教堂里公开表示服从。然而，有人听到教皇评论道，如果说康布雷先生太敬爱上帝，那么莫城先生就太不关爱他的邻人了。

这件事破坏了凡尔赛宫的神圣体制。谢弗勒斯和博维利耶仍然 155
忠于费奈隆，他们认为曼特农夫人对他不友好。至于她，对他们站在他那一边自然是感到不快。要不是她与国王感情很好，她根本无法羞辱博维利耶。有两次他差点儿以为她已然成功，他将不得不离开凡尔赛宫，但是国王太信任他，太尊重他了，他保留了他监护勃艮第公爵的任命和官职。

至关重要的是，在曼特农夫人再也无法将费奈隆和波舒哀的争吵隐瞒起来之前，国王对圣西尔发生的所有问题一无所知。很长一段时间，寂静主义在他见得最频繁的朝臣之间一直是热议的话题。人们不禁要问，自此到他生命的尽头，他对法国发生的一切究竟知晓多少。正如曼特农夫人曾预见的一样，当他终于意识到多年来他眼皮底下发生的事情之后，他暴跳如雷。他查看了盖恩夫人的教义，说这只不过是疯女人的胡言乱语。曼特农夫人尝试着给他朗诵了几段令她着迷的段落，他耸耸肩说道：“这简直就是白日梦。”但是他也看到了这些白日梦的危险所在，新思想总是对他的臣民有着致命的吸引力，他太清楚这一点。的确，宫廷里里外外，整个巴黎以及各省都在谈论寂静主义。詹森主义者幸灾乐祸地观望着整个国家，他们说，耶稣会士削弱了法国的宗教。国王憎恨任何形式的宗教狂热，新教徒和詹森主义引发的麻烦已经够多了。他极度厌恶罗马干涉法国事务。他讨厌梵蒂冈的国际组织。此外，他儿子的老师和孙子的老师公然争吵，简直有失体面。提起费奈隆，他是这样说的："我国所有的聪明人中，他是最不现实的。"他几乎要和支持自
156 己敬爱老师的 13 岁的勃艮第公爵争吵起来。

国王将怒气发泄在拉梅森福尔身上，她被赶出圣西尔，就像布里农夫人一样，痛哭流涕一整夜之后，在花园门口被秘密地送走了。她去了莫城的一个修道院，波舒哀对她很好，但她的人生从此便枯萎了。此后八年，盖恩夫人一直被关在巴士底狱，后来又被允许和儿子一起生活。费奈隆再也没有出现在宫廷里。他一直坚守着他的主教辖区，盼望着勃艮第公爵可以继承王位，在那可怕的希望的重压之下，他渐渐老迈，这种希望总是迟迟难以实现，直到十七年后他去世，希望也最终陨灭。

有那么一刻，曼特农夫人以为她的末日就要来临。她生病卧床，国王却并没有来看望她。后来他听说她病重，于是走进她的卧室，毫不客气地说道："夫人，这件事害死您了吧。"最后，沙特尔主教不得不出面干预，恳请国王恢复对昔日亲密伴侣的信任，于是国王也就顺水推舟答应下来。

最后，国王到圣西尔进行了一次正式访问。他将修女们和大一

点的孩子召集起来，告诉她们他很抱歉，但他不得不如此严格，不健全的教义实在太危险了，绝对不能扩散出去。然后他坐在她们中间，和她们闲聊。在这之后，寂静主义就永远地从圣西尔消失了。距离布里农夫人在吕埃尔建立那所小学校已经过去了整整十六年。这所学校也的确成为曼特农夫人的隐居地和坟墓。修女们是崇拜她的奴隶，她们记录下她对她们说的每一个字。在她去世之前，她烧毁了所有与她奇特命运有关的文件，她很清楚，她们的记录中竖立着一座谄媚的纪念碑。

大多数没有结婚的女孩——事实上，她们中的大多数并没有成家——在曼特农夫人的建议下，选择做了修女。她说，比起回家去，被迫照顾虚弱乏力的孤寡亲人，也许还有古怪的父母，这样更好。于是圣西尔就成为老姑娘们的圣地。曼特农夫人遂心快意，她认为这便是她一直以来的心愿。

15

大使波特兰

Lord Portland's Embassy

许许多多的行为看似荒谬，其理由却非常明智可靠。

——拉罗什富科

17 世纪的最后几年，政治家们的关注点几乎完全集中在谁应该继承西班牙王位。西班牙国王查理二世（玛丽亚-特蕾莎同父异母的兄弟）显然活不了多久。王弟的女儿去世之后，他又迎娶了一位巴伐利亚公主。他的第一位妻子将国家机密送回了凡尔赛宫，她一直没有子嗣，庞大的西班牙帝国也没有继承人。该帝国由西班牙、意大利的大部分领土、信奉天主教的尼德兰省份、巴利阿里群岛、摩洛哥的大部分领土、除巴西外的整个南美洲、包括墨西哥在内的北美大部分地区以及安的列斯群岛组成。美洲属地以“西印度”之名归为一整块。血统上与查理二世最接近的继承人是神圣罗马帝国皇帝、法国王太子和一位年仅4岁的巴伐利亚王子，相较于其他两位，王太子更有权利继承查理二世的王位，因为他的母亲是腓力四世的长女，而且他的祖母也是西班牙公主。诚然，这两位女士都因嫁给法国国王而宣布放弃西班牙王位的继承权，但是，只要稍微使一点法律手段，这些放弃继承的声明就会被宣告无效。大多数西班牙人更喜欢奥地利人，部分原因是这两个国家之前一度掌控在神圣罗马帝国皇帝的大一统之下，另一部分原因是他们对法国邻居由来 158
已久、根深蒂固的仇恨和不信任。利奥波德皇帝和路易十四都发了疯似的想让他们的继承人头戴西班牙王冠，当然其他欧洲各国都会即刻联合起来阻止这种强强联手，但两国的君主都宣称是为了他们家族的小字辈——神圣罗马帝国皇帝是为他第二个儿子，即查理大公发出声明，而路易则是为了三个孙子中的老二，即安茹公爵。如此一来，欧洲战争一触即发。这是所有人都不想要的结果，整整二十五年来，不仅仅是法国，西欧大部分地区也都弥漫着战争的硝烟，路易已经筋疲力尽，因此各国不得不竭尽全力利用外交政策来调控这一问题。

尽管路易十四和奥兰治的威廉是死对头，但他们都认为对方才是欧洲唯一重要的政治家。正如路易自己所说的那样，他们只要联合起来，就可以支配宇宙。比起他们刚开始竞争的时候，威廉的情况有了翻天覆地的变化。他现在是英国的国王，也是荷兰的总督，还是整个新教世界公认的领袖。这两个人都急于知道对方对待西班牙事件的态度和意图，于是两个人都派遣己方最杰出卓绝的外交家前往对方国家刺探情报。

波特兰伯爵汉斯·威廉·本廷克前往法国。他有两个需要小心处理的目标。他试图说服路易十四将詹姆斯二世送往比圣日耳曼昂莱离英国更远的地方。在圣日耳曼昂莱，他被英国流亡者包围，还接收所有海峡对岸的反叛者。他忙于策划暗杀威廉以及重新夺回自己的王位。波特兰也要去弄清路易十四针对西班牙的意图。通过谈判，国王于 1697 年签署《里斯维克条约》，结束了迫害新教徒之后引发的战争。他和布夫莱尔元帅仔细商定好条款，然后一起在果园里散步，没有繁文缛节。路易十四不得不接受协议中一项条款，即
159 他必须承认威廉是英国国王，但他不情不愿，因为他知道这会极大地伤害他的表兄，即詹姆斯二世的感情。

选择波特兰来完成这些微妙工作的原因有两个。首先，他知道威廉国王的想法和意图，这是其他人所不知道的，因为他一直是国王的知心兄弟。威廉从未向英国人吐露过他的外交政策，他认为这些人对外交事务漠不关心，似乎忽视了大洋彼岸其他国家的存在。蜜月期已然结束，他此时正与子民们矛盾重重。就英国人对外国人的看法而言，他们认为最可怜的人是荷兰人。虽然不久前两国处于交战状态，但是他们并不怨恨荷兰人；相反，他们尊重他们，认为他们和自己一样，都是虔诚的新教徒航海者，都将可恶的法国人视为死敌。“沉默者威廉”[1] 的理念一直吸引着英国人，他可以算得上是位名誉英国人。所以，当摆脱无可救药的詹姆斯之后，王冠落入玛丽和她的荷兰丈夫手中，人们并未不快。但结果却令他们感

[1] “沉默者威廉”指荷兰国父威廉一世，他是威廉三世的曾祖父。

到苦恼，因为这个虔诚的荷兰人恰好是法国文明的产物——他说法语，用法语写作，甚至有着法国思维，比起与当地贵族在一起，他显然与法国人在一起的时候更自在。就像阿尔伯特亲王一样，威廉死后才受到英国子民的赞赏，因为在很多历史学家眼里，他是我们最伟大的国王。至于他的影子，汉斯·威廉·本廷克从来不说英语，而且坦率地说，他在他的新同胞中并不受欢迎，他那出类拔萃的社交天赋浪费在了那些不会说法语的人身上，而威廉赏赐给他的金钱、土地和荣耀也是招致他人嫉妒的原因之一。人们一直称呼他为“木头人”。

挑选波特兰前去的第二个原因看似平淡无奇，其实是最机智狡猾的：他知道应该怎么行礼。威廉意识到派遣英国贵族前去面见路
易十四徒劳无益，因为他们对礼仪具有一贯的狭隘蔑视和无知。派 160
遣前去面见一位独裁者的大使必须要与他相处融洽，否则什么也不会得到。从未有不懂礼节的人可以在凡尔赛宫获得成功，缺乏礼节正是伏尔泰失败的唯一原因，尽管他很想在这片天地大放光彩。在波特兰之前英国曾派遣过圣奥尔本斯公爵，他携带着威廉国王对勃艮第公爵婚礼的祝贺，但他给法国人留下了糟糕透顶的印象：他对文明礼仪一无所知，还四处欠下债务。的确，英国斗牛犬怎么会熟悉扶手椅、门以及马车的奥秘，又怎么会意识到英国大使不能优先于巴黎高等法院院长？波特兰却熟知这一切。

他的大使馆可谓是美轮美奂，就连早已习惯富丽堂皇陈设的法国人也从未见过像他的房屋这样奢华的地方。他购得奥弗涅亲王的别墅，这栋别墅坐落在一个大花园里，拉斯帕伊林荫大道在这儿和

瓦雷纳街交会。餐厅对他而言太过狭窄，无法满足他的需求，于是他在花园里又增建一间，三周就宣告竣工。他向所有移居或者路过巴黎的英国人敞开大门。奥弗涅亲王只有十四马，而波特兰有九十匹，加上七辆马车，所以他不得不在整个巴黎租用马厩。他已经整装待发，想要在外出狩猎的时候大展身手，一如想在其他方面出尽风头一样。与他如出一辙的还有卡文迪什勋爵、黑斯廷斯勋爵、帕斯顿勋爵、拉比勋爵和伍德斯托克勋爵，他们给自己购置房屋和马车，招雇佣人。马修·普赖尔是大使馆的秘书，波特兰的私人秘书达洛纳是一名法国新教徒逃难者。他从未骚扰过他人，但有一次他被警察带走，并被指控提供非法服务。然而波特兰很快就将他保释出来了。

161 尽管波特兰在世人面前光芒四射，但他来到法国时已然心如死灰。他离开伦敦的时候，白厅被熊熊大火所湮灭，他自己的公寓也轰然坍塌，他认为这一切充满着象征意义。在这世上，他关心在乎的人只有威廉，但威廉现在最喜欢的是阿诺尔德·凡·凯佩尔，即阿尔比马尔勋爵。他愚钝无比，却又玉树临风，潇洒倜傥，他那人微言轻的地位自然也不会招致他人怀疑，所以并没有人会猜忌他们关系的本质。陪同波特兰的英国人将这一切向王弟夫人娓娓道来。后来他们发现鸡奸在法国很流行，于是毫不掩饰自己对这种娱乐方式的偏爱，很快便在王弟的套房里自娱自乐。他们说威廉国王爱上了阿尔比马尔，就像爱上一个女人那样，经常当着众人的面亲吻他的手。波特兰百感交集，于是决定成全他们。他写给威廉的信件将他支离破碎的那颗心展露无遗。威廉（像个男子汉一样）回复的信里有着这样一些句子："关于这件事情，我目前只能向您保证，我对您一直怀着同样的感情，除此之外，我再无其他解释。""我对您的爱忠贞不渝，——至死方休。""我多么希望，您再也不会怀疑我对您做出的庄严宣誓。"他的信上还是署名小 G（纪尧姆），这是他为波特兰专门保留的称呼。波特兰却不再相信这一切。当时，他听说阿尔比马尔每周有两次会和威廉单独共进晚餐。然后，只有当收到威廉国王的来信，信里告知他自己非常沮丧的时候，波特兰才可能稍微开心一点。

波特兰富丽堂皇的车辇随行装载上船，这些船只将他们一路送到巴黎。他们于 1698 年 1 月抵达，但此时塞纳河已结冻成冰，所以只得再搁浅一段时间，他的国事访问仪式才能进行。不过，他乘坐布夫莱尔元帅的马车先去了凡尔赛宫，即刻就见到国王。上午 9 点，他和国王以及外交大臣单独会面，此时的外交大臣是科尔贝·德·克鲁瓦西的儿子，即托尔西侯爵。然后，他又拜见所有的王室成员，紧接着在托尔西的房间里与他共进晚餐，最后回到巴黎。又过了两个星期，他才与国王进行国事会谈，会上，他立即提出有关詹姆斯国王的居所问题。国王表示詹姆斯是他的近亲，他也因为詹
姆斯的问题而困惑不已，但为了顾及面子，又不能将他打发走。正 162
如大家知悉的那样，波特兰也知道每次路易财政状况不佳的时候，出现各种穷困潦倒、需要大笔资金救助的流亡者无疑是雪上加霜，他提议威廉国王每年支付摩德纳的玛丽王后五万英镑，条件是她和她的丈夫离开圣日耳曼昂莱，去往摩德纳或者阿维尼翁。国王却回答说，除非他们自愿离开，否则他绝不会强迫他们。

事实上，他的这一举动被詹姆斯国王视为堂·吉诃德式的鲁莽之举——任何利益问题都不能动摇詹姆斯的决心。流亡者的花费总是超出他的负担能力，最后，他们几乎花光了他的毕生所得。毫无疑问，路易偏爱玛丽王后，其母便是马扎然的另一个外甥女，虽然她一点也不聪明伶俐，但是她楚楚可人、貌美如花。她和曼特农夫人变得亲密无间，变成了她小圈子里至关重要的人物。至于詹姆斯，他和路易一样，都是受膏者，这使得他们与其他人有所不同。对国王而言，有时能与年龄相仿、地位也平等的人在一起是一种安慰。大家都很喜欢"可怜的王后"，至于"可怜的国王"，却令人稍感遗憾，甚至失望，因为他实在令人心生厌恶，他的麻烦显然也是由他自己一手铸成。理所当然，在凡尔赛人的眼里，奥兰治的威廉是一个篡位者，而他已故的妻子及其妻妹则比高纳里尔和里根[1]还要阴险恶毒。

接着，波特兰谈到他所看见的那些刺客——他说，令他感到心惊胆战又难以置信——这些刺客在宫廷里怡然自若。刺客？国王并不知道他到底意指何人。波特兰没有拐弯抹角，而是直接指出贝里
163 克公爵——詹姆斯与马尔博罗公爵的妹妹的私生子，米德尔顿勋爵，乔治·巴克莱爵士以及其他人，他们都参与了一场密谋，在国王威廉外出狩猎途中对其进行伏击并谋杀他。（在查理二世流放期间，他并不赞成他的支持者杀死克伦威尔，而他的弟弟詹姆斯则截然不同，他完全赞成除掉他自己的女婿。路易十四是否知晓这场阴

[1] 莎士比亚悲剧《李尔王》中心如蛇蝎的大女儿和二女儿，令失国后的李尔王饱受凌辱。此处指玛丽女王与安妮女王。

谋还是个未知数。）当波特兰说出这些密谋者的名字时，国王扬起了眉毛。随后他说道，他认为贝里克公爵去往英国只是为了他父亲的业务，绝对不会参加任何类似的阴谋。至于其他人，他似乎并不认识他们，并含糊其词地说他不知道他们的下落。波特兰意识到继续进行这个话题并无好处。他想，最有可能的便是，当他在场的时候，这些先生们会被告知赶紧离开，这就是他所希望的。（然而，当他下次再来凡尔赛宫的时候，他们还是像往常一样。）他们依旧没有谈论西班牙的问题。

然后，就像威廉国王所希望的那样，波特兰开始描绘凡尔赛宫。他是一名荷兰新教徒，因此对路易及其一切作品都怀有偏见，他对房屋和花园作了真实的描述，但他却不具备描绘人的本领，或者仅仅是因为他太过谨慎。他说当他见到威廉国王的时候，他可以口头汇报。他并不喜欢凡尔赛宫，也不愿意承认自己喜欢它，尽管它确实美轮美奂、富丽堂皇，建造这一切一定花了不少钱，维持它的运转也一定很昂贵。不过，默东宫、玛力宫以及圣克卢堡这些小一点的府邸是非常值得称赞的，尤其是默东宫，“国王陛下您一定会喜欢这个地方”。其实他最感兴趣的是花园，因为他是威廉国王钦定的总管，但不幸的是天气一直很恶劣（在他整个访问期间，天气一直糟糕透顶——严冬之后是寒冷潮湿的春天，5 月 4 日还春寒料峭）。水库结了冰，喷泉也被寒霜冻坏。他从未见过人们口中成千上万的鲜花争奇斗艳的场景，就连雪莲花也不曾见过，一切都死气沉沉。有人带他参观了橘子树，他只给它们打了一个还不错的分数——这些与威廉国王荷兰宫殿里的橘子树相比，简直不值一提。

得到准许参观玛力宫才是莫大的喜悦，因为从未有使节到过这里。
164 他经常与王太子还有王弟夫人一起外出猎狼，他与洛林骑士也相交甚好，但是他从未收到邀请与国王一起外出狩猎，万一詹姆斯国王最后一刻改变主意想要参加呢。有一次，他正打算与王太子一起外出，已经在穿靴子了，却接到消息请他不必前往，因为“英国的国王”那天早晨也要外出。波特兰认为詹姆斯国王避而不见他实在是太愚蠢了。

波特兰无法找到自己需要的果树，于是不得不派人前往奥尔良寻求。他还认为自己能说服勒诺特为温莎设计建筑。他也在寻找一位出色的猎人。所有这些都可以设法做到，但是他并不认为能够置办到威廉国王要求他购买的床和家具，他要求的这些装饰得太过奢华，镶嵌着流苏，还必须用金线和银线刺绣。最好还是买英国制造的。住在这里花费极其昂贵，马匹的价格就是荷兰的三倍。在人们看来，尽管国王的金库里堆金积玉，但是法国商业并不十分繁荣，而且公共财政也存在问题。也许波特兰勋爵会允许帕克莫尔少校回去处理家事？他与王弟夫人的一名女侍订了婚。

到此为止，波特兰依然没有正式开始他的国事访问仪式，他发现自己还没有完全掌握法国宫廷礼仪。后来他正式上场的时候，已经能够完全应付自如，尽管他在信件里好几次提及他完全不懂礼仪。最后，他的马车就位，他开始准备他的访问入场。他碰到的第一个陷阱便是游行的问题。他听闻韦纳伊公爵夫人将先于他的马车，跟在王室家族的后面。韦纳伊公爵夫人是首席大法官塞吉耶的女儿，也是亨利四世私生子的遗孀。她终其一生并未被视为王室成

员，波特兰发现在同样的情境下，威尼斯大使拒绝她的车先于他行 165
驶。据说路易十四突然将她提到前面纯粹是为了凸显他的私生子的重要性。波特兰十分强硬。他说他并不介意曼恩公爵和图卢兹伯爵，他们本来就是王室成员，理应在他前面，但他不允许韦纳伊夫人也在他前面。他不费吹灰之力便达到了自己的目的，于是他进入巴黎的国事访问仪式正式拉开帷幕。成群结队的人簇拥着前来观看，不仅有穷人，还有富人和权贵，这一点足以令他瞠目结舌。一路上，每扇窗户后面都挤满了人，屋顶上的观众也是摩肩接踵。波特兰在新桥上听到有人大喊：“这真真是值得一看的——国王（威廉三世）大使庄严的入场仪式我们已经在桥上渴望多年。”一切都进展得十分顺利，随后他抵达了大使府邸，这是位于图尔农街的一栋瑰丽的大房子，正是专为这样的场合修建的，大使在国事访问入场仪式结束之后便到这里进餐。

也是在这里，国王派遣他的贴身仆从前来招待波特兰，向他致意。理所当然，这位高贵的人得到的礼遇是门旁（在门口）迎候，吻手，扶上座椅以及乘坐四轮马车（扶着他进入，将扶手椅放进马车，然后目送他离开），事实上，这是一整套流程。随后，维拉塞尔夫侯爵代表新婚不久的小勃艮第公爵夫人前来致意，王后和太子妃都不在了，勃艮第公爵夫人成了这片领土的第一夫人。大使的引见者——现在被称为礼宾司处长，即博纳伊先生想要波特兰走下半段楼梯来面见维拉塞尔夫。波特兰拒绝做出比走到前厅更远的让步。博纳伊大发雷霆，用他的手杖将楼梯扶手敲得砰砰作响。波特兰却丝毫没有理会。于是，他和维拉塞尔夫派遣的信使来来回回穿梭个不停。良久之后，波特兰说他愿意走下两步台阶，不能再多。如果这还不能使维拉塞尔夫先生满意的话，那他最好免于此行。后者只得走上前来。然而，当他离开时，出现了更大麻烦。波特兰将他送至楼下（门口），但是没有目送他离开（乘坐马车）。博纳伊
166 发疯似的抓住波特兰的衣襟，可是波特兰一把甩开他的手，自己径直走开。“那个引见者对我大发牢骚。”随后，王弟的代表现身，当然也出现了同样的分歧。随后，王弟夫人的代表现身，也是依旧如此。“事情已然大相径庭，”他写信给威廉，“当初英国国王（查理二世）由法国人管控着，但现在已经不是这样了。”博纳伊“一头雾水又怒火中烧”，他突然撒手而去，尽管他本来应该留在这里和波特兰共进晚餐。第二天，波特兰便走进凡尔赛宫，将昨天的事全都告知托尔西，还向王弟和王弟夫人请罪，表示他很抱歉发生了这样的事情。然而，王弟“对这些事情了如指掌”，还夸赞他做得对。博纳伊遭到责备，自此之后，波特兰再也没有理由抗议了，一切都一帆风顺。

他进入凡尔赛宫，第一次与路易十四进行公开会面的时候，宫里可谓是人声鼎沸，拥挤不堪，以至于他十分艰难地穿过人群才得以进入国王的卧室，在这里他受到了热情的接待。一踏进房间，他便三次表示他深深的敬意，第一次是他见到国王的第一眼，第二次是穿过房间的半道上，第三次是站立在床的栏杆周围。国王正站在这里恭候着他的到来，帽子拿在手里，站起身表示欢迎他，在第二次和第三次敬礼之间对他说，他很高兴能看到如此多的法国人和英国人在一起。他戴上帽子，波特兰也依样画葫芦，开始发表致辞，

每次提到他自己或者法国国王，他便再摘下帽子。路易后来说到“很多话都在奉承我”，然后便用亲切的微笑将他打发走了。朝臣们表示，波特兰受到的礼遇就宛若他是神一般。（口头的流传便是这样，有一次路易带着波特兰上了他的马车，做了一个手势邀请他先上车，波特兰毫不犹豫这么做了，路易说道：“他们告诉我您是欧洲最彬彬有礼的绅士，现在我明白了，您的确是。”）

收到波特兰记载上述事件的信件之后，威廉回复，“我一直称 167
赞您的坚定不移，只要您不用它来反对我，我将继续夸赞下去”。他写信给荷兰大议长海因修斯说，波特兰一开始就提出詹姆斯国王的问题，“现在他却不知如何着手”，这或许是一件憾事。他告诉波特兰不要再提此事，还是继续商洽西班牙王位继承的问题。

路易十四本人也通过他的大臣提出此事。他们拜访波特兰，指出西班牙国王查理随时都有可能驾鹤西去，在这种情况之下，英国国王认为应该怎么做才能规避战争呢。波特兰含糊不清地回答道，他的咽气必然招致两个国家拉开另一场战争的帷幕：法国和英国的利益处在两个对立面，所以现下很难说怎样才能避免。举步维艰的谈判开始了。现在并没有人设想将整个庞大的西班牙归入一位国王的统治之下，所以威廉和路易之间争论的焦点是西班牙本土、西班牙的尼德兰领地以及英国、南美的特殊利益，还包括地中海贸易的安全。路易十四建议西班牙的王位应该由他年轻的孙子安茹（时年15岁）或者贝里（时年13岁）来继承，继承人应该在没有法国人的情况下，于西班牙完成学业。低地国家将票投给了巴伐利亚选帝侯。波特兰觉得应该拟定条约来保护英国贸易，这样他便心满意足。路易十四认为英国人应该不希望看见西班牙加入神圣罗马帝国。对此英国人的回答是，他们并不介意，他们了解神圣罗马帝国的情况，事实上，他们的敌人是法国。谈判就这样开始了，就像玩扑克牌一样，持续了好几个月。波特兰不间断地面见国王，显而易见，两个人都喜欢彼此的陪伴，尽管波特兰从未写过有关法国的任何好话，也对国王的诚意表示深深的怀疑。不过，他还是对自己的成功感到开心。他和路易之间经常开的一个玩笑便是萨伏依公
168 爵——只要提到他的名字，又比如，建议将他送给米兰——这足够使他们开怀大笑，威廉在海峡那边也嘲笑着。这位公爵是王弟的女婿，像一棵墙头草在法国和神圣罗马帝国之间倒来倒去，以从未在同一个阵营结束战争而闻名，他总是弃甲倒戈——直到欧根亲王开始为他而战，但这还没到来。

威廉告知波特兰，最好争取与曼特农夫人面谈，但是她从来不面见大使，而且作为詹姆斯国王和玛丽王后坚定的朋友，她不太可能破例来支持一个篡位者。曼特农夫人在 4 月举办了一场盛大晚宴，因为她将自己的侄女许配给了诺瓦耶公爵的儿子阿延伯爵，但她并没有邀请波特兰。就连她向来鄙视的嫂子，即新娘的母亲多比涅夫人也获得准许离开修道院，前来参加庆祝活动。

路易十四当时派遣塔拉尔伯爵代表他前往伦敦。塔拉尔是人类所能创造出来的最接近完美的法国人。他讨人喜欢，又才华横溢，在凡尔赛宫里是公认的好伙伴。波特兰在那里见了他很多次，从不否认他是一位健谈的人，但波特兰评价他太自满了。如果说波特兰有错的话，那就是嫉妒。威廉国王自己的大使在法国受到了极大的

礼遇，因此他也想尽可能地对塔拉尔表示友好。他派自己的舰船“威廉和玛丽”号前往加莱迎接他。塔拉尔很快融入伦敦的生活中，他拥有彩绘马车、优雅的服饰以及迷人的性格，威廉国王非常喜欢他。他置下了奥蒙德公爵位于圣詹姆斯广场的宅邸，并在它的基础上增建一座小教堂。他还在这里保留着一间法国大使馆，直至今日，仍比其他的大使馆耀眼夺目。麦考利勋爵曾说过，法国驻伦敦大使馆不仅美食脍炙人口，装饰交相辉映，就连娱乐也赏心悦目， 169
成了英国人的膜拜对象，虽然有点丢脸。其他国家的使节肯定也倾向于这样想。那时候，政府不像现在会在外国城镇拥有房产，大使们有时互相交换（例如，路易十五在位期间，尼维奈公爵和贝德福德公爵不仅交换了房屋，还交换了仆人和马车），但更多的情况是在执行任务期间购买一些可用的房屋。唯一的例外是法国驻罗马大使，他通常住在法尔内塞宫，但也并不总是这样。

路易十四为塔拉尔起草了一整套指令，这套指令展示出对英国人的性格和生活方式敏锐的认识。他的任务是找出那些引领公众舆论的社会人物——不一定非是政府官员或者贵族。与反对派友好相处并没有什么坏处，当然，他不能与詹姆斯二世党人有任何的瓜葛，否则他会名誉扫地。如果提到詹姆斯国王，塔拉尔就说，路易十四自然希望看到他的表兄重登王位，但前提是这是英国人民的一致愿望。

尽管波特兰不信任路易十四，但塔拉尔却十分信任威廉国王的善意，不过他寄回国的信件上却写着他“并不像我们所想的那样强大”。他又补充说，公共财政状况不佳，普通英国人对西班牙王位继承的唯一兴趣就是想要知道它会如何影响贸易。他还说阿尔比马尔勋爵每天都一如既往地支持他。威廉写给波特兰的信件也表明，他和英国人之间可谓是麻烦频出，英国人对外交事务毫不关心，一心只想着党派斗争。议会削减军队预算造成的危害远远超出了人们的想象。不久他就去了他心爱的荷兰，还恭维地带上了塔拉尔。

170 4 月 22 日，在波特兰的访问即将落下帷幕之前，王弟在圣克卢堡为他举行晚宴践行。前来赴宴的一共有二十余人，包括洛林骑士和埃菲亚侯爵。王弟夫人似乎不在场。波特兰坐在王弟的儿子沙特尔公爵以及富瓦公爵夫人之间，王弟的右手边是沙特尔公爵，左手边是蒙托邦小姐。满桌的珍馐美馔，所有的早季蔬菜都在桌上露了面。还有一件漂亮的银质镀金的镜面托盘，这是洛奈先生的新发明，他为国王做了两件，广受好评。

1698 年 6 月，波特兰告别法国国王，在他这里，没有外国人，甚至没有多少法国人获得过如此多的荣誉和青睐。但是波特兰抑制不住的悲伤并没有因此而减轻，他回到威廉的身旁，但他知道他们之间再也不可能回到以前那样了。事实上，当他完成法国访问之后，他便辞去宫里的职位，退休过起了隐居生活。威廉在临终前将他召回，最终死在了他的怀里，而阿尔比马尔却站立在一旁，人们知道这一切的时候无比高兴。然而，终究还是玛丽赢得了他的爱：他们在那个古怪男人的胸前发现了一个挂坠盒，里面装着她的头发。

《海牙条约》是波特兰大使馆和塔拉尔大使馆努力的成果，对所有涉及的人来说这都是一项惊人的成就。小巴伐利亚王子将拥有西班牙及其殖民地，而王太子和神圣罗马帝国皇帝则被给予不同的欧洲领土作为补偿。路易十四似乎是真诚地签署了这项条约，因为他写信给在马德里的大使达尔古，让他向任何可能偏爱法国国王的西班牙人解释，这是维护和平的唯一方法。但这一安排落空了，后来也被人遗忘，因为其中的关键人物，也就是那个小王子夭折了——他父亲认为他是被某个奥地利的间谍所毒害。所以一切必须重新开始。

16

世纪之交

The Turn of the Century

这个世纪已经变得像所有伟大的世纪一样停滞不动，因为它赶上了之前的时代。

——夏多布里昂

世纪之交之时，国王已经统治近六十年，独立统治四十年，与曼特农夫人结为连理也有十七年之久。他现在俨然到了迟暮之年。他与各位公爵夫人见面时也不再施以亲吻礼：他说他的脸颊变得沟壑纵横，委实可怕。他的孙子也已步入婚姻的殿堂，年岁大一点的孩子已迈入中年：王太子年近 40 岁，孔蒂亲王夫人 34 岁。后者的人生对于一位如此可爱、如此罗曼蒂克的人来说实在是令人失望。她从未有过刻骨铭心的爱情，甚至没有情深义重的友情。现在她皈依宗教，但是身子骨羸弱不堪，像根干柴一样，卫队军官再也不会因为胆敢偷看她一眼就被遣返。更加楚楚动人的公爵夫人一长大，就取代了玛丽·安娜的位置，变成王太子最宠爱的妹妹。

1691年，蒙特斯潘夫人离开宫廷，正是她的亲儿子曼恩公爵劝服她这样做，因为他早已觊觎她的套房。他还将她在克拉尼的房子占为己有，给出的理由是此处距离凡尔赛宫太近，一旦她离开国王，住在这里会极其尴尬。曼特农夫人注意到蒙特斯潘夫人的处境变得愈发艰难，她年幼的孩子们也被一个一个带离了她的身边，13岁的图卢兹伯爵被派往战场，布卢瓦小姐被派去照顾可怕的老蒙谢弗勒伊夫人。这是压垮她的最后一根稻草。阿泰纳伊斯勃然大怒， 172
她让波舒哀转告国王，她希望退休，永不复职。国王如其所请，这也许是她断然没有预料到的。隔天，曼恩公爵便亲自监督她腾空家具。这一切都来得太快，她懊悔道。1701年，蒙特斯潘侯爵咽气之后，她一直希冀国王会离曼特农夫人而去，转而与她结婚。她总说她是国王的挚爱，国王离开她只是害怕地狱之火。但事实上，她再也不曾见国王一面。生命的最后几年里，她全身心地皈依宗教，积德行善，努力地避开她的老伙计撒旦。她惧怕在空无一人的房间入睡或待在黑暗中，她害怕死亡。圣西蒙说她60岁时风韵犹存，但王弟夫人却说她的皮肤就像孩子们玩的一张纸，脸上布满皱纹，华发早生。

母亲离开几个月之后，曼恩公爵迎娶了那个小个子波旁家族的一员，即孔代亲王的妹妹。阿泰纳伊斯并没有接到出席婚礼的邀请。曼恩公爵依然是曼特农夫人的心肝，也是她的灵魂，更是她的神谕，国王也喜欢他的陪伴。但其他人却更喜欢他的弟弟图卢兹，他在海军中有一番建树，（因为爱情）迎娶了诺瓦耶家族的一位女眷，未曾有王室的那份桀骜不驯和自命不凡。他的郊外行宫即朗布依埃宫，他在城里的连栋府邸便是现在的法兰西银行。

国王的家庭生活从未如此温馨美满。1696 年，勃艮第公爵的新娘的到来改变了这一切，她便是萨伏依公爵的女儿玛丽-阿代拉伊德，而萨伏依的同代君主们一直认为他滑稽可笑。她的母亲便是王弟与亨丽埃特的女儿。公爵小千金的到来引起一阵骚动，圣西蒙趁机从宫廷擅自离开，只为完成一项蓄谋已久的计划。他将画家里戈带至拉特拉普。虔诚的郎塞神父绝不会允许他人为他画像，里戈不
173 得不假装成普通的访客。他仅仅盯着郎塞看一两个小时，回去便能依靠记忆作出惟妙惟肖的肖像画。国王甚至没有注意到他的某位公爵未经允许就贸然缺席，这也是他对这个新来的孙媳感兴趣的表现。他还大老远地跑到蒙塔日去见她，在那儿写信告诉曼特农夫人他对这个极其重要的孩子，也就是未来法国王后的印象。这是路易写给妻子的信件（不同于小纸条）中，唯一一封他死后没有被烧掉的。

我不到 5 点就到了这里，公爵千金接近 6 点才到。我去她的马车边迎接她。她一直等着我先开口问话，当然她对答如流，只是带着一丝羞怯，我想您会喜欢的。我领着她穿过人群回她的房间去，时不时地命令那些举着的火炬拿得近些，好让那些火光照耀在她的脸颊上，这样才能看清楚。一整段路上，她都以优雅的沉默回应着这些火光。后来，我们终于走到了她的房间，里面拥挤不堪的人群

> 和闷热足以杀死一个人。我不时把她指给那些前来拜访的人看，还从各个角度观察她，以便告诉您我对她的印象。

我们不难想象，他是如何在这些火炬闪烁的火光中打量她的，就像一只狡猾的老狐狸，不想让任何东西从他的眼皮子底下溜走。他第一眼便喜欢上了这个小姑娘。他接着又告诉曼特农夫人，他从未见过如此优雅端庄、如此倾国倾城的人；她打扮得体，为画像做好了准备（毫无疑问正是她的法国母亲安排的）；她的眼睛明亮美丽，肤色完美白皙；她有一头乌黑的浓发，一张饱满的樱桃小嘴；牙齿不整齐（这似乎预示了她的人生便是一场殉难），但是洁白无瑕，可爱的手掌，如同所有小女孩的一样通红；她身材苗条，这也是她们这个年龄的特征。她的屈膝礼实在寒酸，夹杂着意大利风味，而且她的外貌也透露着意大利血统，不过她看上去很兴奋。他看得出来，大家都为她着迷。她和他们拿到的第一幅画像一模一样——一点也不像其他人，总是与画像有所差异。晚饭后，他还会 174
接着写，他希望通过更多的接触可以有更多发现。他还希望回家之前，可以一直保持现在的态度，这便是他的心之渴望。

稍晚些，夜幕降临，他似乎更高兴了。他们在一起进行了一场公开谈话，在此期间，她一直不曾出现任何纰漏，换句话说，她十全十美。王弟此时则气急败坏，还假装生病。（事实上，王弟勃然大怒的原因是他的外孙女就要越过他的夫人了，毕竟太子妃过世之后，他的夫人一直是这个国度的第一夫人。也许他还意识到国王决意要让小女孩远离圣克卢堡，路易认为这里会给小女孩造成一些不好的影响。）国王后来又给曼特农夫人寄去了无数的信件，但无人知晓内容，因为按照曼特农夫人一直想要蒙蔽后代的想法，就算是这封信，她也擦去了两行。结尾他写道，一旦时机到来，这位公主需要扮演她的角色的时候，她会端庄高贵、镇定自若，更会魅力四射。

曼特农夫人见到玛丽-阿代拉伊德之后，便写信给萨伏依公爵夫人，表示国王和她得到这样一个小宝贝之后堪称欣喜若狂。事实上，她的当务之急就是教育这位未来的法国王后。这个小女孩生性纯良，却不是能够轻易改造的材料，令人惊讶的是，她像极了王弟另一位嫁给王位继承人的后代，即玛丽-安托瓦内特。她明艳动人，恃宠而骄，任性固执，也傲慢自大。多亏了曼特农夫人对她的悉心教导，她的高贵天性随着年岁的增长愈发显现出来，但玛丽-安托瓦内特的这种天性直到残酷的不幸发生之后才显露。曼特农夫人和玛丽-阿代拉伊德的关系堪称完美，比大多数母亲和女儿的关系还
175 要亲密。她们互相称呼对方“姑姑”和“小可爱”。在凡尔赛宫那些冷嘲热讽、愤世嫉俗者眼里，这是大可怀疑的。他们毕生都在监视曼特农夫人，认为她那都只是表面上的伪善。他们说“小可爱”一直对“姑姑”唯命是从，由于种族天生的狡猾，她知晓通过老国王的妻子便能直达国王的内心，于是她听从命令，规范自己的行为。当然，她在离家之前就已经准备好了，她写信给祖母：“我按照您告诉我的那样，好好听曼特农夫人的话。”接下来整整十六年一直如此，这对任何年轻女孩来说都是一段艰辛的岁月，这样长时间的尊敬和信任不可能建立在谎言的基础之上，毫无疑问，她内心

是喜欢这位老妇人的。她玲珑可爱，喜欢国王和她的外祖父王弟，却不喜欢王弟夫人，更不喜欢她的公公，即王太子（他不喜欢孩子），也不喜欢她的公主姑姑们，她们都疯狂地嫉妒她。当她和勃艮第还在上学期间，他们对彼此漠不关心。他们每日都见面，经常与曼特农夫人共进晚餐，但是阿代拉伊德未满 14 岁，他们尚未圆房，所以并不允许单独待在一起，婚礼两年之后她才达到年龄。新婚之夜，他们被放在一张床上，这也是仪式的一部分，王太子开玩笑地让勃艮第亲吻他的妻子，但是新娘的女侍吕德夫人谨遵国王严格的命令，将新郎打发走了。贝里公爵年仅 11 岁，便已早熟，性子冒冒失失，他轻蔑地说过，没有什么能把他从床上弄下来。

国王漫长的一生中，最疼爱的便是玛丽-阿代拉伊德。他每天散步的时候也带着她，这个小家伙就好像是从他口袋里钻出来的，他把她宠坏了。凡尔赛宫里，她有自己的私人动物园，即“动物饲养场”，这是一幢坐落在运河边上的建筑，只是现在已经消失了，所以，比起其他地方的住宅，她自然更喜欢这里。她也拥有自己的小剧院，她和朋友便在此处上演戏剧。她还询问她能否参观玛力宫，于是她像往常一样单独和国王在一起，开始了长达两天的参观，这是前所未有的安排。她住在曼特农夫人的房间里，国王一直
在这间房里办公。没有什么是被禁止的，就连“不”这个字眼也从 176
未被使用过。她拆开他的信件，在他的公文堆里随意翻找，当她父亲再一次改变立场反对法国人的时候，她把许多军事机密文件寄给他。然而，在她写给父母亲那些枯燥的信件里却很少露出蛛丝马迹，提到战争时，她也是在恳求他停止战争，而这些信件的大部分

内容都在诉说她遭受的可怕牙痛。她长大成人之后，行为已经或多或少有所节制，她还是个孩子的时候，举止确实有些轻浮，但这是可以理解的。那些没有被她迷住的人，诸如玛丽-安娜·德·孔蒂和公爵夫人，都认为她令人厌恶，而且这种厌恶令人难以忍受。她一刻也不能消停，甚至吃饭的时候，她都要唱歌，单脚跳来跳去，还在椅子上跳舞、做鬼脸，或者把手指伸到酱料碟里。车厢里，她像一只小猴子一样蹦蹦跳跳，一会儿跳到这个人腿上，过一会儿又跳到另一个人腿上。她对王太子以“你”相称，把他逗得大笑——这种事在上流社会闻所未闻。她淘气得很。但她无缘无故地害怕吕德夫人，夫人迷人又漂亮，而且举止优雅，所有人都喜欢她。玛丽-阿代拉伊德变得很难对付的时候，国王很清楚应该怎么做。曼特农夫人向他展示了一种更好的办法来培养年轻人的天性，而不是一味恐吓，毕竟王太子就是因为恐吓才变得如此迟钝的。例如，在晚宴上，玛丽-阿代拉伊德大声嘲笑一位外貌丑陋的臣子的时候，国王就以更高的音量使她尴尬不已：“对我而言，他是我王国里最英俊的男子，因为他是最勇敢的人之一。”

她每周有三天要去圣西尔上课，穿着学校制服，人们都称呼她为拉斯蒂克小姐。她在学校里一点也不淘气，反而乖巧又聪明。她结婚的前一天，也就是她才 12 岁的时候，她把她的结婚礼服拿出
177 来展示给大家看，礼服用银线刺绣，厚厚地叠加了好几层，她都有点拿不动。她爱圣西尔，圣西尔里的人也很爱她，甚至比那些凡尔赛宫的人更喜爱她。曼特农夫人盯着她的日常，事无巨细，甚至安排她的一日三餐：菜单是典型的均衡搭配，银碗盛着淡水螯虾汤，

面包掰成小份，而且是全麦面包，新鲜制作的黄油，一个小碟里装着刚出锅的煎蛋，还有红醋栗果冻和蛋糕，配上一杯葡萄酒和一壶水。

国王刚刚虔敬宗教，现在只有仁义道德之士方能进入御前会议，如此一来公共事务不再繁荣。不管是博维利耶、沙米亚尔还是托尔西再也不敢效仿科尔贝那样中饱私囊，更不敢像卢夫瓦那样强奸公爵夫人们，实则是在侮辱国王，更别说像他们两人那样互相谩骂、勾心斗角。（事实上，博维利耶拒绝领薪水，这样的事以前从未发生过。然而，不得不提的是，他的岳父正是中饱私囊的科尔贝。）但是他们和自己的前任并不在同一水平，对公众而言只剩贫乏的正直。国王却对他们很满意。随着他年岁越来越大，他变得更加专制，也更喜欢雇用那些二流的顾问，因为他认为他们便于控制。1691 年，卢夫瓦去世之后，他似乎很高兴，对詹姆斯二世说道：“我失去了一位好大臣，但是您我之间的事务并不会因此受到影响。”

孔代、蒂雷纳和卢夫瓦之后，军队一直在走下坡路。自从沃邦无谓地劝谏国王不要撤销《南特敕令》，并向国王报告了农民的情况之后，他的声望就下降了。一级将领的位子急缺人选，曼特农夫人说：“我不知道我们的将军们会不会吓到敌人，但至少他们吓到我了。”路易十四并不是没有意识到这一境况，他现在想维护和平。巴伐利亚的继承人离世之后，《海牙条约》便失效了，于是他与威
廉三世又签订了一纸条约，根据这一条约，西班牙帝国将被瓜分： 178
尼德兰、西班牙本土和美洲殖民地都将归于奥地利，而法国只有那

不勒斯、西西里和米兰。这种温和的安排表明国王害怕再次发生冲突。这一切都是利奥波德皇帝的愚蠢行为造成的，他要求得到全部遗产，不愿接受任何分割。

1700年，年仅36岁的西班牙国王不幸去世。在他统治期间，整个欧洲都被他的意志所控制。查理二世虽然头脑简单，但并不像人们常说的那样是个傻瓜。他很清楚，在他死后，他国的君主们会一起商讨瓜分西班牙帝国，而且丝毫不会顾及他的感受，这自然使他很恼火。他有一定的推理能力，他注意到每当前线（此处坐落在尼德兰某个偏僻的地方，散布着一些他从来就记不住名字的城镇）传来消息，总是法国取得胜利。从这一点推断，对西班牙而言，与法国结盟比与之为敌更有利。他的法国妻子玛丽-路易丝·奥尔良带给了他前所未有的快乐，他一生中最悲伤的便是她去世之前未给他留下子嗣。他的第二任妻子像一个严厉的家庭教师一样控制着他，他在她面前的时候瑟瑟发抖，在她背后便做鬼脸。她是巴伐利亚人，王太子孩子们的表亲，也是神圣罗马帝国皇后的姐妹，她尽其所能地推进帝国事业。她在西班牙并不受欢迎，而且她带来的德意志人也是讨人嫌。

现在马德里最杰出的人物莫过于法国大使达尔古侯爵，他凭借自己的魅力与机智，克服了那些明显无法逾越的障碍。他执行任务之初，王后甚至不允许他见查理。达尔古并没有气馁，他修建了一座气势宏伟的大使馆。渐渐地，他赢得了达官贵人、神职人员、剑
179 客、国王甚至王后的欢心，他那些奥地利同行不仅吝啬还愚笨不堪，这使他的任务变得相对简单。达尔古在西班牙王国开展的外交

活动得到国内的大力支持，例如法国舰队护送查理国王的船只从美洲运来黄金，还帮助他与野蛮的海盗交战。查理二世生命的最后几个月里，他开始反抗王后。他面见王后只是为了诞下子嗣做最后的近乎绝望的挣扎。他秘密地会见政客和大使们。他来到玛丽-路易丝的墓前，打开她的棺材，吻了吻那可怜的遗体。一位亲法教皇完成了剩下的工作。查理仍然对自己的决定犹豫不决，虽然虔诚无比，但是他的病情愈发严重，于是他写信给神父询问他应该如何行动，神父告知他将其一切遗产留给他的甥孙安茹。他照此办理，并附加一则条款，如果路易十四不代表他的孙子接受，那么立遗嘱的信使将直接前往维也纳，将西班牙帝国交给查理大公。这对法国外交而言是一场胜利，达尔古被封为公爵，这使塔拉尔大为恼火，毕竟他在伦敦的成功只换来元帅的权杖和一枚圣灵勋章。

1700 年 11 月 9 日，查理二世的遗嘱送达枫丹白露，一同传来的自然还有他离世的噩耗。国王面无表情，只是推迟打猎，命令整个宫廷为查理二世哀悼。随后，他又在曼特农夫人的房间里召开会议，商讨他的孙子是否应该继承这笔遗产。几乎可以肯定的是，选择继承势必会在欧洲掀起一场战争。外出打猎的王太子也急匆匆赶回来参加会议，他支持自己的儿子行使权力，一番高谈阔论令大家甚是惊讶。现下决定已成定局，事实上，很难想象路易十四会拒绝，因为拒绝意味着把他最大的敌人放在法国的两个边界上，只留
下一个尚不清楚立场的萨伏依公爵作为缓冲的第三方。自从马扎然 180
强迫国王迎娶玛丽亚-特蕾莎之后，法国的外交政策就一直建立在“有朝一日，无需比利牛斯山屏障”的希冀之上。

路易与勃艮第公爵夫人、孔蒂亲王夫人以及吕德公爵夫人乘坐一辆马车回到凡尔赛宫，途中并不曾停歇，用餐也是在车上。他们早上9点半出发，下午4点到达。第二天清晨，他派人去请西班牙大使，让他和安茹单独会面，并告诉他可以向未来国王行礼。大使跪拜在地，用西班牙语发表了长篇大论，国王听懂了，但是公爵却一头雾水（奇怪的是，国王从未学过西班牙语）。随后，议事厅的两扇门打开，等候着的朝臣们进来了，这是此前从未有过的事情。路易十四用威严逼人的眼神久久地注视着那些在场的人，说道："先生们，你们面前的这位就是西班牙国王。"这是一幅令人难忘的画面。

他们一起去做弥撒。路易将新国王带进他总是独自祈祷的小隔间里。他把唯一的跪垫递给男孩，但是男孩拒绝了，于是两个人都跪在光秃秃的地板上。西班牙未来国王搬到了国王大套房的国务卧房（state bedroom）[1]，他是凡尔赛宫有史以来唯一一个住在这里面的人。王太子为他儿子的好运兴高采烈，逢人就说："很少有人可以说自己同时有国王父亲和国王儿子！"他似乎不知道他出生时便有一个预言，他将会是国王的儿子，也是国王的父亲，他自己却不会是国王。但是朝臣们都很清楚这一点，于是会心地彼此对看一眼。

幸运的是，比起法国人，这位腓力五世国王更喜欢西班牙人。

---

[1] 名义上是国王的卧房，但国王日常不睡在这里，只用于举办一些礼仪活动。安茹公爵就任西班牙国王时，路易十四认为孙子地位应与自己对等，便让其临时居住这里。

如果王冠戴在他的弟弟贝里头上，那么很可能又会掉落，因为贝里是个地地道道的法国人，他永远都无法忍受西班牙宫廷里那可怕的阴郁。凡是认识腓力的人都很器重他，而且他很快便取得了臣民们的信任。他英俊潇洒，有着腓力二世的神气，高傲不屈，临危不惧，待人真诚且慷慨大方，虔诚无比，骨子里又带着一点忧郁，还 181
十分疼老婆。他的第一任妻子萨伏依的玛丽-路易丝，是玛丽-阿代拉伊德的姐妹。家人以外的人对他而言并没有什么意义，到达西班牙以后，凡尔赛宫里唯一一个他还询问近况的友人就是博维利耶夫人。他深爱着他的父亲以及两个兄弟，勃艮第的死一直是他心中一道过不去的坎，也许勃艮第是他在这世上最爱的人。他告别法国前往西班牙的场景令人心碎不已，一向冷漠的王太子也是悲痛欲绝，所有人都觉得此一别便是永不复见，尽管国王表示，当腓力在西班牙站住了脚，有了儿子，他便前往西属尼德兰看望他们。这句承诺从未实现过。腓力的寿命比他们所有人都长，他建立起的王朝比他哥哥的王朝长了一个多世纪。很久之后，当他想起祖母玛丽亚-特蕾莎放弃自己及后代的继承资格的时候，便良心不安。他开始将自己视作篡位者，甚至一度退位。但在路易十四的有生之年，他一直受他的控制，并以冷静的满足来接受上帝的馈赠。

遗嘱立定以及路易接受遗嘱给欧洲各国带来第一次冲击之后，它们似乎倾向于保持原状。神圣罗马帝国皇帝想要发动战争，但没有海上强国的支持，他几乎不可能有所作为，奈何这些海上强国宁愿选择和平。许多英国政客认为，一旦法国的老国王去世，西班牙统治者就不会再从凡尔赛接受命令，危险就小了，这是何其正确。

威廉三世认为战争无法避免，只是他与臣民之间的矛盾与日俱增。此时，路易十四是世界上最幸运，也是实力最强大的君主。

1683年，威尼斯大使福斯卡里尼在他的年度汇报中说道，国王
从不面露喜色抑或愁眉苦脸，他在任何场合都能镇定自若。他妻子
182 的离世也只是引他发出几声礼貌的叹息。他的情妇（丰唐热小姐）、
他的大臣（科尔贝）以及他的孩子（韦尔芒杜瓦）的离世都只是
换来高冷的淡漠。“如果命运残酷地鞭挞他，不仅他的幸福被剥夺，
荣誉也被摧毁，他是否还能保持这份绝妙的宠辱不惊？可能只有在
这种情况发生后才能知晓答案。——愿上帝不要让一位值得受到基
督徒的尊敬，特别是在我们这宁静国度中享有盛名的天子遭受考
验。”上帝的确让路易十四受到了考验，但他的行为举止从未因公
众所知的可怕遭遇抑或个人不幸而改变过，即使是躺在外科医生的
手术刀下，他也是面不改色。他是铮铮铁汉。

17

悼　念

Mourning

我走到哪里，玫瑰凋零的花瓣和月桂飘落的树叶便跟到哪里。

——安托万·V. 阿尔诺（Antoine V. Arnauld）[1]

1701 年，王弟在与国王的争吵之中，突然中风去世。几个月以来，他一直因为路易对待沙特尔公爵的态度而对他大发雷霆（发火的理由很充分）。王弟为他的儿子感到骄傲自豪，也注意到他那毋庸置疑的聪明才智和军事天赋遭到了闲置，他从来没有为国家效力过。这位年轻人厌倦了，幻想也破灭了，很快就像他的堂亲孔蒂一样堕落了。朝臣认为这是国王的计谋，让年轻的王室子弟们远离军队和公众的视线，因为他担心他们变得过于强大。这个理由似乎过

[1] 安托万·V. 阿尔诺（1766—1834），法国诗人、剧作家，曾两度入选法兰西学院。

于简单。必须知道，路易十四是个喜欢和不喜欢分得一清二楚的人。孔代出身王室，他年轻时曾犯过叛逆罪，但他仍然是国王喜爱的人之一，国王将军事指挥权以及更多权力交付于他。然后，和许多老一辈人一样，国王对沙特尔结交的年轻男子们大为恼火，毫无疑问，他们在他面前表现极差纯粹是因为恐惧。沙特尔和孔蒂是宫廷里那些时髦年轻一代的领袖，而这一代却普遍受到了老一辈们的谴责。拉布吕耶尔曾说凡尔赛宫里的老一辈无所畏惧，又彬彬有
184 礼、举止优雅，然而年轻人却心狠手辣、任意妄为，而且毫无礼节可言。曼特农夫人说：“我发现实在无法忍受当今女性荒谬、轻浮的衣着，她们抽烟，喝酒，贪婪成性，还举止卑劣，好吃懒做。”两位王公的光芒盖过了曼恩，这也对他们不利。但是，如果国王碰巧喜爱他们其中的任何一个，他便有可能全然不顾这些考虑。

沙特尔在他妻子以及整个宫廷的众目睽睽之下，和他母亲的一个女侍，“王弟夫人苗圃里另一朵娇艳欲滴的花”，展开了一段疯狂的风流韵事。他还把一位女演员和沙特尔夫人同时放在家里。王弟夫人说他曾前往巴黎看望两位年轻母亲，她们同时诞下一子一女。（可惜的是，女儿才是合法的。）沙特尔公爵夫人向她的国王父亲抱怨，而她的父亲又向王弟抱怨，王弟的回答却是大胆至极。他说道，国王并没有资格去指责人们夸耀情妇，惹恼妻子，否则他带着拉瓦利埃和蒙特斯潘夫人前往弗兰德斯，还让她们与王后同乘一辆马车，又作何解释呢。这席话令国王回忆起那段快乐却又罪恶的时光，他勃然大怒，于是两个人开始互相争吵起来。

一个仆人走进来，低声说隔壁很多人都在聚精会神地听着，每

个字都听得一清二楚。于是王弟放低声音，但仍然没有停止攻击。他指责国王欺骗沙特尔，用一堆似是而非的诺言将他引诱到一桩不幸的婚姻中去，可是这些诺言从未兑现过。一个才华横溢、精力充沛的年轻人除了在凡尔赛宫闲待着，什么也做不了，他自然会焦躁不安，不然国王以为呢？从未有人这样跟路易说过话，他怒火中烧。很好，他说道，战争一触即发，必须节省开支，不如就从削减王弟的津贴开始。

随后，膳食准备就绪，两个人入座，王弟的脸涨得通红。国王 185
表示，很显然应该给他放血，他很想把他送回自己的房间放血，如果有必要的话，也可以使用武力。然而，他们还是冷静下来，照常吃了一顿丰盛的佳肴。用膳过后，王弟便返回圣克卢。深夜时分，沙特尔派遣信使前来告知国王，他父亲病了。正常情况下，即使王弟只是小拇指疼痛，国王也会立马前去看望他，但他此时还在气头上。他并未将此消息放在心上，就上床睡觉了。凌晨3点，又来一位信使，国王急急忙忙穿好衣服，和曼特农夫人一同赶往圣克卢，他们发现王弟已经陷入昏迷状态。晚饭时他便晕倒了，王弟夫人急忙跑来他跟前，他只能告知夫人赶快回她的房间（她感冒了，一直躺在床上），随后，他便昏迷不醒。看来已经没有任何希望了，国王他们便又返回。几个小时之后，负责诊治的法贡前来面见，国王心下明白，他的弟弟已经不在人世。他悲痛欲绝，也懊悔不已。他对沙特尔，也就是现在的奥尔良公爵和蔼地说道，他必须将伯父视为自己的父亲。国王还赏赐了他一笔钱财。

很多人对王弟的离世悲痛万分，勃艮第公爵夫人便是其中之一。她和她的外祖父都很风趣诙谐，经常逗得对方大笑。她说：“我非常喜欢大殿下。”曼特农夫人在给一位友人的信件中写道：“我们都看到她为大殿下的离世悲痛不已。”圣克卢和凡尔赛的朝臣们都沉浸在哀恸之中。王弟筹备的聚会比其他人的都要好，他总是将一切都安排得热热闹闹。阿泰纳伊斯·德·蒙特斯潘痛心疾首，她失魂落魄地在旷野里徘徊。从宫廷搬出来之后，他变成了她忠实的朋友。曼特农夫人给她送去一封言辞恳切的信件，信中说，如果不能相信有另一个没有尽头的世界，那么人到了将死之年，脑袋里充斥着这辈子所有的记忆，这将是令人无法忍受的。

王弟夫人泪干肠断。她痛恨丈夫多年，现在才刚刚开始喜欢他，而且他脑海里最后牵挂着的竟然是她，这也令她大为感动。但
186 最重要的是，她担心自己会被迫离开宫廷去往修道院。王弟刚刚咽下最后一口气，她便尖叫着“不去修道院”。不过她倒忠诚，她做的第一件事便是翻看他的私人文件，上面全是紫罗兰的香气。她烧毁了几百封其他的男孩写给他的信件，这件事情全部办妥之后，她才乘车前往凡尔赛。到达之后，她收起了自尊，派人去请曼特农夫人。她怎会有脸做出如此举动？她心知肚明，这些年，不仅国王，想必他的妻子也一直在读她的信件，在信中她对曼特农夫人直呼其名，老东西、老猿猴、女巫、妓女以及粪堆等等绰号更是不在话下，她认为她的所有行为都出于最卑劣的动机。曼特农夫人很快就来了，这是王弟夫人有生以来第一次邀请她。然后王弟夫人便恭恭敬敬地请她代为求情，求国王允许她继续在凡尔赛宫住下去。曼特农夫人用一种别样的表情望向她，嘴角上扬，下嘴唇下垂，并不作

任何答复，倒是从胸口的衣兜里掏出一封信件递给她。王弟夫人看到这封信正是自己所写，惊呆了；她打开之后，更是瞠目结舌。信件是寄给一位德意志亲戚的，信上说，谁也不知道那个老畜生究竟是国王的老婆还是情妇。更糟糕的是，信里还描述了法国穷人的悲惨境遇，这是国王最不愿提及的话题。王弟夫人变得歇斯底里。然而，曼特农夫人表现得极为宽宏大量，为她留在凡尔赛宫做好安排。后来王弟夫人还是一如既往地用相同的措辞来描述她的恩人，只是尽可能更加小心，不用公共邮箱来邮寄信件。

1699 年，拉辛去世。他已然失宠良久，尽管他依旧在宫廷里担任职位，经常穿梭于玛力宫和凡尔赛宫之间，但是国王再不正眼瞧他。国王怀疑他是詹森主义者，但是，更晦气的是曼特农夫人鼓励他写下对农民的看法，然后把他的文章呈献给国王，国王像往常一 187
样大发雷霆。“就因为他写得一手好诗，他就认为自己有做大臣的天赋。”拉辛责备曼特农夫人，她承认他的耻辱是她一手造成的，并表示她会让一切都好起来。“您永远也不会成功的，”他悲伤地说道，“因为我的姑妈在王港，她在上帝面前的影响力甚至比您在国王面前的影响力还要大，她日夜祈祷我可以悔过自新。”姑妈赢了，他又重新得到上帝宠爱。他留下一个愿望，希望可以埋葬在王港——朝臣们说他一辈子都没有足够的勇气待在这里。

另一桩令国王心痛不已的便是他的贴身仆人，年近八十的邦当告别人世。他一生都跟随在他的身边，四十年来一直是凡尔赛宫的总管，知晓国王的所有秘密（和其他人的秘密），还是他第二次婚礼的见证人。邦当也拥有一个曼特农夫人一样的伴侣，一个和他居住在一起的女人，可能是他的妻子，也可能不是。他是这片土地上最有权势的人，但他从不摆架子。他像一个说话粗哑的老保姆一样对国王说出自己的想法，并恰当地使用自己的影响力。之后他的儿子接替了他的位置。

然后便轮到詹姆斯二世。在这位悲哀、毫无魅力可言的表兄处于逆境的时候，国王从未向他展示出他那居高临下的天性。的确，他认为国王与其他人有所不同，因为他们是受膏者，是上帝在尘世的代表。他向詹姆斯国王致敬，正是宣告了自己对加冕礼的信仰。一如既往，他热情地款待他：给他安排豪华的住处、衣裳和膳食，甚至那些诡计多端、吵吵闹闹的可怜随从也得到了照顾；派遣法国船只和法国军队迎接他，军队还在爱尔兰遭到袭击；让他和他的王后在法国享有凌驾于所有人之上的权利；允许他佩戴百合花盾形徽章到处炫耀，甚至允许他和法兰西国王一样通过触摸治疗瘰疬病！
188 詹姆斯带着一把剑叮当作响地踏进他的教堂时，他并没有嘲笑。作为信仰的捍卫者，詹姆斯在念诵经文时才放下了剑，他说这是从亨利八世那里继承来的。路易十四为了国家的紧急需求，不得不签订《里斯维克条约》，承认奥兰治的威廉才是英国国王，他谦恭地向詹姆斯道歉，表示他这样做或多或少只是出于形式。但是他对临终的“可怜国王”的慷慨施舍远远超过了这一切，致使他犯下了也许是他这辈子最严重也是最荒唐的一个错误。

那天詹姆斯国王还在教堂里，就听见唱诗班唱道：“我们的产业归为陌生人，王冠从我们的头顶掉落。”听完他就一动不动地晕倒在地上。然而，他并没有死，他只是中风了，很快便恢复了，于是在法贡的陪伴下前往波旁做水疗，一切费用由路易承担。他回到圣日耳曼昂莱不久，又一次中风，他那德高望重的妻子感到绝望不已，这显然是一切结束的开始。他有两个可以继承王位的孩子，一个是现年13岁的老僭王[1]，另一个是在法国出生的路易丝公主。很多英国人都对这个男孩感兴趣，希望他可以继承威廉三世，而不是平庸无奇的安妮以及她那愚蠢的丈夫，还有他们已经夭折和濒临死亡的孩子，但前提是这个男孩得作为新教徒在英国接受教育，而且必须远离他母亲的影响。这无论如何也不可能发生。

路易十四认为他现在必须就如何处置“威尔士亲王”下定决心。他究竟应不应该在其父离世之后承认他为英国国王？他似乎并没有想到按兵不动这一明智的做法，他觉得自己必须以某种方式发声。他召开会议，会上所有大臣都坚决反对承认。他的外交大臣托尔西告诉他，这样的举动势必会激怒骄傲的英国人，这个孩子很明显就是法国国王的傀儡，他的基业从一开始就会毁于一旦。路易十四会违反《里斯维克条约》——如此行事又为了什么呢？威廉三世 189
稳固地确立了他的王位，整个欧洲，只有那些流亡到圣日耳曼昂莱的人才会对这一事实提出质疑，这是一群可怜的人，他们关心的只是自己的前途。国王在位期间，很少做出违背御前会议全体一致意见的举动。现在，他踌躇不前。他去看望过他的表兄一两次，每次都是停下马车，穿过圣日耳曼的庭院，害怕惊动这位垂死之人，但是他从未提及大家最关注的那个问题。与此同时，曼特农夫人也日

[1] 即詹姆斯·弗朗西斯·爱德华·斯图亚特（1688—1766），又称老王位觊觎者。在父王于1701年去世后，要求继承英国王位，并得到表叔路易十四的认可。

日夜夜给他做思想工作。摩德纳的玛丽王后成了她最亲密的朋友之一，因为王后和詹姆斯国王从未像王弟夫人、太子妃以及几乎所有的王室成员那样冷落怠慢她。她替迷人的王后分担愁苦与悲痛，也渴望詹姆斯国王能够安然离去。最终，路易听说他的表兄快要死了。他以隆重礼仪前往圣日耳曼，将詹姆斯国王的朝臣聚集召拢至他的床边，随后，来不及安慰几乎失去意识的詹姆斯，他宣布了他的决定："我来告诉您陛下，一旦上帝将您从我们的身边带走，我就会像照顾您一样照顾您的儿子，并承认他为英格兰、苏格兰以及爱尔兰的国王。"

无人知晓是什么致使他做出如此不明智的举动，国王像往常一样未作任何解释。事实便是，鉴于西班牙问题，反对他的大同盟文件已然签署。但是，英国人不怎么喜欢大陆战争，只要他们没有被这一不幸的举措激怒，他们不太可能签署这一协议。托尔西最担心的事情还是发生了。

教皇写了一封信件，祝贺路易以如此非同凡响的方式来证明他的虔诚。作出这一决定之后，他唯一获得的欣慰便是摩德纳的玛丽那忧郁的微笑。

18

硝烟散去

Martial Noises Off

她将最悲伤的阴霾驱散开来，使我在最黑暗的荏苒之中也能波澜不惊。

——拉辛

1702年，西班牙王位继承战争爆发。奥地利、几乎整个德意志、丹麦、荷兰和英国联合起来抵抗法国和西班牙，企图废黜腓力五世，转而支持查理大公登上西班牙王位。新教世界的鼓舞者威廉三世去世了，但是他的政策又在英国女王安妮手中继续实施。就像当时所有的欧洲战争一样，这场战争也是近亲对战——安妮对战她同父异母的兄弟僭王，还有另一个同父异母的兄弟贝里克，以及她的表亲路易十四；贝里克对战他的舅舅马尔博罗；神圣罗马帝国皇帝对战他的连襟，也是表兄路易十四；欧根亲王对战他的表兄旺多姆公爵；萨伏依公爵转换了阵营，开始对抗他的女婿们，即勃艮第公爵和西班牙国王。

在路易看来，起初从前线传来的消息并不算太坏，但很快就有布伦海姆战役和拉米伊战役惨败以及法国从意大利撤退、马德里陷落等令人绝望的消息传来。波特兰曾提及国王金库里有大量钱财，然而现在很快就库空如洗。贸易停滞，人们只能期盼军队在没有薪酬、没有组织甚至没有食物的情况下创造奇迹。科尔贝和卢夫瓦宛若从未存在过，他们的成果在短短几年便挥霍一空。

191 民间怨声载道，凡尔赛宫的生活却一如既往。布伦海姆战败的消息传来没有多久，为了庆祝勃艮第公爵和公爵夫人的儿子出生，玛力宫开始举行庆祝活动，巴黎也烟花满天。宴会和舞会接踵而至，依旧鼓励朝臣穿戴华冠丽服，公主们也最好穿金戴银。路易十四过去并不允许在战争期间赌博，人们现在却肆无忌惮，只因勃艮第公爵夫人喜欢。国王只在宴会上匆匆露了一面，事实上，他此时一直都在大套房亲力亲为地管控大局，每天工作九到十个小时。他亲自指挥前线作战，当然这也给他的将军们造成了不必要的麻烦，因为他们不清楚自己应该怎么作战的时候，还须等待回复。他不仅读将军们所有的信件，就连大使从国外发来的信件也是每封必读，他还不断接见朝臣百官。

他的大部分工作都是在曼特农夫人的房间里完成的。晚上，她脱光衣服躺在床上睡觉，可能恰好会有大臣走进卧室。时间一分一秒地流逝，她有时会渴望变成卧室里某件瓷器，后来她只能等男人们都出去之后再睡。最后他们道别晚安的时候，她常常对着来拉窗帘的女仆叹息："我只想告诉你，我受够了。"她写信给沙特尔大主教，信里提及她精疲力竭，并询问主教她是否可以拒绝国王每天上床两次的要求。"这些痛苦时刻"，她说道，超过了她的承受范围。戈代·德·马雷回复道，他当然更愿意看到她和耶稣基督的妻子一样保持贞洁，但是阻止国王陷入丑闻与罪恶是一项更能体现纯洁的伟大任务。随后，他又安抚她，表示她将会上天堂，跟随羔羊的脚步。

国王和曼特农夫人都知道凡尔赛宫中藏匿着英国间谍。曼特农 192
夫人认为这个人很可能在宫中身居要职。温斯顿·丘吉尔先生称呼这个人为"致命人物"，这个人肯定为马尔博罗公爵栩栩如生地描绘出他们的宫廷生活——只是这个人的身份一直是个谜。

现在宫廷里，国王已经退居幕后，勃艮第公爵夫人成了炙手可热的明星。当她开始长大的时候，她的一举一动都透露出她是个恶劣的人。她坦率生活，纯粹为了享乐，她对丈夫和年老的夫人并不友好，对姑姑也不友善。她会戏弄他们，等到他们忍不住说出一些令人不快的言论，她便踮起脚尖转几圈："我不管他们怎么想，我就是他们未来的王后！"她大半部分时间都穿着奇装异服，有时候花枝招展，有时候像苏丹女眷，有时候又像老叫花子，又或者像奶牛场的女工。天气晴朗时，她就在河里泡澡，然后睡在岸上的帐篷里。有时又连着好几个星期不出门。她会整夜跳舞，去巴黎的中央市场吃饭，然后到圣厄斯塔什做弥撒，最后赶回凡尔赛宫，亲吻国王，给他请早安。尽管她身材婀娜多姿，皮肤白皙，走在路上也像女神一样，但她的脸真的很丑陋。她毫不在意这些闲言碎语，从不为外表烦恼，宫廷里的其他女人只惊讶于她能以如此短暂的时间便穿好衣服。

玛丽-阿代拉伊德并没有影响王室一贯的严肃态度。她在公园里散步的时候，总要挽着女侍的胳膊，在众人面前翩翩起舞。这样（王弟夫人不以为然地说道），一个陌生人怎会猜得出谁才是舞伴呢？“现如今，宫里一点也不像样了。”她描述玛丽-阿代拉伊德“跳进我的房间”，宣布她的小叔子贝里公爵将与王弟夫人的孙女结婚。这对老太太来说是件喜事，便也原谅了她蹦蹦跳跳的无礼。贝里是勃艮第公爵夫人的宠儿，也是她的小仆从。他一直和她还有她的女侍待在一起，帮她们卷羊毛，跑跑腿，怡然自乐，开心满足。所有人都喜欢他，就连王弟夫人也是如此，只不过她不太欣赏他的
193 衣着。安茹接受西班牙王位的同时也意味着他宣布放弃法国王位，贝里将是继勃艮第之后的第二顺位继承人，但是人们看看他的行为举止，也就断了这个念头。众人将他当作重要人物对待时，他常常吓得目瞪口呆，不知如何回应。他对礼节和先后顺序也没有任何概念，于是便不受礼仪约束。国王派遣他到巴黎高等法院发表演说，他刚出发，腿脚就软了。院长不得不过来替他圆场，整个场面难堪不已。回到凡尔赛之后，那些还没听说发生了什么的人恭喜他演讲成功，这个可怜的家伙哭了起来。他的天赋在于户外运动，他的骑术和射术超群出众，能用手枪打下野雉。

1700 年，吕德夫人在国王召开国务会议期间请求进入，禀告她在勃艮第公爵夫人的盥洗室发现了一些东西，意味着她准备好要孩子了。勃艮第夫妇正式圆房之后，公爵便疯狂地坠入了爱河，以至

于令那些旁观者都尴尬难堪，玛丽-阿代拉伊德更是如此。因为他
在其他方面都表现得极为沉着冷静、镇定自若、彬彬有礼，不像他
妻子那样脾气暴躁，所以他这种多情的举动令大家都瞠目结舌。勃
艮第公爵夫人常常说，她很抱歉让他娶了这样一个不得体的妻子，
他要是娶个修女，可能会有更加出色的成就。但她从不让他看出他
爱她胜过她爱他。她有自己的各种各样的爱慕对象。首先是楠日侯
爵，宫里最时尚的年轻人。虽然她选择他令他倍受感动，也很开
心，但他却爱上她的一位女侍拉弗里埃夫人。事实上，他发现自
己和《克莱芙王妃》中的沙特尔主教代表一样，书中描绘的许多
情节都在现实生活中重现。一段时间之后，勃艮第公爵夫人移情别
恋，爱上楠日的一位朋友莫莱夫里耶侯爵，他们的爱情为费多
(Feydeau)[1]创造喜剧场景提供了素材。为了能和所爱的人待在一
起，而不去前线，莫莱夫里耶假装得了肺结核，并且声音变得嘶 194
哑。当他和玛丽-阿代拉伊德在一起的时候，这也给了他一个理由
可以靠近她耳语。很快，除了国王和勃艮第，所有人都知道了这件
事。法贡决定结束这段婚外情。而他很有可能是受到曼特农夫人的
唆使。他派人找来莫莱夫里耶，仔细给他检查一番。这位老人摇摇
脑袋，宣布要想治好他的病，唯一的希望就是送他去西班牙。法贡
的话就像法律，他去了西班牙。在那之后，勃艮第公爵夫人又爱上
波利尼亚克神父，一段时间之后，他的上司就把他送去罗马。

国王对玛丽-阿代拉伊德的喜欢从来没有改变过。她仍然像小

[1] 乔治·费多（1862—1921），法国著名的戏剧家，他成功地创作了许多滑稽剧。

时候那样每天无数次进进出出他的房间，每次都告诉他一些趣事，或者在他情绪低落的时候想办法分散他的注意力。以前，他是个行事严谨、严守纪律的人，但他从来没有因为她异想天开、胡乱恶作剧而责骂过她。吃饭时她没有出现在餐桌上，他很难过，但并不生气。他们准备去看戏剧的时候，曼特农夫人的女侍拿侬当着众人的面在壁炉前给勃艮第公爵夫人服下了灌肠剂。“拿侬对您做了什么？”国王问道，了解事情的来龙去脉后，他哈哈大笑起来（圣西蒙说，勃艮第公爵夫人在一部意大利喜剧演出的过程中始终没上厕所）。路易曾对曼特农夫人说道：“一天不打牌没什么，只要举行家宴和宴会，外出骑马、打猎，也就足够了！”他说要和“她那些绅士朋友们”谈谈。但他从来没有谈过。人们一旦回忆起他心目中理想的女人和王后是像奥地利的安娜那样的绝世佳人，就会发现他的溺爱其实显而易见。他尝试着给公爵夫人一天的时间来接待大使，尽管这个想法没有任何成效，但他并不介意。而且，他在这一点上坚定不移。他坚持让她一年和大使们进行五次沟通谈话。朝臣们认为在她这个年纪，这样做一定让她很尴尬。

195 曼特农夫人可能会更严厉一点。有一次，国王外出，勃艮第公爵夫人开始翻看他的文件。曼特农夫人叫她住手，她却并不在意。过了一会儿，她发现一封信件上面写着自己的名字，这封信来自王太子的一位好朋友，洛林家族的千金埃斯皮奈夫人。“小可爱，这是什么？”曼特农夫人问道，“您怎么了？”公爵夫人把信件拿给她看。“好奇真是害死猫。人们有时候会发现一些自己不太喜欢的东西——”然后，她换上另一种腔调说道，“如果您足够机智的话，通读全文，您会从中获益不少。”这封信逐时报道玛丽-阿代拉伊德过去几天的所作所为。其中也有很多描写楠日的部分，不少关于他的阴谋诡计和轻率之举。公爵夫人差点晕厥。后来，曼特农夫人给她讲了一席话，令她终生难忘。她告诉她，凡尔赛宫的所有人都知道宫廷里发生的一切，至于玛丽-阿代拉伊德，也会有各种各样的人向她汇报她的行为举止。

也许是因为过于活泼，总是过度劳累，直到 1704 年，勃艮第公爵夫人才有了她第一个孩子。几个月后，这个男孩夭折了。这对父母表现得很镇定，她状态不错，只是听天由命，而公爵就像亚伯拉罕一样，用他的儿子献祭。国王虽然伤心失落，但一想到孩子现在处于永恒的幸福中，便努力让自己开心起来。随着年龄的增长，玛丽-阿代拉伊德的性格也逐渐发生了变化。众人以及她自己个人的一些不幸使她清醒过来。当她父亲背叛法国盟友的时候，她依然十分端庄，承认自己是法国人，但她从未忘记她深爱的故乡，虽然她 12 岁就离开了那里。一开始，她对自己的丈夫十分冷漠，后来甚至上升到厌恶的程度，但现在，她变成了一位忠诚的妻子。他倒霉时，她就帮他振作起来。不过，她总是喜欢开玩笑。有一次，她让拉弗里埃夫人睡到她的床上，然后又告诉勃艮第她困了。他一直喜欢早睡，但她却从来不喜欢，这么说，他自然高兴坏了——匆忙地脱掉衣服——走进她的房间，却看不见她的人。“夫人在哪呢?”
“我在这儿。”她回道，好像在床上。他脱掉睡衣，跳上了床。然后 196
公爵夫人走了进来。“这是怎么回事儿？您总是假装成圣人，现在我却发现您和法国最漂亮的女人躺在一张床上！”勃艮第扑到拉弗里埃夫人身上打她，结果她没穿拖鞋就逃了出去。

了解勃艮第公爵夫人一点都不难，不管是她的美德，还是陋习从来不会让人惊讶。但是她丈夫，却是历史上的一个谜，他是王位继承人，但英年早逝，根本没来得及上位。如果他继承王位，那又会有什么样的结果呢？自从黑太子开始，这样的年轻人广受好评。一些与勃艮第同时代的人认为他将会是一个完美的国王，第二个圣路易。他孩童时代，出奇地暴躁顽皮，别人阻拦他，他便忍受不了。众所周知，当他要做一些使他厌烦的事情时，时钟敲响了，他便把钟砸碎。如果下雨天阻止他外出，他便对着雨滴大喊大叫。他对人十分刻薄，也很精明，知道他们的弱点。但自从费奈隆开始管教他之后，他发生了翻天覆地的变化，变得像金子一样闪闪发光。他自己将这归因于宗教，事实上，他的转变似乎发生在他的第一次圣餐仪式之后。费奈隆和博维利耶把他当修士一样养大，他对这个世界一无所知，对上流社会的礼仪更是一窍不通。要不是王弟夫人告诉他，他一直不知道自己的母亲是德意志人。人们惊讶地发现，他对法国地理的熟知程度比对凡尔赛周边的森林还要高。的确，他不喜欢打猎。他面带着忧郁和不满的神态在宫廷里来来去去，让朝臣们看出他把他们看作一个个迷失的灵魂。他去巴黎也不是为了寻欢作乐，只是为了观看大脑解剖的过程，或者只是为了去索邦大学听论题。他每次都会参加圣餐仪式，穿着圣袍，向圣礼致敬。他还
197 会拉丁语，喜欢历史——他告诉舒瓦西神父，他读过好几次（法国）查理五世的生平。舒瓦西神父忙着写他的下一本书《查理六世》的时候，勃艮第假装不知道，然后问舒瓦西，怎样才能表述查

理六世疯了的事实。“殿下，我得说他确实疯了。”

勃艮第16岁、安茹15岁、贝里13岁的时候，施潘海姆总结出他们兄弟以及勃艮第公爵夫人的性格：

勃艮第出类拔萃，非同凡响，但身体虚弱。快乐愉悦，但却不太健谈。喜欢学习科学、语言、哲学、数学和古今历史。记忆超群。从小就不喜欢玩游戏，即使还是个孩子的时候也不喜欢。相当骄傲自负，令人生畏。

安茹天生更可爱，也是个聪明睿智的男孩。比起勃艮第，人们更喜欢他。

贝里非常健谈，活泼好动，朝气蓬勃。

勃艮第公爵夫人思维敏捷，但是暴戾恣睢。她讨厌吕德夫人，给她制造各种麻烦和负担。她和勃艮第对彼此完全漠不关心。倒是很听曼特农夫人的话。

勃艮第的信件中显现出一种惊人的虔诚，就好像这些信是维多利亚时期的教士写的。他祖父的每句话都迸发出原创的火花，显露语言天赋和高贵气质，这些在他的信中都没有。他很不喜欢他的父亲。有一次他父亲差点因为吃了太多鱼死掉，勃艮第居然希望上帝能利用这种疾病让他自己在未来过上更好的生活。公爵夫人生病了，他不知道自己做了什么惹恼了上帝。她病情开始好转的时候，他便开始下定各种各样的决心。他天性忠诚，重情重义，尽管在那次受尽侮辱（有一两次是在他上前线的路上）之后，他几乎再也没有见过费奈隆，但他从未忘记过他。他非常爱他的兄弟们，也深爱着他的妻子。他外貌并不出众，因禁食太多而过分消瘦，身材矮小，有点驼背，还经常生病。当时，他似乎不太可能成为一位伟大
198 的法国国王。然而，路易十四对他寄予厚望，在他才十几岁的时候就允许他参加御前会议。

1704 年丰特弗罗夫人去世之后，蒙特斯潘夫人一直郁郁寡欢，于 1707 年在波旁接受水疗的时候逝世。她昏倒之后服用了催吐剂，一两天之后便断了气，走的时候十分平静、虔诚，也并不害怕。当时国王在玛力宫，正准备外出打猎，有人将这个消息告诉了他。他并没有流露出任何情绪，但是，他杀死一头雄鹿之后，就独自一人去散步。他回到凡尔赛宫之后，勃艮第公爵夫人问他是否感到伤心难过。他回答，早在蒙特斯潘夫人从凡尔赛宫离开的那一刻起，他就只当她已经死去。但曼特农夫人却躲在自己的房间里失声痛哭起来。

1708 年，国王认为是时候该让勃艮第参加战争了。1702 年和 1703 年，他跟随塔拉尔去往前线，但几乎没有参加什么战斗，只是在野外露营，围攻一个小城镇，但也很快将其攻陷。幸运的是，1704 年，公爵夫人生孩子的时候，他正好在家里陪她，所以他并没有看到塔拉尔在布伦海姆战败。塔拉尔元帅的儿子就在他的身边战死，他自己则在诺丁汉的监狱里苦熬了七年。

贝里将要和他的哥哥，还有老僭王“圣乔治骑士”一起上战场。这些年轻人从来没有当过兵。他们三个由马扎然外甥女的儿子，也是亨利四世的左撇子曾孙旺多姆公爵负责管辖。旺多姆对曼

恩公爵十分友好，曼恩为了显示出私生子群体的重要性，不仅全力支持他，并且替他安排迎娶孔代亲王姐妹中最丑陋的一个为妻。圣西蒙说，迎娶昂吉安小姐的人势必野心勃勃，嫁给旺多姆先生也势必非常勇敢，他的鼻子已被梅毒啃噬。旺多姆令人厌恶，54 岁时， 199
他看上去就像个衰老、肥胖而又脏乱邋遢的病女人。他是国王偏爱的人当中最不可思议的一个——从来没有人敢像他那样对待路易十四。当他们正在策划 1708 年的战役时，旺多姆突然离开凡尔赛，和财政大臣克罗扎一起出去找乐子了，尽管国王有紧急消息，但他还是疯够了之后才回来。

他腰缠万贯。他的乡间别墅正是阿内府邸（Château d'Anet）。国王买下了他在城里的房子，并在原址建造了旺多姆广场。

在前线时，旺多姆暴饮暴食，懒惰成性，鸡奸，几乎所有的罪孽都被他犯了个遍。但他也逗得那些崇拜他的士兵们开心不已。他们该有一点娱乐。以往国王的任何一场战争中，他们的命运都未如此艰难过，因为人员安排经常被打乱。路易十四认为旺多姆是他最出色的将军，他天生就是领导者，但是他却有一个严重的缺点。他太喜欢披挂上阵进行厮杀，因此他的作战指挥部只能自行其是。凡尔赛宫的神职人员说，上帝绝对不会把胜利赐予一个如此邪恶的人。旺多姆听说了这件事情，便说他认为马尔博罗去教堂的次数并没有比他多。国王希望勃艮第的出现能够制止这个明面上听命于他，背地里却淫乱放纵的顽固老头，但这似乎不太可能。

从各方面看来，这场战役都是一场灾难。勃艮第没有军人的气质，他太敏感了，而且不喜欢打仗。旺多姆的士兵对待农民极其残忍，不仅毁坏他们的庄稼，还强奸他们的女儿，这比战场上的硝烟更令他惊骇。不久，他便打定主意，停止这一切。那些派去照顾他的士兵心里也只有一个主意：将他活着带回来。不幸的是，这一切
200 在凡尔赛宫都已经人尽皆知，所以欧根和马尔博罗发动了奥德纳德大战役之后，旺多姆将这一切都怪罪到勃艮第的头上，人们对他的话也是深信不疑。根据旺多姆的信件，夜幕降临了，但他们仍然位于一块不太明确的阵地上。他打算守住阵地，因为他第二天可以轻而易举地赢得战斗，但勃艮第却坚持撤退。事实是，法军战败，不得不逃之夭夭，旺多姆个人对此要承担全责。他违反了凡尔赛的严令，并且（用温斯顿·丘吉尔的话来说）“做了一件伟大的国王一直禁止的事情，那便是在破败而又封闭的乡村发动步兵战斗”。随后，他又沉溺于肉搏，“像发怒的动物一样狂奔”，而不是留在指挥岗位上。天黑以后，他回到总指挥部，似乎还认为可以把士兵们召集起来重新开始。他的军官们告诉他，如果留下来，那么他将独自一人上战场。除了撤退，别无选择。“很好，先生们，我想你们已经拿定了主意，我们只好撤退了。至于您，殿下，”他用那双布满红血丝的双眸盯着勃艮第说道，“您早就想要这样的结果了吧！”对日后的王位继承人说这样的话相当于犯下叛国罪，旁人都在等着勃艮第逮捕他。但后者什么话也没说，只是看上去很悲伤——还为此遭受旁人的鄙视。事后，他告诉博维利耶，他已经将自己这份深深的屈辱作为礼物献给了上帝。有些军官想要用马车将三位王子送到安全的地方，并且由五百名士兵护送，但是旺多姆说这太羞耻了，的确如此，所以最后他们骑马离开战场，而当时楠日仍然在奋力反

抗，顽强拼搏。旺多姆径直回到了根特，倒头便睡了三十个小时，也懒得再去过问军队的状况。这次惨败之后，他变得闷闷不乐、郁郁寡欢。勃艮第完全掌控了一切。这个年轻人丢掉了里尔和其他一些城镇，而且完全是因为他自己的过错——犹豫不决之后，他最后做出了一个不幸的决定。他的一位军官恼羞成怒地说道：“我不知 201
道您是否会在天堂拥有王国，但至于地上的这个，欧根亲王比您做得好多了。”

与此同时，国王照常生活。只有一次，人们注意到他的脸上显现出焦虑的神色（他的脸色变了）。他整日外出打猎，这让朝臣们倍感绝望，因为只有他回来之后才能打开那些从前线寄回的包裹。几乎所有人都有亲人在军队里服役，可以想象，他们多么渴望收到亲人的来信。关于这场致命战役的激烈争吵中，大多数人站在旺多姆那边。因为不幸的是，勃艮第给人的印象是他并不关心结果：事情变得糟糕时，他看上去并不担心，他经常待在网球场或者教堂里，而不是将注意力集中在军事问题上。甚至连费奈隆都说，他将太多的注意力放在了告解神父身上，而神父不应该干涉战争的进程。当他回到凡尔赛宫，回到挚爱的妻子身边后，他逍遥快活又无忧无虑，对于所在军队遭受了如此可怕挫折的人来说，他的表现太过异常。孔代亲王夫人仍然对她情人的遭遇痛苦万分，而孔蒂亲王（仍然待业家中）写了一首关于勃艮第的诗，这首诗刻薄却广为流传，而且不止这一首。失去里尔，国王很难过，他还说要亲自率兵出征，明年夏天一举夺回失地。他有一个性格特点，就是每当事情出错，他总是对他的下属宽宏大量。他从不责备他的将军。他曾写信给塔拉尔，不仅安慰他，还对他的儿子战死沙场表示哀悼。塔拉尔最后从英国回来的时候，看上去苍老了许多，他授予他公爵爵位。拉米伊战役之后，他只对战败的维勒鲁瓦说了一句：“元帅先生，我们这个年纪，不走运啊。”现在，他对勃艮第和旺多姆都非常友好，尽管几个星期之后，在玛丽-阿代拉伊德的坚持下，旺多姆受到了短暂的羞辱，他被从弗兰德斯前线调往西班牙前线，也正是在这里，他后来取得了辉煌的成就。勃艮第再也没有参加过战
202 争。但是，这一切带来了一个好结果：勃艮第公爵夫人毅然决然地站在她丈夫这一边，从她那百无一用的生活中挣脱出来，开始展示她自己的才能。

次年，也就是 1709 年，可能是法国有史以来最糟糕可怕的一年。1 月 12 日，严寒降临。四天之内，塞纳河、所有其他河流以及大西洋沿岸的水域全都冻结成冰。霜冻持续了整整两个月，然后天气转暖，冰雪开始消融。然而，当曾经给大地提供某种保护的积雪开始融化，霜冻就又开始了，一如既往的坚硬。理所当然，冬小麦冻死了，果树、橄榄树以及核桃树也一样，几乎所有的藤蔓植物都失去生命。兔子在洞穴里被冻住，农场上的牲畜也像苍蝇一样死掉。穷苦人家的命运悲凉又凄惨，就连凡尔赛宫里富人的生活也不值得羡慕——日夜呼啸着冲向烟囱的火苗几乎改变不了这些宽敞房间的温度，连烟囱上的精灵都冻住了。苏比斯亲王夫人在 61 岁时冻死，拉谢兹神父也遭遇同样的命运。

长期以来，他一直表现不佳，经常要求退休，但国王坚持要留下他，直到后来他变得更像一具尸体，既没有记忆力也没有判断

力。耶稣会士泰利耶神父接替了他的位置，这个人非常令人厌恶，甚至他就是他的宗教团体被逐出法国的罪魁祸首。他有点像拉斯普京，一张可怕虚伪的面孔上长着一双炙热的黑色眼眸，无知却又野心勃勃。他曾是个农民，他向国王吹嘘这一点，但国王却不以为然，因为在他眼里，农民和资产阶级的地位是完全一样的——在他看来，唯一比他的臣民阶级稍高一等的非王室成员是公爵。法贡亲眼见证国王和他的新告解神父的第一次会面，他说："真是一只猛禽，我可不想在黑夜里见到他。众人原谅了国王所有的情妇，但永远不会原谅这位告解神父。"大家都很惋惜亲爱的老拉谢兹神父。
这位新来的邪恶人物一直陪伴在国王身边。不久，他便将留在王港 203
的二十二名修女送往其他修道院，这让他感受到自己的影响力。几个月之后，到了 1710 年，王港的修道院建筑被摧毁，就连墓地也遭到亵渎。路易十四在采取这种暴力行动之前踌躇良久。泰利耶告诉他，这座修道院是共和主义的巢穴，可能正是这可怕的字眼让他下定决心。不去理会那个垂死的教派似乎才是更好的做法。毫无意义的迫害，尤其是亵渎圣人和名人的坟墓，只会刺激这个教派。詹森主义者将接下来两年里国王的家庭悲剧归咎于此，但国王可能会认为德南的胜利正是对这件事情的奖赏。

2 月 21 日，孔蒂亲王去世，享年 45 岁，除了国王、孔代亲王和曼恩公爵，几乎举国上下都沉浸在悲痛之中。他的死特别令人心痛，因为国王对他的将军们感到失望至极，于是最终决定让孔蒂指挥军队。这个消息来得太晚，事实上只会让他对生活产生强烈的渴望，这也使他最后的日子更加难过。孔蒂有一些原因不明的消化问题，他依靠喝牛奶度过一段时间，但最后还是无法吞咽任何东西。他的老朋友王太子在出发打猎时听闻噩耗，之前，他的堂亲正在举行最后仪式的时候，他却驾车径直路过孔蒂府邸去看歌剧，这一行为激怒了巴黎人。他一声不吭，就策马飞奔而去。可是，谁又知道那天他和猎狗在冰封的林间空地上跑来跑去的时候，他那大脑袋里究竟掠过多少童年和青年的回忆呢？（就像他的孙子路易十五一样，不管什么天气，他都外出打猎，甚至不管马匹的腿。）孔代亲王夫人尽量掩饰自己的悲伤，决定好好照顾自己的丈夫，做个完美称职的妻子，可能是因为她知道自己再也不会去爱了，也有可能是因为
204 她的野心，国王离世之后，孔代亲王必然会成为显要人物。但是一年之后，这个小个子家伙自己先行离世，脸上的表情极其恐怖。他变得疯狂，让人害怕，脑袋里被发现有肿瘤。孔代亲王夫人的儿子最终娶了孔蒂亲王的女儿，她的女儿则嫁给亲王的儿子，他们正是当今法国觊觎王位者的祖先。

冬季一天天过去，巴黎的面包出现短缺。几次严重的骚乱之后，一群妇女动身去了凡尔赛宫。路易十四命令她们停留在塞夫勒，然后由军队护送回到巴黎。威尼斯大使写信回家说道，国王最好讲和，因为法国人无法忍受失败和贫困，不久之后，他在自己家也会不安全。（尽管如此，但国王的魅力使人们无法想象在他有生之年会爆发一场革命。）凡尔赛宫的对话全是有关小麦、燕麦和大麦的。曼特农夫人的敌人怀疑她正在做这些商品的投机买卖，但他们毫无证据。毫无疑问，的确有人正在这样做，但全国上下掀起一股团结的浪潮，人们只为穷人分忧。例如，圣西尔减少配给量，将

剩余的粮食分配了出去。

令人胆战心惊的故事到处流传。比如，地方官员发现饥饿的孩子蜷缩在他们上吊父亲的身体底下。人们宁愿待在家里，也不愿上街看到那些饿得发黑的面孔。公共财政和私人财务都陷入了绝境。货币几个月内贬值三分之一；尽管有财政部的支持，著名的财政大臣萨米埃尔·贝尔纳还是宣布破产了。国王要求人们放弃他们的银器，要么暂且抵押给他的金匠洛奈先生，要么卖给铸币厂。洛奈须保留一张清单，情况好转时，国王会归还相同重量的银器，并许可（当时这是必须的）做出补偿。简而言之，这对出借方来说有一个好处，因为最后他会得到最新款的银器。只有一百多个人将银器送到洛奈这里，稍多一点的人直接出售，尤其是已经过时的肮脏老式 205
银器。很多人购买陶器，把银器隐藏起来，只有炫耀的时候才拿出来。国王熔化了自己的金盘以及银质的镀金碟盘。他又节省下几笔开支。事实上，他不得不这样做——他不知道去哪里弄钱。他又似乎完全无动于衷，甚至宣布舞会和宴会必须照常举行。但是勃艮第公爵夫人陷入悲伤，方才取消了它们。

芒萨尔在凡尔赛宫打造的美丽小教堂几乎快要竣工了，国王每天都去看夸佩尔粉饰天花板。曼特农夫人从来没有想过凡尔赛宫会比路易十四存活得更久，她对艺术作品一点也不感兴趣，所以她尽力不让更多的钱花费在这座宫殿上，尤其是花在这座小教堂上，但幸运的是，她没有受到重视。令人遗憾的是，路易统治期间著名的布道会都在凡尔赛宫的两个临时教堂或圣日耳曼昂莱举行，所以参观现存教堂的人们并不能联想到波舒哀指着恨不得钻入地缝的路易丝·德·拉瓦利埃，低沉地说：“看这个女人！”或者听到他为英国的亨丽埃特和孔代的葬礼布道的声音。人们也听不见马西永说：“陛下，统治人民的必须是法律，而不是君主。您只是总理事务的人。”听不见最勇敢的马斯卡龙说：“统治者并不比盗贼强。”在这里，不会出现这样的场景：国王对着那些咯咯笑个不停的朝臣们皱眉生气，仪式结束之后，当这些笑话重复给他听的时候，他自己也笑得腰都直不起来；有人说国王陛下不来参加晚祷，所以当他来参加的时候，惊奇地发现教堂里只有三个人。他只在人生最后悲惨的五年才使用这个教堂。邓洛普先生在他有关凡尔赛宫的书中说道，宫殿之旅应该以教堂结束，而不是以教堂开始，的确如此。它由朴素的白色石头构成，故意与镀金的青铜以及彩色大理石打造的会客
206 室形成对比。它具有哥特式的灵感，平静而又虔诚。人们希望国王能在未来的审判中得到安慰。

1709年可怕骇人的冬季过后，路易十四意识到必须乞求和平。于是他率先做出让步的姿态，即便当一场结果不明的战役，即马尔普拉凯战役拉开帷幕，双方恢复敌对状态以及失去蒙斯的时候，他仍在考虑谈判事宜。（反法）大同盟认为法国已被打得跪倒在地，于是提出前所未有的严厉条件，国王觉得必须接受。但后来对方得寸进尺。路易十四不仅要放弃阿尔萨斯，还要摧毁他的边境城市的防御工事，包括敦刻尔克，另外要把里尔、图尔奈、伊普尔、梅嫩、弗尔内、孔代和莫伯日给荷兰，并要承认查理大公为西班牙国王。同时大同盟坚持要用法国军队把腓力五世赶下王位。国王听闻这些条件之后，说道：“既然我必须继续战斗，我宁愿负隅抵抗我

的敌人，而不是我的子孙。”随后他向民众发出呼吁。大同盟的要求被发送到他所有省份的长官手中，并在各处教堂张榜公布。结果民众的爱国激情空前高涨，人们成群结队地应征入伍。西班牙人像恶魔一样也为腓力而战。法国人说，他们是奋力抵抗的英雄，斯坦霍普将军却说："只不过是一群无赖组成的民兵队伍。"路易十四觉得他和他的孙子都得到臣民精神上的支持，于是决定继续这场战争。他的勇气也将得到丰盈的回报。

19

一年之内，三人离世

Three in Eleven Months

我可以在宫廷里挖掘一座坟墓吗？

——波舒哀

半个世纪以来，法国人一直以为，路易十四去世以后，他们将由王太子统治。1711 年，虽然国王已经 70 多岁了，但身体一直很健康，而他的儿子，虽然没生过病，但已经不再年轻。王太子的继承人除了勃艮第及其两个兄弟，还有勃艮第的两个儿子。路易过去常说，几百年来，法国王位的继承从未得到如此充分的保障。那些总是围绕着权力顶峰的阴谋家和密谋者被分成两派，他们要么支持王太子，要么支持勃艮第。他们两个不可能和睦相处，因为这两个人彼此都不喜欢对方，以至于奥德纳德战役之后，王太子的随从人员都站在旺多姆那边。那些追逐父亲的人着眼于眼前的未来，而那些支持儿子的人更多的是看重他妻子对路易十四的影响以及他统治的更遥远的未来。某种程度上来说，后者似乎是更好的投资对象，因为王太子大部分时间都在默东过着奇怪的闭塞生活，别人很难渗入其中。只有他那比以前更肥胖、更邋遢的妻子舒安小姐，还有他的两个妹妹，曾经美若天仙的孔蒂亲王夫人以及永远活泼可爱的孔代亲王夫人陪伴着他。即使是对亲信，王太子说的话也是屈指可数，就好像他在给自己的话语计数，只给自己留下一个有限的数目——别人很难知晓他的喜怒哀乐，也很难知晓他到底对公共事务 208
了解多少。他当然知道农村发生了什么，尽管他在国王面前表现得极为顺从和胆怯，但他是少数几个敢于提出农民及其悲惨命运的人，毕竟这是个不受欢迎的话题。为此他受到了极大的冷落。他的仆人和他两个小儿子都忠诚于他。舒安小姐一定很爱他，因为除却坐在扶手椅上和只用称呼勃艮第公爵夫人为“公爵夫人”外，她在自己的位置上得不到任何的好处。勃艮第公爵夫人当时在默东只有一张脚凳可坐。舒安小姐对政治不感兴趣，她打扮得像个穷人，也没有马车。王太子不在的时候，她常常从巴黎乘出租马车去默东与他会合。她睡在王太子隔壁的王室卧室里，但是国王到默东访问时，她就会降级住到阁楼去。她和曼特农夫人（圣西蒙称她俩为苏丹女眷）关系很好。但是曼特农夫人瞧不上默东，还非常害怕王太子继承王位之后，孔代亲王夫人将会取代勃艮第公爵夫人的位置。

宫廷里围绕着这父子俩的种种猜测与阴谋持续了好几年，完全是浪费时间，但这却给圣西蒙创作那些脍炙人口的文章提供了素材。1711 年，王太子在默东患上了天花。他挺了过来，似乎很快便脱离了险境。当时有消息从默东传来，表示情况好多了，对此圣西蒙曾描述过他和奥尔良公爵夫人之间的一次对话。他和她都不喜欢王太子，他喜欢勃艮第，而她纯粹是嫉妒她的姐姐孔代亲王夫人。奥尔良公爵夫人的母亲曾用滑稽、忧郁的腔调告知拉瓦赞夫人，她只有一次使用黑弥撒的机会，而现如今，奥尔良公爵夫人也用同样的家族腔调强调，自己真是倒霉，这个年龄（53 岁）大腹便便的王太子，似乎正从这样危险的疾病中恢复过来——那些可怜的医生
209 小心翼翼，哪怕是最微小的治疗方法也没有忘记，他很难不痊愈。人们可能更希望王太子中风，但是不幸的是，过去一年左右，他一直严格控制饮食。简而言之，他们似乎得做好心理准备，因为王太子有可能会长命百岁，然后统治这些敌视他的人。正当那些凡尔赛宫里的人这样想的时候，王太子因为持续的放血和清肠太过紧张，心脏停止了跳动。他的死亡来得太突然，他只能从一个碰巧前来探望的神父那里得到临终赦免。

自从王太子生病之后，国王便一直在默东，当时他正在吃晚饭。意外的噩耗传来，他脑袋一片空白，急忙跑进儿子的房间，但是负责看护的孔蒂亲王夫人和孔代亲王夫人阻止他进去。他确信这一切都已结束，于是差人回凡尔赛宫报信，说他要去玛力宫，并想同勃艮第公爵夫人谈一谈，问问她是否愿意在他路过凡尔赛时和他会面。死亡的消息就像闪电一样迅速地传遍凡尔赛宫，朝臣们不自觉地带着好奇开始四处乱窜，他们从宫廷各处涌入勃艮第的套房里。勃艮第公爵夫人面无表情，拿起一条披肩便走下王后的楼梯，随后登上了马车。马车停在两个马厩之间，没过多久，国王到达。

她走下马车，准备去见他，这时曼特农夫人探出车窗，对她说道：“您要干什么，夫人？不要靠近我们，我们可能会传染您。”于是玛丽-阿代拉伊德又回到宫里。她发现她离开之后，她的丈夫还有贝里夫妇极不舒服地坐在一大群好奇的人中间。贝里伤心欲绝，不停地痛哭流涕。勃艮第脸色煞白如纸，他并没有任何触动，即使是虚情假意也没有，但他突然发现自己离王位如此之近，显然有所动摇。丈夫和妻子两人窃窃私语好长时间。奥尔良公爵哭得撕心裂 210
肺，圣西蒙问他为什么哭，毕竟他和王太子一直不和。他饱含歉意地说道，他这一辈子唯一觉得是好人的便是王太子——也许他的悲伤不会持续很久，但毕竟他是他的近亲，血浓于水，这种悲伤源自内心深处。王弟夫人打扮得像要参加聚会一样（她没有便服），其他人都穿着便服，所以她显得格外奇怪。她正号啕大哭。博维利耶公爵则显得更加冷淡，他站在王太子两个儿子旁边，将人群隔开一定的距离。这非同寻常的一幕从午夜一直持续到早上 7 点，博维利耶表示是时候回去睡一会儿了，人们这才陆续退下，但也只是眯了一两个小时。

第二天，勃艮第夫妇便前往玛力宫面见国王，那里也已经采取一些预防感染的措施——那些从默东过来的人全都换了衣物，房间里到处都在燃烧药草。最伤心欲绝的人是孔蒂亲王夫人，她甚至因为太过哀伤而病倒，不得不请来神父告解。国王走进她的卧室，他已经很久没来过这里，因为这里有一段陡峭的楼梯。他注意到很多改进措施会使这间卧室更加舒适，于是吩咐下去，手下也很快着手实施。多年来，王太子对玛丽-安娜并不是很好：他迎娶她从家里赶出去的女人为妻，她不得不接受这个事实，而孔代亲王夫人也设法让她感觉与周围格格不入。但她就像她母亲一样是个忠实之人，也许有点感觉迟钝。她一直待她母亲很好，而她母亲早在王太子去世之前好几个月便已离世。玛丽-安娜尽了最大努力说服国王去与他的旧爱道别，但是曼特农夫人却不允许他去，而由自己代劳。

孔代亲王夫人悲伤欲绝，但她的眼泪更多是为了她的情人，而不是她的哥哥。孔蒂的离世比以往任何时候都让她难以忍受，现在，她失去了王太子，与勃艮第夫妇关系又不和，她发现自己变成孤独的寡妇，独自带着一群孩子，还没有人保护他们。如果孔蒂还
211 活着，那他一定会在战场上大杀四方，所向披靡，而她也一定会分享他的荣誉，这样她就有了一个坚实的依靠。他一直依恋着她，尽管其中还有几段自然而然发生或者人为撮合的恋情，但他始终深深地爱着她，而且他也是她这辈子唯一爱过的男人。事实证明，她很后悔嫁给孔代亲王，他直到死之前，也令人胆战心惊。然而，孔代亲王夫人并没有一直沉浸在悲伤之中，她很快便走了出来。她开始和那个尖嘴猴腮的拉赛侯爵交往并同居，在她父亲去世之后，他们公开同居长达三十年。舒安小姐一直活到 1730 年。王太子曾经给她看了一份遗嘱，他将给她留下一大笔遗产，但是她却将遗嘱撕碎，说道，如果她拥有他的陪伴，她便什么也不需要，但如果她失去了他，那么微薄的收入便足够她生活了。国王也要求必须确保她过得舒适。她的寡居生活十分简朴，除了博施济众便是看望朋友，戒绝一切社交生活。

勃艮第公爵现在变为王太子。他父亲去世之后，他做出了惊人

的改变，一改之前的胆怯羞涩，脸上不再是一副不满意的表情。他变得和蔼可亲，随和了许多。他开始出席所有的会议，接待大臣和将军们，为即将到来的艰巨命运做好准备。老一辈认为勃艮第这一代身上有一些典型的缺点，但他身上却没有。他严肃又正直，从不寻欢作乐，对待所有人都是彬彬有礼，而且他不像他的祖父，他知悉法国贵族等级森严。他受到了社会名流的欢迎，这种名望很快传遍了整个国家。奥德纳德和里尔很快被人们遗忘，勃艮第迷人的妻子和两个可爱的儿子更是受人尊敬，甚至到了受人崇拜的地步。众人的这种感情在国王身上也产生了影响，他生平头一次将工作中的大部分委托给他人。他还鼓励大臣们去王太子的套房会面，向王太 212
子汇报发生的一切事宜。王太子前往巴黎，受到热烈欢迎，而国王已经四年不曾踏足此地。

新太子妃变得相当沉稳庄重又雍容高贵，她开始在自己的套房里准备宴会，不再四处乱跑找乐子。曼特农夫人写道：“她曾因教养不好受到谴责，因轻浮受到所有人的指责，在宫里也因不愿与人交谈受到了他人的憎恨，甚至因为她喜欢国王、尊敬我就被指控虚伪，而现在，我发现所有人都在称赞她。”

虽然国王对勃艮第展露出全新的一面，但年龄并没有使他软化对待他人的态度。1711 年，他准备前往枫丹白露，家里有两名成员并不适合跟随他前往。贝里公爵夫人怀着第一胎，还一直生着病。医生说她必须避免舟车劳顿，去枫丹白露对她而言只是愚蠢至极的举动。小女孩和她的父亲奥尔良公爵都不敢向国王提及此事。贝里战战兢兢地说了一嘴，结果国王将他好生一顿训斥。虽然王弟夫人和曼特农夫人都不喜欢贝里公爵夫人，但还是很有同情心，便也帮着说话。国王只是有些恼火——说她必须去，也没再说别的。为了避免马车颠簸，人们改用船只送她前往。不幸的是，船只撞上了一座桥梁的基石，啪的一声断成两半——贝里公爵夫人受到了剧烈的摇晃，她随即产下一个早已胎死腹中的女婴，此后，她所有的孩子都是活不过数月便夭折了（她大多数孩子都是胎死腹中）。当时国王却只说，是个女孩，无伤大雅。更糟糕的是，图卢兹伯爵当时身患结石，疼痛难耐，医生也是坚决反对他随意走动，但国王还是强迫他前往枫丹白露。这两个年轻人病得十分严重，但整个访问期间，国王都没有看望过他们。

213 我们在勃艮第公爵及其妻子身上所看到的性格转变往往发生在那些热情澎湃而又十分有个性的年轻人身上，一旦他们在这个世界上找准自己的位置，便很可能出现这种变化。他是因为在工作中找到幸福感，至于她则是因为孩子。现在看来，老国王一旦退位，他的王国便会移交到这些优秀的人手里。而 1712 年 2 月发生的事情令人心碎欲绝，难以描述。

1711 年，因为天花，宫廷已经搬离凡尔赛宫好几个月了，国王刚一回来，又有人开始患上麻疹。太子妃与她的两位侍女促膝长谈，她说道，自打十四年前首次进入凡尔赛宫，身边已经有很多人相继离世了。她年岁渐长，却发现自己几乎找不到可以与之谈论过去的同龄人，这是何等的奇怪。她已经 26 岁了，觉得青春易逝、韶华不复！这之后不久，她也患上了麻疹。她一直身体虚弱，生了三个孩子，流产六次，生活作息也一直不规律。她患病的头一两天里，早上起床发现特别难受，于是就躺在床上。来了九名医生，给她服用催吐剂，然后放血。王弟夫人看见这情形，气得发疯，终于忍不住哭了出来，恳求他们放过太子妃。曼特农夫人严厉斥责她这种不相信医生的行径，只叫她管好自己的事情。不久，医生建议给玛丽-阿代拉伊德做告解。尽管她痛不欲生，但她得知自己已经病入膏肓的时候，还是十分震惊。她的告解神父来了，但她却犹豫不决。神父善解人意又通情达理，他立刻看出她不想向他告解，于是询问她是否如此，她回答“是的”。他又问她想要找谁来。她说她不想要耶稣会士，然后又点名要凡尔赛教区的一名教士。他无法找到这个人，于是便带来另外一个人，她向这个人作了长时间的告解。不难想象，当这一切公之于世的时候，宫廷里所有人都将极为震惊。对此从未有过统一的解释，有些人认为这是因为耶稣会太严格，另一些人认为是因为他们不够严格——无论如何，众所周知的 214
是玛丽-阿代拉伊德不喜欢他们。她的姐妹西班牙王后，两年后去世时也做了同样的事情。

“您马上就会见到上帝了，夫人。”曼特农夫人说道。“是的，姑姑。”她说完这句话又顺从地喝下两杯催吐剂。

“永别了，美丽的公爵夫人。”她对吉什夫人说道，“今朝我还是太子妃，明朝何人知是谁。”事实便是如此。

国王和他年迈的妻子心如刀割，她一直是他们的开心果。他们沉浸在恐慌和痛苦之中，似乎并没有注意到她心碎的丈夫也病得很严重。国王赶往玛力宫，众人说服王太子一同前往，他的侍臣们担心他可能会从他妻子的房间听到一些不祥的声音。然而国王看到他的时候，被他的表情打动了，于是亲切地催促他上床睡觉。他照做了，只是一睡不起。“我死的时候也是开心的。”他说道——他痛苦得要命，却说他现在总算体会到他可怜的小宝贝所遭受的一切了。

他们的两个孩子也患上此病。年长的孩子才 5 岁，有人称呼为“大太子”。“别这样叫我。”那个孩子说道，“这太让人伤心了！”不久，医生也将他送到了另一个世界。仅仅 11 个月，法国的三任王太子相继离世。至于那个小一点的男孩，他的家庭教师旺塔杜尔公爵夫人誓死都不让医生靠近他。那些医生将注意力集中在他哥哥身上的时候，她便把他带回自己的房间，对外宣称他安然无恙，又开始对他母乳喂养，尽管当时他已经两岁了，还给他保暖，也因此救下他一条小命。

虽然巴黎有五百人死于麻疹，凡尔赛宫也有不少人死去，而且症状与王子们的如出一辙，但关于下毒的言论依然此起彼伏。但凡有人死亡，王弟夫人总要大喊有人下毒，这次她却要作茧自缚了，
215 因为人们怀疑罪犯正是奥尔良公爵，他的动机是将贝里公爵夫人推上王位。人们认为他与她之间有一段不伦之恋：当然，他爱她超过爱任何人，奥尔良公爵夫人和贝里公爵疯狂地嫉妒他们的关系，人们很可能认为是贝里公爵夫人下的毒——她是个可怜兮兮却又疯狂的小人物——而她的父亲并没有能力犯下这样的罪行。老法贡曾经做过的最糟糕的事情可能便是试图引起国王对奥尔良的怀疑，这样做可能也只是为了掩饰他自己的无能。父亲、母亲和儿子同乘一辆灵车前往圣德尼，即使是在当时死亡率那么高的时代，这也是一场相当不幸的悲剧。虽然国王一向就不喜他的侄子，亦是女婿，但还

是了解他，知道他是清白的，多年以前，他曾为王弟辩护，而现如今，他又为奥尔良辩护。尸体按照惯例被残忍地解剖，当时在场的外科医生马雷沙尔断言尸体并没有任何中毒的迹象。

没有人料到新的小太子会活得长久。多年来，他一直身体羸弱、体弱多病，不过他长大后孔武有力、身强力壮。下一任继承人腓力五世被告知他必须在西班牙和法国之间做出选择，尽管内心仍有所保留，他最终选择了西班牙。他热爱法国，从未停止对祖国的思念。自此未来的摄政王贝里也有可能变成未来的国王，而人们一直忽视了对他的教育。他和路易十四毫无共同之处，国王一直十分不待见他家那位公爵夫人。然而两位年轻人开始振作起来，做出了真正的努力。贝里开始出席会议，他并不聪明，但好在他的和蔼可亲弥补了这一点——所有人都爱戴他。他的妻子也开始举行宴会，确切地说，是为了尽她所能取代玛丽-阿代拉伊德。1713 年，她怀孕了。七个月之后，羊水破裂，经历了三天撕心裂肺的分娩，她早产诞下一个男孩，这次孩子活了下来。曼特农夫人说当时见过贝里 216
的每个人似乎都是在 7 个月大的时候早产，据说几百名健康的孩子都是在母亲羊水破裂几天之后才出生。但是贝里的孩子夭折了。

路易十四现在不仅黯然神伤，更是心烦意乱。曼特农夫人试图逗乐他，于是将两位久违的老朋友带回他的小圈子。王弟夫人是“沉默者威廉”的后裔，就像威廉本人一样，她是个出了名的话匣子，有时候也能成功把国王逗笑。还有一个人是维勒鲁瓦元帅，虽然他战败很多次，但他拥有有趣的灵魂，而且和国王一起长大（朝臣们过去常说女人们无法抵抗维勒鲁瓦，敌人却并非如此）。他们三个开始闲聊很久以前的事情，想要忘记可怕的现在。国王不再努力让朝臣百官忙碌而又快乐，晚上的聚会已经停止，每时每刻的铁一样的纪律放松了。王弟夫人和曼特农夫人都在信里写道，这已经不再是往日的宫廷了。曼特农夫人写道：“昔日的宫廷已不复存在。王弟夫人身体不好，情绪也很低落。贝里公爵夫人还在发烧。奥尔良公爵夫人经历了种种痛苦的折磨。孔代亲王夫人嚷嚷着要好处。孔蒂亲王夫人懒得踏出她的房门半步，似乎身体出现了问题，也不再费心打扮自己。王室的其他成员也离开了凡尔赛宫。简而言之，除了国王一如既往身体健康、英姿飒爽，我别无其他需要告知您的。”凡尔赛宫只留下那些老人居住，这里已经没有了年轻时尚的气息，年轻人都逃往巴黎，那里充满了乐趣与邪恶。孔蒂亲王夫人、图卢兹伯爵还有当坦公爵都在巴黎购置房屋，这在以前根本不可能，现在却变成了时代更替的有趣标志。

唯一真正成功让路易十四开心的人是曼恩公爵，之前因为玛丽-阿代拉伊德的到来，他最受宠爱的位置便被她取代了，现在
217 他又恢复了他的地位。他像以前一样进出他父亲的房间。老国王在曼特农夫人的怂恿下，又莫名其妙犯下一个明显的错误。他迫使巴黎高等法院宣布，如果他的合法继承人这一支系消亡殆尽，那么他的私生子也有权利继承法国王位。这对奥尔良公爵而言极不公平。这件事并没有造成任何损害，因为勃艮第的孩子，也就是路易十五安然长大，统治着整个国家，但宣布的结果可能会引发法国人之间的分裂，而国王之前也一直在采取措施防止这样的局面出现。

路易十四还剩三年时间来整顿国家，他本应该致力于改革法国

体制。半个世纪以来，想必他也注意到了体制的糟糕之处，但他太疲惫，只想安安静静地生活，教皇通谕《论上帝独子》已占据他所有注意力。曼特农夫人施与他越来越多的影响，他用仅存的力量迫使法国主教遵循教皇通谕。通谕旨在永远消除詹森主义。各国政府并没有把它当回事。威尼斯共和国将它锁在了柜子里，从未提起过；萨伏依、西班牙和波兰将接受还是拒绝的权利留给了主教自行判定。只有法国国王将它当成国家级的大事。巴黎大主教诺瓦耶曾是曼特农夫人的挚友，现在却和她反目成仇，引领众人反对通谕，结果是路易十四将他赶出了凡尔赛宫。詹森主义再次流行起来，尤其是在巴黎地区泛滥，国王的举动给他的继承者带来了无穷无尽的灾难。

与此同时，自从 1709 年国王勇敢地决定不投降之后，战争的好运稍稍地向法国倾斜。他设法筹集一些现金（大多是从西班牙银行借来的来自新世界的金块），用这些来供给士兵们的衣食。英国公众开始同意彼得伯勒勋爵的说法，他说：“为了这样两个大傻瓜 218
［查理大公和腓力五世］拼命，我们才是傻瓜。”英国政府做出改变，退出战争，并于 1711 年与法国签订和平条约。意大利各邦国和罗马教皇联合起来抵制神圣罗马帝国皇帝和他的棋子萨伏依公爵，皇帝死于天花，由查理大公继位，旺多姆则通过几次军事胜利，巩固了腓力五世在西班牙的势力。

北方的法国军队现由维拉尔元帅统领，他属于那一类特立独行、喜欢自吹自擂的军人，他们这样的人有时会惹同伴恼火，但他们依然自我感觉良好。他百折不挠、浴血奋战，在马尔普拉凯战役中，他的膝盖中弹，他强忍着剧痛坚持指挥战斗，直至昏厥过去。他拒绝外科医生给他截肢，神奇的是他居然很快恢复，只是膝盖有点僵硬。在凡尔赛宫，人们认为他是个略显滑稽的人物，部分原因是他坚持携带他挚爱的年轻妻子去往前线。这是种明智的预防措施：毕竟她是个水性杨花之人。孔代亲王死后，亲王夫人心烦意乱，便急急忙忙派人去寻图卢兹，结果发现他和维拉尔夫人躺在床上，让大家着实笑话了好久。后来，伏尔泰早期也曾爱上过她。他和她，还有她丈夫一起住在沃子爵堡里，这里后来改名为沃-维拉尔堡，伏尔泰还从元帅那里为创作《路易十四时代》收集了大量的信息。朝臣开玩笑地说元帅戴了绿帽子，但国王却一直很信任他。

1712 年 7 月底，当时宫廷设在枫丹白露。维拉尔好久都未曾寄来信件。传闻四起，说他在与奥地利和荷兰的对抗中赢得了决定性的一战，当时对方将领为欧根亲王和阿尔比马尔勋爵，还传言阿尔比马尔被俘。前线已经许久未传来这样的消息，当时没有人在意，因为这个消息似乎太好了，好得令人难以置信。然而传闻很快便得
219 到证实。维拉尔不仅在德南战役中一举打败似乎难以对付的欧根，还采取了后续行动，又拿下杜埃，在这之后三个月内，欧根和他的同盟军失去的领土远远超过他们过去三年所赢。拿破仑提及当年总是说：“德南战役拯救了法国。”法国国王在最艰难的十年岁月里一直坚持着，从未放弃，现在他终于得到回报。上帝终究还是想起了他，他感谢上帝。

1713 年，各国签订《乌特勒支条约》，战争终于落下帷幕。英国取得纽芬兰、新斯科舍和直布罗陀海峡。法国保持战前的边界不

变。法国和西班牙还宣布两国王权永远分开。路易承认英国新教徒君主的继承权，并被迫拒绝庇护“老僭王”留在法国。他甚至同意摧毁敦刻尔克要塞。萨伏依公爵夺回法国占领的萨伏依和尼斯。尼德兰归还给神圣罗马帝国。法国和英国之间也签订了各种各样的贸易协定。这场旷日持久的战争因腓力五世而起，他和他的后裔一直坐在西班牙的王位上，直到 1931 年。

20

曲终人散

The End

最后一幕是残忍的，无论其余时候的喜剧有多美好。

——布莱士·帕斯卡

曲终人散之前，还有一场丧亲之痛。1714 年，此时王太子年龄尚小又很虚弱，命运多舛不说，且体弱多病，谁也没有料到死的却是他那体格健壮的贝里叔父。他外出打猎，却被马鞍上的鞍头所伤——他的马脚底打滑，腾空而起。此前他和医生们相处得不太愉快，他的牙龈上长了脓肿，医生们让他吃尽苦头，现在他更是不敢说出受伤之事。他喝了大量的热巧克力，第二天又照常外出打猎。一位目睹了这场意外的农民询问国王的一名手下："贝里公爵还好吗?""我想他很好，他又外出打猎了。""如果他很好，那说明王公老爷们的身子就是不同于我们这些老百姓——昨天我看到他受到一击，要是农夫，早被劈成两半了。”但是他回家之后，便开始口吐黑血。当然，医生们给他服用了常用的催吐剂，很快他便奄奄一息。他说国王睡觉之前不许准备圣礼，因为他不想让国王伤心难过——然后，他才意识到事情的紧迫性。国王亲自将神父请来。第二天清晨，公爵本以为自己好些了，结果却与世长辞。

几周之后，贝里公爵夫人又诞下一个死婴。路易十四现在仅有一位合法子嗣享有继承王位的资格。如果小王太子也死去，那就只能在奥尔良和那些私生子中间挑选一位，或者腓力五世反悔，回来 221
继承他的王位。旺塔杜尔夫人拯救了路易十五的生命，同时也阻止了法国内战的发生。

这年晚些时候，博维利耶公爵备受打击地去世。一星期之内，他的两个儿子，还有他的姐夫谢弗勒斯，最重要的是，宝贵又受人喜爱的勃艮第全都死于天花。博维利耶公爵夫人又活了二十四年。

1715 年 5 月，英国大使斯泰尔勋爵将情况告知伦敦俱乐部的成员们。这些人打赌路易十四所剩时日不多。7 月，他去了玛力宫，当他回来的时候，朝臣看见他一脸病容，都很震惊。他不仅变得身材瘦小，而且胃口也是一落千丈。似乎只有法贡和曼特农夫人没有注意到，马雷沙尔告诉他们这一情况。他忧心忡忡，但是他们轻易就将他打发走了。多年来，医生们试图让这位健康的人永远活着，肆无忌惮地给他清腹、放血、灌肠，给他服用鸦片和奎宁以及采取其他补救措施，这都破坏了他的体质。很长一段时间以来，法贡一直让他裹在羽绒被里睡觉，这样他就会出汗。这让国王很不舒服，但他很相信医生，不敢不听话。8 月 9 日，他乘坐着那辆他驾驶得最顺当的马车，从玛力宫外出打猎，晚上他回到凡尔赛宫，此后便再没有去过玛力宫，也没有外出狩猎过。

他临死之前的那段时间漫长而又可怕，他的死亡就像他的人生一样，具有完全的自我抑制。8 月 11 日，他的腿开始疼痛。法贡给出的诊断是坐骨神经痛。腿越来越疼了。国王不得不坐在椅子上被抬来抬去，但他过着相当正常的生活，直到 8 月 24 日，马雷沙尔注意到他腿上有黑点，这才意识到是坏疽。他们让国王将腿泡在勃
222 良第葡萄酒中。四位来自巴黎的医生与法贡商榷了很久，他们认为驴奶是个不错的选择。然而，马雷沙尔却说坏疽是外科医生的职责，而不是内科医生，然后，他便召集了六个自己的同事。他们认为现在截肢太迟，马雷沙尔决定在腿上切开几个口子。国王深知他的死期将至，便问马雷沙尔，既然伤害他也不会有任何起色，那这样做是否还值得。马雷沙尔之后一直小心翼翼，生怕他遭受更多的疼痛。他的眼眶里噙满了泪水，国王又问他自己还能活多久。那天是星期一，马雷沙尔说道："陛下，我们希望可以到星期三。"尽管事实上他又活过了另一个星期日，但他已经为星期三的离去准备好了所有身后之事。

曼特农夫人令国王在世上的最后一段时间过得并不轻松。奥尔良公爵是王太子在法国合法的最近亲属，因此这孩子继承之后，他自然而然会成为摄政王。曼特农夫人一直不喜欢公爵，现在她听到有关他的流言蜚语，更是愤慨不已。小册子和歌曲中满是他与贝里公爵夫人乱伦之恋的指控，这些指控越多，他与女儿相处的方式就越是显得愚钝，这可能只是为了逞强。曼特农夫人惧怕他对未来国

王产生不好的影响，她甚至不敢想象他将来控制法国。因此，国王病重，疲惫到无法抵抗的时候，她和曼恩公爵强迫他在遗嘱里添加一项附录，任命曼恩公爵负责新国王的教育。这实际上是架空奥尔良公爵的权力，不失为一个聪明的举动，毕竟国王的人似乎都有魔法，可以令法国的车轮照常滚动。路易十四知悉自己不该签字，但他也知晓政治遗嘱写在纸上只是无效之举。梅姆院长和洛赞两人告诉圣西蒙，有人听闻国王说道：“我只想要休息。我不签字，他们便闹个不停——只能听天由命吧，但至少他们不会再折磨我了。”他更担心的是他与巴黎大主教的疏远，但这也是因为他妻子的过 223
错。他若去世之前没与他和好，那众人都会议论纷纷。他要求见他。泰利耶神父和曼特农夫人将这两个人分开，最后的圣礼由苏比斯亲王夫人的儿子，即年轻的罗昂红衣主教举行，所有人都以为这是路易十四自己的想法。

国王日日夜夜疼痛难耐。他想要作个告别，然后安然离去。他听见女儿们在前厅号啕大哭。大声哭嚎在凡尔赛宫是一种时尚：一位妇人的丈夫或儿子战死沙场，那么她应该出现在公众场合，发出尽可能多的哭嚎。王弟夫人、孔蒂亲王夫人、孔代亲王夫人和奥尔良公爵夫人都被请进了国王的房间，但是这个垂死之人已经厌倦了他女儿们的尖叫哭喊，因为他早就对她们没了多少感情，于是他很快便说完了遗言。他还劝她们和好，随后就将她们打发走了。但他深情地对王弟夫人说，他比她所知道的更爱她。

然后他便派人召唤他的曾孙，他是个可爱的小男孩，长着一双又大又圆的黑色眼睛，他和他的家庭教师旺塔杜尔公爵夫人一同前来。她把他抱到床上，这两个加起来统治法国长达一百三十一年的人最后一次严肃地注视着彼此。路易十四对他说道："我的孩子，你将成为一位了不起的国王。不要像我一样沉迷于大兴土木和发动战争。相反，你要与你的邻居和平相处。记住你对上帝的责任与义务，使你的臣民都尊崇上帝。要善纳良言，努力让你的子民免遭痛苦，这是我没能做到的。别忘了你欠旺塔杜尔夫人的人情。夫人，我想亲吻他。"他吻他时说道："我亲爱的孩子，我衷心地祝福
224 你。"从此刻开始，人们注意到他称呼他为国王，提到自己则用过去式："我当国王的时候。"

路易十四对那些允许进入房间的朝臣说道："先生们，我给你们树立了坏榜样，请求你们原谅我。我必须感谢你们为我所做的一切，也感谢你们对我从一而终的忠诚。很抱歉，我未能如我所希望的那样为你们做更多的事情：我们共同度过的艰难岁月便是原因。我请求你们对待我曾孙的时候可以像对待我一样忠诚和勤勉。这孩子可能遇到不少麻烦。我的侄子将会管理这个国家。遵从他的命令。我希望他能做好这件事，我也希望你们能够团结一致，如果有任何轨道偏离，尽你们一切所能将其带回正轨。我想我可能不行了，你们也感动了——我请求你们的原谅。再见，先生们——我相信你们会偶尔想起我的。"

"我的侄子将会管理这个国家。"这些话显示出国王对那份著名的遗嘱附录的重视程度，附录纯属是在曼特农夫人的逼迫下签订的。

接下来被召见的便是两个私生子，曼恩和图卢兹。他们与父亲

单独待了一会儿，然后就轮到奥尔良公爵。国王没有与他单独相处过，更是很少与他谈话，勃良第去世之后，他们曾进行过一次痛苦的会面，当时奥尔良歇斯底里地恳求法庭审判，以便证明他是清白无辜的，他并没有给他们下毒。现在，他的伯父对他轻声细语，似乎理所应当地认为他将是唯一的摄政王。“您将看见一位国王走进坟墓，而另外一位还躺在摇篮里。永远珍视对第一位的记忆，和对第二位的关注。”他将那个戴着铁面具的人的身份告诉了他——在他之后只有两个人知道，即路易十五和路易十六，路易十六甚至将
这个秘密一直带到断头台。国王还说，在他死后，奥尔良必须把新 225
国王带到万塞讷，那儿的空气更加清新。他已经命人收拾好别墅，也打扫了房间，毕竟王室已经许久不曾在那里住过。他还让奥尔良公爵去看曼特农夫人是否安好。“她给予了我很多帮助，尤其是在救赎这一方面。”

此后，他剩下的时间便留给了神父、医生和他的妻子。她似乎感到格外的冷，也可能是因为她累坏了。自从病情严重恶化之后，她几乎没有离开过他的房间。有一天，他看见她正在哭泣，就说道：“您为什么哭呢——您以为我会长生不老吗？”但也有人说这些话是说与两个仆人听的。不过他倒是说过：“我想我要哭了（令人怜悯），房间里还有别人吗？不过这不重要，如果我和您一起哭，没有人会感到惊讶。”还有：“我一直听说死亡是件困难的事，但我却觉得它极其容易。”他还说他很抱歉从未给她幸福。他谈到她的未来，她说道：“我什么都不是。不要把时间浪费在无意义的事情上。”他说，毕竟她也年纪大了，他们可能很快又会见面，这对他

而言是莫大的安慰。她并没有作出任何答复。他死前几个小时，甚至在他昏迷之前，她最后一次走下王后楼梯，随后就舒舒服服地躺在了位于圣西尔的自家床上。

国王的房间就像教堂一样，回荡着宗教音乐和祈祷的声音，他清醒的时候，也加入祈祷的行列，大声地祈求上帝给予他帮助。1715 年 9 月 1 日，经历了三个星期的极度痛苦之后，路易十四的生命像蜡烛一样慢慢熄灭。

索引

（页码为原书页码，即本书边码）

图书在版编目(CIP)数据

太阳王:凡尔赛宫的路易十四/(英)南希·米特福德著;杨靖,李江爱译.—上海:上海人民出版社,2021
书名原文:The Sun King: Louis XIV at Versailles
ISBN 978-7-208-16474-1

Ⅰ.①太… Ⅱ.①南… ②杨… ③李… Ⅲ.①路易十四(1638-1715)-传记 Ⅳ.①K835.657=41

中国版本图书馆CIP数据核字(2020)第082219号

责任编辑 黄玉婷 邱 迪
特约编辑 范 晶
装帧设计 COMPUS·道辙

太阳王:凡尔赛宫的路易十四
[英]南希·米特福德 著 杨 靖 李江爱 译

出 版 上海人民出版社
(200001 上海福建中路193号)
发 行 上海人民出版社发行中心
印 刷 常熟市新骅印刷有限公司
开 本 889×1194 1/32
印 张 10
插 页 5
字 数 205,000
版 次 2021年5月第1版
印 次 2021年5月第1次印刷
ISBN 978-7-208-16474-1/K·2959
定 价 70.00元